学如不及

彭秋归 著

中国古代
劝学思想论要

社会科学文献出版社
SOCIAL SCIENCES ACADEMIC PRESS (CHINA)

总　论

　　中华民族是一个热爱学习的民族，重视学习是中华民族一以贯之的优良传统，勤奋好学是中华文明绵延不绝、经久不衰的重要原因。学习已经融入中国人的精神血脉，成为中国人的文化基因。只有立足中华民族数千年的学习史，才能真正理解我们坚持建设学习型社会、学习型政党、学习型大国的历史必然、文化内涵与独特优势。

　　从学习主体而言，重视学习包含两方面意思，一是重视自己的学习，二是重视他者的学习，而且这个他者的范围可以无限延展，从自己的子女到家人族人，再到学生，再到乡邻乃至国人、天下人等。在这个重视他者学习的历史运动中，自然地形成了一种劝人学习、勉人上进的独特传统，留下了丰富深厚的劝学文献，蕴含着博大精深的劝学思想。

　　"劝学"之"劝"是劝说、勉励的意思；"学"是指学习，在古代"学"有效、觉、悟、习、识、受教等含义，是一个从不知到知的求进步的过程；劝学就是说服和勉励别人学习进步。劝学思想既直接体现在诸多以"劝学"为名的文献当中，也间接体现在更多虽未以"劝学"为名但表示劝学之意的文献当中，如"勉学""砺学""赞学""勖学""崇学"等。这些劝学文献既有专题式的集中论述，如《荀子·劝学》、《礼记·学记》、王符《潜夫论·赞学》、《颜氏家训·勉学》、张之洞《劝学篇》等，也有随机性的散点论述，如存在于孔子《论语》、朱熹《近思录》、王守仁《传习录》等典籍中。在文体上，既有劝学令、劝学诏、劝学疏、劝学规等官方范式，也有劝学诗、劝学赋、劝学书、劝学信等非官方形式。在内容构成体系上，涵括学习背景、学习意义、学习态度、学习对象、学习方法、学习目标、学习规律、学习制度、学习误区以及教与学的关系等方面，系统地回答了为什么劝学、学什么、怎么学等一系列问题。

从发生学上而言，古代劝学思想贯穿中国文化发展的主要过程，其源于先秦，历经秦汉、魏晋南北朝、唐宋以及元明清等发展阶段，受到各个时期政治、经济、文化、教育、社会的多方面影响而呈现不同的特点和价值。

一

先秦时期，劝学思想开始萌芽和形成。中国重视学习的传统其来有自、历史悠久，早在夏朝时就设立了学校，西周更是形成了以六艺（礼、乐、射、御、书、数）为基本内容的教学体系。到了春秋战国时期，战乱频仍、"礼崩乐坏"而导致剧烈变动，造成文化下移、士阶层崛起和私学繁荣，原来囿于官学的狭隘的知识传授和人才选拔机制被打破，一些贵族文化人才和官藏文化典籍在社会大变局中向民间转移。与此同时，平民阶层通过学习改变命运的通道逐渐打开，出于争夺人才、发展政权的需要，众多出身低微的平民经过学习成为文化名士，得到执政者的礼遇和重用，使得全社会学习的风气愈益浓厚。更为关键的是，学术思想出现"百家争鸣，九流并存"的局面，形成了以儒家、墨家、道家、法家为代表的学派团体。各学派创办私学，广纳弟子，积极传播自己的思想，其中尤以儒家为典型。在这样的历史情境下，学习得到前所未有的重视，而劝学思想也就此孕育、萌芽和形成。如在《论语》《尸子》《荀子》《吕氏春秋》等著作中，都有极为丰富的劝学论述。

《论语》的开篇之语即"学而时习之，不亦乐乎"，"学"是全书的高频词，有六十多处，是极具思想分量的核心概念。孔子虽未直接提出"劝学"思想，但他说自己"十有五而志于学"，自许"十室之邑，必有忠信如丘者焉，不如丘之好学也"，多次嘉扬颜回好学，要求弟子学礼、学诗、学文，提出"不愤不启，不悱不发"的教学方法，重视因材施教，强调有教无类，倡导"学而不思则罔，思而不学则殆"的思学结合，主张"古之学者为己"，时刻保持"学而不厌""学之不讲"的不满足感，等等。这些论述无不彰显着劝学的实际行动，孕育着劝学的思想萌芽。

《尸子》是后人辑录战国诸子之一尸佼的著述而成，其中第一篇名为《劝学》。该篇提出"学不倦，所以治己也""夫学，身之砥砺也"的观点，强调学习的目的是修治自己。作者举出孔子弟子子路、子贡等出身卑微者成为显士的例证，说明"学"能突破阶层限制，重塑人生，无论穷与达，"其于成贤无择也。是故爱恶、亲疏、废兴、穷达皆可以成义"。对比当时"比容貌""论爵列"的浮华风气，作者旗帜鲜明地指出"爵列，私贵也；德行，公贵也"，真正的尊贵在于内在德行，而非外在爵位，所谓"人君贵于一国，而不达于天下；天子贵于一世，而不达于后世；惟德行与天地相弊也"。在治学方法上，重视积学的作用，认为"土积成岳，则楩、楠、豫章生焉；水积成川，则吞舟之鱼生焉；夫学之积也，亦有所生也"。全篇贯通重学传统，批判功利世风，倡导以德行为本的学习观。

战国思想家荀况著有《荀子》一书，首篇同样名为《劝学》。它的问世，奠定了中国劝学思想的基本立场、基本理念、基本方法，标志着中国劝学思想的正式形成，深刻影响了后世无数士人学子的求学之路。全篇对学习作用、内容、环境、方法、目的等进行了系统论述。在学习作用上，提出"君子博学而日参省乎己，则知明而行无过矣"的观点。在学习内容上，认为"《礼》之敬文也，《乐》之中和也，《诗》《书》之博也，《春秋》之微也，在天地之间者毕矣"，强调《礼》为"道德之极"，是规范社会秩序的核心；同时主张"学莫便乎近其人"，提倡效法贤者。在学习环境上，指出"蓬生麻中，不扶而直"，警示环境对品性的塑造作用，故君子应"居必择乡，游必就士"。在学习方法上，注重积累和专一之功，要求"真积力久则入，学至乎没而后止也""学也者，固学一之也"，对浮躁的、急于求成的学习态度展开了深入批判。在学习目的上，主张"君子之学也，以美其身"，自"诵经"始，至"读礼"终，以"终乎为圣人"为追求，养成"权利不能倾也，群众不能移也，天下不能荡也"的德操。全篇善用比喻和类比，有很多鼓舞人心、传诵至今的劝学名句，如"青，取之于蓝而青于蓝；冰，水为之而寒于水""君子生非异也，善假于物也"“故不积跬步，无以至千里；不积小流，无以成江海"等。荀子以雄辩逻辑与生动譬喻，构建起一套强调实践、积累与礼法约束的劝学体系，对后世劝学思想影响深远。

《吕氏春秋》比《荀子》稍晚出，其《劝学》篇从立意到用语都与《荀子·劝学》有一定相似性，因此有人说是荀子弟子所作。该篇开门见山即言"不知理义，生于不学"，所谓理义就是忠孝，通过学习可以培养忠臣孝子，并使他们"显荣"，学习成为实现伦理秩序的基础。作者指出，学习具有化凡为圣的能力，"圣人生于疾学。不疾学而能为魁士名人者，未之尝有也"，这就意味着圣人不是天生的，唯有勤学不辍，方能成就大德。关于尊师之道，作者一方面指出尊师是学业精进的前提，"是故古之圣王未有不尊师者也"“疾学在于尊师。师尊则言信矣，道论矣"；另一方面强调老师的职责，"故师之教也，不争轻重尊卑贫富，而争于道"“故为师之务，在于胜理，在于行义"。全篇以"师尽智竭道以教"作结，呼吁社会重振师道尊严，通过尊师重学，促进师生共同追求道德真理。

二

秦汉时期，劝学思想在西汉实施"罢黜百家，独尊儒术"政策后得到进一步发展。汉武帝通过"罢黜百家，独尊儒术"，使得儒学成为官方主导意识形态，儒家经典成为官定教科书，经学成为思想学术主体，五经博士成为传授儒家经典的学官，读经入仕成为天下士人的重要追求。故许多思想家在继承先秦思想基础上，纷纷将劝学纳入自己的思考和著述当中，形成了诸如贾谊《新书·劝学》、《大戴礼记·劝学》、《小戴礼记·学记》、扬雄《法言·学行》、王符《潜夫论·赞学》以及徐干《中论·治学》等专题文献。

其中，《大戴礼记》《小戴礼记》（一般将《小戴礼记》直接称为《礼记》）的情况较为特殊，其编纂者分别为戴德、戴圣，两人是叔侄关系，他们虽然身处西汉，但书中很多篇章可以追溯到战国时期。《大戴礼记·劝学》是杂录《荀子·劝学》等内容所成，而《礼记·学记》则是一篇较为全面、系统论述教育问题的文献，对于劝学思想有诸多原创性贡献。《礼记·学记》开篇提出了两个为学的理由。其一，作为政教的理由，"君子如欲化民成俗，其必由学乎"，指出教化民众需以学习为本；其二，作为个人的理由，"玉不琢，不成器。人不学，不知道"，阐明学习对于人格塑造的不可或缺性。然后提出了学习的次序，从"一年视离经辨志，三年视敬业乐群，五年视博习亲师，七年视论学取友，谓之小成"，到"九年知类通达，强立而不反，谓之大成"，强调了学习的渐进性与系统性。关于"学""教"的基本方法，《礼记·学记》指出，君子之于学"藏焉，修焉，息焉，游焉"，要求做到劳逸结合；大学之法有"豫、时、孙、摩"四原则，"禁于未发之谓'豫'，当其可之谓'时'，不陵节而施之谓'孙'，相观而善之谓'摩'"，主张提前预防、适时施教、循序渐进与观摩互学。《礼记·学记》还就教与学、师与生、问与答、苦学与乐学等关系进行了富有启发意义的论述，至今仍是中国教育理论的重要基石。

西汉思想家贾谊所著《新书》中有《劝学》篇，内容较为简短，主要运用对比和譬喻的方式，启发和引导学生既要看到自身成为贤圣的可能，也要看到自身与贤圣的差距。其中，说到舜与我等同样是人，但舜之所以成为贤圣，是因为"俛俛而加志"，即不懈努力、专注向学；而我等之所以"无邻里之闻"，是因为"僮僮而弗省"，即精神懈怠、不思向学。该篇以西施为喻，认为纵有天资，若"蒙不洁"，亦遭唾弃；进而讽刺"二三子材"若"蒙愚惑之智"，空有才具却疏于修学，终将导致路人"有掩鼻之容"，强调学问需内外兼修，不可恃才自满。作者更借南荣跦"步陟山川，坌冒楚棘，弥道千余，百舍重茧"，历经磨难方得老聃教诲之事，彰显求学须不畏艰辛之理。最后对比古今学者境遇，鼓励学生珍惜"与巨贤连席而坐，对膝相视，从容谈语"的机会。《新书·劝学》以历史典故与生动譬喻交织，鞭挞浮躁学风，申明治学当志向坚定、勤勉自觉，方能超拔流俗、成就德业。

东汉王符所著《潜夫论》的第一篇为《赞学》。该篇对以往劝学思想有所综合，旨在以学为先、劝人向学。开篇即提出"天地之所贵者人也，圣人之所尚者义也，德义之所成者智也，明智之所求者学问也"，揭示学问是贯通天道与人伦的纽带。然后举黄帝至孔子等十一圣受教于师的经历，阐明圣人"犹待学问"，何况凡人。"是故工欲善其事，必先利其器；士欲宣其义，必先读其书"，学习的主要途径就是研习先圣经典，并明确读书的主要范围就是读经："文之以《礼》《乐》，导之以《诗》《书》，赞之以《周易》，明之以《春秋》。"作者强调"夫道成于学而藏于书，学进于振而废于穷"，痛陈学人无数而坚持者寥寥的怪状，批判富者"以贿玷精"、贫者"以乏易计"的功利心态，要求像董仲舒、倪宽一样不管贫富都能进学不已。他提出经典是传承圣贤之道的载体，"索道于当世者，莫良于典"，学习者须以经典为炬，照亮幽暗，"犹火之于人目也，中井深室，幽黑无见，及设盛烛，则百物彰矣"。文中多处化用《荀子·劝学》中的名句，如"是故君子者，性非绝世，善自托于物也"，他像荀子一样呼吁普通人借助学习超越个体局限，最后得出"凡欲显勋绩扬光烈者，莫良于学矣"的结论。

三

魏晋南北朝时期，劝学思想一度式微。这一阶段因长期处于分裂和战乱局面，其经济、政治、文化、教育皆受极大波及。经学经过一段时间的发展逐渐陷入烦琐僵化，难以抚慰动乱中的人心，玄学乘势兴起，佛教扩大传播，对传统儒学造成冲击，儒家主张的学习以及劝学传统也不可避免受到影响。其间，或有一些文献表现出一定的劝学倾向，如张邈《自然好学论》、诸葛亮《诫子书》、束皙《读书赋》、葛洪《抱朴子》、宋文帝刘义隆《劝学诏》、颜之推《颜氏家训》等。这里值得注意的是两篇文献，一是《抱朴子》的《勖学》篇，其作者葛洪以道士身份提倡学习儒家知识在那个时代可谓别具一格；二是《颜氏家训》的《勉学》篇，家训文化兴起成为这一时期劝学思想的一大特色，由此塑造了好劝子弟读书的家庭教育传统。

东晋葛洪所著《抱朴子》分内外篇，《勖学》位于外篇。开篇有言"学者所以清澄性理，簸扬埃秽"，强调学习净化心性、启迪智慧的作用，通过学习"进可以为国，退可以保己"。葛洪借鉴荀子劝学思想，以自然现象为喻，如"火则不钻不生，不扇不炽；水则不决不流，不积不深"，阐明学问需要持之以恒地积累与实践，若"不学而求知，犹愿鱼而无网"，只能终无所得。文中举周公、孔子、墨翟等圣贤为例，强调无论资质高低，皆须勤学以臻至境。同时，提倡"修学务早，及其精专，习与性成"，主张早期教育以成自然之性。针对当时"儒教沦丧"的乱象，葛洪痛斥功利之风，批判"舍本逐末者"追逐捷径而忽视经术，呼吁"革邪反正"，恢复"辟雍之庠序"。他借古鉴今，警示秦二世因"不重儒术"而败亡，强调唯有"学以聚之，问以辩之，进德修业，温故知新"，方能令社会"和气洽而嘉穟生"，重现唐虞盛世。全文既论治学之方，也申教化之道，彰显作者对于"修齐治平"的理想追求。

《颜氏家训·勉学》是南北朝时期颜之推为勉励家族子弟学习而作，是以家训形式阐述学习之道的经典篇章。该篇对社会上不学无术的现象展开了深刻而系统的批判。颜之推认为无论身份高低，学习皆为立身之本。他以贵族子弟为例，指出其"多无学术"，平日奢靡浮华，一旦遭遇离乱，便"转死沟壑"，反观"有学艺者"，即便出身寒微，也能凭学问立足，推到极端情况，"父兄不可常依，乡国不可常保"，唯学习能助人"自求诸身"。文中引用谚语"积财千万，不如薄伎在身"，推崇读书是"伎之易习而可贵者"。颜之推认为学习有"开心明目，利于行"的效果，主张进行针对性学习，如"未知养亲者"则学古人怎么养亲，"未知事君者"则学古人怎么事君，"素骄奢者"则学古人怎么恭俭，"素鄙吝者"则学古人怎么贵义轻财，"素暴悍者"则学古人怎么小心谨慎，"素怯懦者"则学古人怎么强毅正直，这样即使不能达到完美地步，也能够有所改观，逐步提升自我。颜之推提倡早学和终身学习，"人生小幼，精神专利"，应尽早学习，即便错过盛年，亦"不可自弃"，以"秉烛夜行"喻老而求学，仍胜于"瞑目而无见者"；提倡切磋交流、相互启发，相信真理越辩越明，要提防"闭门读书，师心自是"；提倡怀疑精神，在"谈说制文，援引古昔"时，要注意辨别真假，亲自验证，不要人云亦云；提倡"明《六经》之指，涉百家之书"，学习者要以博闻为贵，避免因孤陋寡闻而贻笑大方。他谴责"世人读书者，但能言之，不能行之"的学风，批评士人"空守章句"，却"施之世务，殆无一可"，并以"博士买驴，书券三纸，未有驴字"讽刺迂腐学究；痛斥魏晋以降的清谈之风，认为老庄玄学"非济世成俗之要"，许多名士终因无学招祸。颜之推以史为鉴，贯彻"学以修身，行以致用"的儒家精神，既针砭时弊，又为子弟立下学习准则。

四

唐宋时期，劝学思想进入新的发展阶段。其实从隋朝开始，随着儒学重新受到执政者重视以及科举制度的革新，学习风气逐渐扭转。唐朝建立后，更加大力地发展学校，科举选拔人才制度日臻完善。宋朝执政者高度重视儒学的发展，数次推行兴学运动，学校教育走向繁荣，书院教育大量涌现，"四书五经"成为学校教学和科举考试的主体内容。在思想界，儒学在吸收消化佛老学说的基础上形成了新的形态——理学。这一系列的变化，推动着劝学思想的更新发展，特别是劝学文体形式更加多样化，较有影响的有虞世南《劝学篇》、颜真卿《劝学诗》、韩愈《师说》《进学解》、宋真宗赵恒《劝学诗》、柳永《劝学文》、曾巩《劝学诏》①、朱熹《近思录》、王应麟《困学纪闻》及其《三字经》等通俗性质的劝学启蒙读物。

　　韩愈《师说》《进学解》两篇经典文献，分别从尊师重道与治学修身角度，批评了当时的学术风气，阐发了自己的学习思想。《师说》开宗明义："古之学者必有师。师者，所以传道受业解惑也。"直指师道的根本在于"传道"，而非仅授句读。韩愈痛斥时人耻于从师之弊，士大夫"曰师曰弟子云者，则群聚而笑之"，反不及"巫医乐师百工之人"虚心相师，导致"圣益圣，愚益愚"的恶性循环。他提出"道之所存，师之所存"的平等师道观，强调"无贵无贱，无长无少"，并以孔子师郯子、苌弘为例，阐明"弟子不必不如师，师不必贤于弟子"的辩证关系。《进学解》则以寓言式展开对话，借国子先生之口提出"业精于勤，荒于嬉；行成于思，毁于随"的治学箴言，鼓励学子精进学业。学生则以先生自身"公不见信于人，私不见助于友"的困顿境遇反诘，质疑勤学未必通达。先生回应以"大木为杗，细木为桷"之喻，阐明人才各有所用，并以孟子、荀卿虽历经坎坷却"吐辞为经，举足为法，绝类离伦，优入圣域"为例，强调治学当超脱世俗功利。两篇

---

① 曾巩替皇帝草拟的诏令。

各有侧重，《师说》针砭社会轻视师道的流弊，呼吁重建尊师传统；《进学解》直面学问与命运的张力，申明勤学修身的价值。韩愈以雄健文风与深邃哲思，批判唐代士林"小学而大遗"的短视行为，不断彰显"传道济世"的儒家理想。

宋真宗赵恒的《劝学诗》（有观点认为，该诗是后人伪托宋真宗之名所作）是流传于世、知名度最高的劝学文献之一。原文为："富家不用买良田，书中自有千钟粟。安居不用架高堂，书中自有黄金屋。出门莫恨无人随，书中车马多如簇。娶妻莫恨无良媒，书中有女颜如玉。男儿欲遂平生志，六经勤向窗前读。"全诗以简单直白的风格，通过多重譬喻阐发读书致用的基本观点，旨在激励士人勤学苦读以成就人生理想。宋真宗以帝王身份劝学，重在号召天下人通过读书考取功名，这与当时的"万般皆下品，惟有读书高""朝为田舍郎，暮登天子堂"等言论可以相互参照，呈现当时"取士不问家世"、人人皆可读书做官的社会景象。虽然该诗以功利目的提倡读书引起许多非议，但或许正是这种接地气的方式，反而激励了无数学子寒窗苦读，致力于改变自己和家族的命运。

五

元明清时期，劝学思想比较平实；直至清末，由于西学的冲击，劝学思想进入深度变革阶段。程朱理学在这一时期占据着主导地位，再加上学校教育和科举制度等趋向稳定，因此劝学思想也在平缓中向前发展。当然，明清商品经济的兴起，有力带动了官学、私学和社学的发展，为底层民众提供了更多的学习机会，劝学具有了更加平民化的意义。及至西方列强入侵，西学随着坚船利炮传入中国，与传统的中学发生冲突，如何处理两者的紧张关系，成为士人学子新的时代命题。这一紧张关系也体现在劝学思想的流变当中，如在张之洞《劝学篇》①中即有深刻反映。

与以往篇幅较短的劝学文献不同，张之洞《劝学篇》是一本有着四万多字的著作。全书以"中学为体，西学为用"为核心，针对清末"世变未有"的危局，系统提出救亡图存方策。该书序言警示当时"中国之祸，不在四海之外，而在九州之内"，痛陈新旧学派割裂的弊端："旧者因噎而废食，新者歧多而亡羊；旧者不知通，新者不知本"，导致"邪说暴行，横流天下"。张之洞强调"世运之明晦，人才之盛衰，其表在政，其里在学"，故撰《劝学》内外篇共二十四章，以"五知"（知耻、知惧、知变、知要、知本）为纲领，以期会通古今中外。

《内篇》九章"务本以正人心"，主张坚守儒家伦理以固国本：《同心》倡"保国、保教、保种"三位一体；《明纲》申三纲为"人禽大防"，斥民权乱政；《宗经》反对周秦诸子"破道"言论，要求以孔子圣教作为取舍标准；《循序》强调"讲西学必先通中学"，以存文化根基，其核心在于维系传统价值观，认为"非薄名教"将动摇国本，故须"定民志""存中学"；等等。《外篇》十五章"务通以开风

---

① 张之洞处于古代向近代转折时期，其《劝学篇》在主张学习西方技艺方面具有一定的近代化色彩，但就其思想主旨而言，仍然是为了维护旧有统治秩序和儒家纲常名教，延续了传统劝学思想的基本特色，因此可将其视为古代劝学思想的尾声。

气"，力主吸纳西学以应时变：《游学》倡留学以"扩见闻，增才智"；《设学》《广译》呼吁广建学堂、翻译西书以启民智；《变法》《变科举》直指制度痼疾，主张"所习所用，事必相因"；《会通》提出"知西学之精意，通于中学"，消解保守派之固蔽；等等。张之洞尤其重视实用之学，认为"西艺非要，西政为要"，军事、矿学、铁路等皆强国之急务，但须以中学为本，"见异俗不忘亲，多智巧不忘圣"。

全书融合儒家伦理与经世致用精神，借孔子振鲁之志，疾呼"有学、有力、有耻，则明且强"，批判士大夫"狃于晏安"的惰性，主张以"知亡"促"知强"。其思想既具保守底色，如维护纲常、反对民权，又显革新魄力，如倡导变法、广译西书，折射出晚清士人在传统与现代张力间的艰难抉择。

以上基于历时性的纵向维度，对中国古代劝学思想发展的源流脉络作一概览。历史证明，中国人在任何时候都无比重视学习，在任何时候都坚持勤奋学习，在任何时候都热衷鼓励学习。这种精神熔铸在中华民族的文化生命当中，使得中国人始终拥有一种"生命在于学习"的紧迫感和使命感。正如孔子所言"学如不及，犹恐失之"，如唐代王贞白所言"读书不觉已春深，一寸光阴一寸金"[1]，如毛泽东所言"饭可以一日不吃，觉可以一日不睡，书不可以一日不读"[2]。

① 王贞白：《白鹿洞二首》，陈尚君辑校《全唐诗补编》，中华书局，1992，第251页。

② 转引自吴直雄《毛泽东妙用典故精粹》，人民出版社，2009，第49页。

　　历史不能脱离现场，思想不能脱离文本。为了更加全面、更加准确、更加鲜活地认识中国古代劝学思想，我们需要回到思想生成的历史现场，深入各个时期具有代表性的劝学文献当中，通过详尽细致的文本分析和观点提炼，进一步彰显中国古代劝学思想的丰富性和独特性，为劝学思想的当代赓续和更新提供有益资鉴。

第一章 《论语》：为人以学的历史先声

孔子（前551~前479），名丘，字仲尼，春秋时期鲁国陬邑人，古代著名思想家、政治家、教育家，儒家学派创始人。据《史记》所载，孔子三岁时失去父亲，幼年过着比较贫苦的生活。年轻时做过管理粮仓、畜牧类的小官，年五十后担任过鲁国司寇，履行宰相之职，后来因与当政者不合而弃官去鲁。之后周游列国，宣传自己的政治主张和思想学说，但终不见用。晚年回到鲁国，从事教育及《诗》《书》《春秋》等文献整理工作。一生弟子众多，相传有三千。孔子述而不作，去世后，流传下来的是由其门人整理编成的《论语》一书，主要内容是孔子及其弟子的言行记录。

在中国古代劝学思想的形成和发展历程中，以孔子为代表的先秦儒家具有开拓之功，理论思考和实践探索皆有相当成就。其原因在于先秦儒家是以修身为学，认为学是"入道之门、积德之基"①，主张学以向善、学以成德、学以为人，在学习中不断提升自己，进而达到士、君子乃至圣人的境界。其中，学当然不能只是一个人"独学无友"，自己学的同时，还

---

① 朱熹：《四书章句集注》，中华书局，2003，第47页。

要教人学、劝人学，以便造就更多的同道中人，然后共同去改造社会。基于儒家对于现实社会的深切关怀，孔子当然希望通过这样一个士人群体积极参与政治活动，最终推动社会达到治理的目的。因此，劝学就是儒家思想体系和政治实践活动的内在要求和重要环节。

从当前存世文献可见，孔子尚未明确提出有关"劝学"的思想，但他对于学习的重视，对于学习内容、方法、效果的揭示，对于自己、对于学生、对于后代的学习要求，无不体现着循循善诱的精神，散发着浓厚的劝学意味，比如他对自己的学生说"行有余力，则以学文""小子何莫学夫诗"；对自己的儿子说"不学诗，无以言""不学礼，无以立"；赞扬别人"敏而好学，不耻下问"，又批评别人"困而不学"[1]。正是在这样的日常要求中，劝学思想得以在孔子思想中逐渐孕育。

一 道术为天下裂

一种思想的出现总是现实需要的结果，因此分析孔子所处的时代背景和文化环境，是解读孔子学习思想所必不可少的基础环节。春秋时期正处于中国传统社会大转变的过渡阶段，由于新的生产工具的使用、新的技术的产生、劳动力的解放等，整个社会生产力的发展取得持续进步。传统的分封制和奴隶制此时已成为生产力发展的障碍，新旧势力围绕着生产关系的革

---

[1] 《论语译注》，杨伯峻译注，中华书局，2012，第 6、258、249、66、247 页。

新进行着不同方式的斗争，体现为一种"上古竞于道德，中世逐于智谋，当今争于气力"①的发展态势。诸侯争霸，土地兼并，不断引发战争冲突。反映到文化领域，就是"道术将为天下裂"②，王官之学向下层转移，旧有价值体系逐渐丧失其普遍性和向心力，人们积极寻找新的思想归宿。相应于不同阶级、阶层的不同利益诉求，"原有的知识分子队伍发生了激烈的分化，在斗争中产生了各个阶级或阶层的思想代表和思想流派"③，于是酝酿出了百家争鸣的局面。

（一）"周文"衰微

孔子生活在春秋晚期，是一个被称为"礼崩乐坏"的时代。由于周王室对于地方诸侯几近丧失统治力，原来依靠"分封—周礼"而维系的"政治—文化"秩序逐渐走向瓦解，天下进入失序状态。对此，孔子忧心忡忡，说道：

> 天下有道，则礼乐征伐自天子出；天下无道，则礼乐征伐自诸侯出。自诸侯出，盖十世希不失矣；自大夫出，五世希不失矣；陪臣执国命，三世希不失矣。天下有道，则政不在大夫。天下有道，则庶人不议。④

他认为，天下运行正常的话，制作礼乐及出兵征伐等重大事项都应该由周天子决定；天下运行不正常的话，那么重大事

---

① 王先慎：《韩非子集解》，中华书局，1998，第445页。
② 《庄子今注今译》，陈鼓应译注，中华书局，2009，第909页。
③ 冯友兰：《中国哲学史新编》（上），人民出版社，2007，第46页。
④ 《论语译注》，杨伯峻译注，中华书局，2012，第243页。

项的决定权就旁落到诸侯手里。如果由诸侯掌权，十代都难以维持；如果由大夫掌权，五代就要失去权位；如果由家臣掌权，传不到三代就要灭亡。然而当时的现实情况是，以周天子为中心的政治权力体系已逐步被地方诸侯主导的争霸模式所取代，谁拥有绝对实力、谁取得霸主地位，谁就会成为权力的中心。

孔子忧心于这种权力下移、地方专政的情况，痛恨诸侯、卿大夫的僭越行为，认识到政治上如果名实颠倒，将会导致天下失序、社会动荡。为了应对这种"天下失道"的现状，孔子寄希望于回到过去，认为"周礼是一种有效的制衡体系，能够避免君臣因某一方实力过强而引发混乱……主张继承周王朝的经验，恢复周王和国君权力，对诸侯、卿大夫进行制衡，提出'克己复礼'的主张"①。孔子意在重建"周文"，他说自己"述而不作，信而好古"，"周监于二代，郁郁乎文哉！吾从周"②，可见他对周朝礼制文明的认可和向往。

当然，在社会现状发生巨大变化的情况下，孔子对待周礼也没有采取泥古的态度，他认识到当时社会结构已经不同以往，传统周礼已经不能完全适用，因此要做损益的工作，即进行适当改造。《论语》有云：

> 子张问："十世可知也？"子曰："殷因于夏礼，所损益，可知也；周因于殷礼，所损益，可知也。其或继周者，虽百世，可知也。"③

① 中国历史研究院主编《（新编）中国通史纲要》（上），中国社会科学出版社，2024，152页。
② 《论语译注》，杨伯峻译注，中华书局，2012，第93、39页。
③ 《论语译注》，杨伯峻译注，中华书局，2012，第29页。

殷商继承夏代、周朝继承殷商的礼仪制度，其中的损益变化，都可以知道，周之后当然也会有所损益变化。在具体层面，孔子强调一些礼仪要根据生活需要进行调整。比如，他提到"礼，与其奢也，宁俭""麻冕，礼也。今也纯，俭，吾从众"①。当然孔子不是就礼而论礼，他更担心的是社会失礼而造成的种种祸乱，这是他竭力挽救周礼的出发点和落脚点。

（二）文化下移

春秋时期随着权力的下移，原来的王官之学终难维系，以致出现知识下移的现象，即所谓"天子失官，学在四夷"。在这之前，文化知识主要由统治集团及贵族群体所掌握，文化知识的学习权和解释权也主要由官府所垄断，从事学术研究和知识传承的主体是中央王朝以及各诸侯国的卜官、史官、宗官和祝官等文化官员。这些官员不仅负责记录和解释历史，还承担着解读天象、占卜吉凶、维护礼制等重要职责。他们的关注点主要集中在天命观念、礼乐制度等与政治密切相关的领域，这些内容构成了当时官方文化的核心。

进入春秋以后，"王朝和周礼衰落，官府无力供养人数众多的宗教文化官员，很多人离开官府寻找出路，成为为民间提供婚丧冠祭礼仪服务的技艺之士，官方知识体系下传"②。与此同时，战乱争夺、国家兼并等导致一些贵族沦为平民，其中包括很多知识阶层，他们携带文化学术出走各地。例如，《左传》记载，王子朝与周敬王争夺王位失败后，"奉周之典籍以

---

① 《论语译注》，杨伯峻译注，中华书局，2012，第33、123页。
② 中国历史研究院主编《（新编）中国通史纲要》（上），中国社会科学出版社，2024，第151页。

奔楚"，不仅带走了大量的周朝典籍，随行还有许多文化人才，这种因政治活动而衍生的文化事件无疑有助于推动各地文化学术的繁荣与发展。

即使是周朝所创造的文明体系，也在新的社会发展形势下面临着改造和革新的需要。如诸侯国对于土地不再简单地分封，而是设立县、郡等行政机构予以直接管理；官员任命制度逐渐取代世袭制度，县、郡的官员由国家统一任命，打破了以往的血缘纽带；土地管理制度摒弃了以往公田的方式，转而实行军赋或田税制度。在这种政治、经济、社会的剧烈变革中，原来的周礼文明已经不能适应发展需要。"春秋时代的西周文物，已不是有血有肉的思想文物，而仅仅作为形式的具文，作为古训教条，以备贵族背诵；所谓诗、书、礼、乐的思想，在这时好像变成了单纯的仪式而毫无内容。"①

与此相应的是，各诸侯国出于巩固和维护自身统治的需要，都在培养自己的知识阶层和文化学术，从而为自己争霸提供思想文化支撑。这在客观上造成了对知识的渴求和文化人才的短缺。因此，在《论语》中可以看到"三年学，不至于谷，不易得也""学也，禄在其中矣""仕而优则学，学而优则仕"② 等论述。这表明，通过学习掌握文化知识已经成为一般人走上仕途的重要方式。在这样的文化氛围和社会需求条件下，孔子强调学习的重要性，劝导大家学习，也就有其必然性和必要性了。

---

① 侯外庐、赵纪彬、杜国庠：《中国思想通史》第 1 卷，人民出版社，2011，第 126 页。
② 《论语译注》，杨伯峻译注，中华书局，2012，第 116、236、281 页。

（三）私学兴起

周朝官学的解体，知识阶层的散落，诸侯国对于"学"者的需要，逐渐催生了一种新的教育方式——私学，也就是官学之外的私人教学方式。"官失其守，畴人子弟散之四方，本其所得，各自立说，于是王官之学，一变而为私家之学矣。"[①]在知识学术走向民间的同时，民间已有平民子弟开始以从事学问为志业，"平民之有余暇能从事于学问者亦稍多，于是有聚徒设教之人，有负笈从师之事，而学问乃自贵族而移于平民"[②]。于是，私学逐渐发展起来，成为官学的重要补充，为诸子百家争鸣奠定了基础。正是在这样的背景下，孔子成为聚众授徒、兴办私学的重要先行者。

孔子的教学是向所有人开放的，他提倡"有教无类"[③]，对于求学不分贵贱，只要愿意学，都可以教。"自行束脩以上，吾未尝无诲焉"[④]，即准备一点干肉之类的见面礼，以表达向学心意，这是必要的礼仪。孔子弟子三千，这些弟子情况各异，有来自不同地方的，如鲁国、齐国、卫国、吴国、陈国、宋国、秦国、晋国等；有不同年龄段的，从小孔子几岁到小孔子五十多岁不等，还有父子一同求学的，如颜回父子、曾参父子；有不同职业的，包括从政、做生意、无业甚至盗贼之流；有不同性格特长的，如仲由勇猛、冉求谦退、高柴愚直、曾参鲁钝、颛孙师偏激等。颜回、冉雍、闵子

---

① 吕思勉：《先秦史》，上海古籍出版社，2005，第 436 页。
② 吕思勉：《先秦史》，上海古籍出版社，2005，第 436 页。
③ 《论语译注》，杨伯峻译注，中华书局，2012，第 238 页。
④ 《论语译注》，杨伯峻译注，中华书局，2012，第 95 页。

骞、公冶长等都是贫贱之人，但是孔子并不在意，认为只要他们好学乐学、品行好，就是可造之才，他甚至把自己的女儿许配给了公冶长，以示认可。因此，《荀子》中就有这样的记载：

> 南郭惠子问于子贡曰："夫子之门，何其杂也？"子贡曰："君子正身以俟，欲来者不距，欲去者不止。且夫良医之门多病人，檃栝之侧多枉木，是以杂也。"①

在孔子及其弟子这个师生群体中，对于学习的重视超乎一般，形成了浓烈的学习氛围，孔子不仅自己带头学，还能够因材施教，孜孜不倦地对弟子劝学和督学，所以儒家才能成为当时影响很大的学派，才能够人才辈出、各有作为。

二 学不设限

《论语》以《学而》开篇，凸显出儒家思想中"学"的重要性，这种编排虽非孔子所为，但从中透露出编者以"学"为切入点来认识孔子思想的理路。北宋学者邢昺在注疏时就认为"此章劝人学为君子也"，并在后面多处指明孔子的劝学之意。孔子虽然收了很多弟子，但他很少谈论"教"，相反"学"字出现的频率很高，他关注的重点不是怎样去教，而是学习者（包括他自己和他的劝学对象）怎样去学，因为"学"更多体现了一种自我要求进步的主动性，这是孔子所极为看重

---

① 《荀子》，方勇、李波译注，中华书局，2015，第493页。

的一种品质。据初步统计，"学"在《论语》中出现六十多次，内容极其广泛，一切对生命有意义的内容都可纳入"学"的范围，"学"乃塑造和提升生命的根本途径。他在日常生活与教学中触动而发，随机指点，涉及生命种种状态以及对人、事、物的态度和处理原则，在这种生命意义的探索背后不断彰显"学"的价值。

在孔子的思想中，"学"这一概念具有双重含义。狭义的"学"特指学习新知识的过程，如学《诗》、学《易》等，是与"思"对着讲的，正如孔子所言："吾尝终日不食，终夜不寝，以思，无益，不如学也。"① 当然，孔子也将学习与修德对着讲，如"德之不修，学之不讲，闻义不能徙，不善不能改，是吾忧也"②，这还是强调学习本身。广义的"学"则指涉个体的德性养成，正如子夏所言，"贤贤易色；事父母，能竭其力；事君，能致其身；与朋友交，言而有信。虽曰未学，吾必谓之学矣"③。前者"未学"的"学"是指狭义的学习知识；后者"谓之学"的"学"则是说能够践行孝悌忠信，也可以视为学的行为，达到了广义的学的目的。

（一）好学

好学是孔子特别重视的一种学习态度，是求学者积极性、主动性、自觉性的根本体现，是不断追求知识、完善自我的重要途径。在《论语》中，孔子自我表扬的地方不多，但对于好学却欣然自许："十室之邑，必有忠信如丘者焉，不如丘之

---

① 《论语译注》，杨伯峻译注，中华书局，2012，第235~236页。
② 《论语译注》，杨伯峻译注，中华书局，2012，第94页。
③ 《论语译注》，杨伯峻译注，中华书局，2012，第7页。

好学也。"① 这就是说，做到忠信的人并不罕见，但能够好学的则非常少，孔子认为自己是好学之人。不管好学的结果是什么，首先要有一个基本的学习态度。孔子不仅是这样说的，也确实是这样做的：

> 子曰："学如不及，犹恐失之。"
>
> 子曰："三人行，必有我师焉：择其善者而从之，其不善者而改之。"
>
> 子曰："我非生而知之者，好古，敏以求之者也。"②

这些言行表明孔子确实是将好学落实到自己的日常生活中。他不仅对自己如此要求，对众弟子也是如此要求。弟子中无论谁有好学的精神，他都会表现出高度赞赏的态度。鲁哀公、季康子等人都问过孔子，弟子中谁最好学。孔子每次都说"有颜回者好学"③，颜回去世后就不见好学者了。这是对颜回的高度肯定，也证明孔子确实把好学看成难能可贵的品质。

如同"学"一样，孔子也赋予好学广泛的意义，比如"君子食无求饱，居无求安，敏于事而慎于言，就有道而正焉，可谓好学也已"④。总体来说，只要不求安逸，勤奋上进，谨言慎行，亲近有道者以匡正自己，就可以称得上好学之人。由此可见，孔子对于好学的理解，不局限于书本知识的学习，更包括对个人品德修养、行为举止以及为人处世之道的追求与

---

① 《论语译注》，杨伯峻译注，中华书局，2012，第74页。
② 《论语译注》，杨伯峻译注，中华书局，2012，第118、101页。
③ 《论语译注》，杨伯峻译注，中华书局，2012，第77、157页。
④ 《论语译注》，杨伯峻译注，中华书局，2012，第12页。

提升。他的弟子子夏有一句意思相同但更具概括性的话，即"日知其所亡，月无忘其所能，可谓好学也已矣"①。每天都能学习一点新知识和新能力，知道自己原来所不知道的；每月都温习和巩固已学的知识，不忘记旧知识和旧能力，做到这两点，不断积累，不断进步，这就是好学了。

好学既体现在个人对进步的追求上，也体现在对德行修养的救弊和纠偏上，或者说好学已经由一种态度和精神上升为一种美德和品质了。

> 子曰："由也！女闻六言六蔽矣乎？"对曰："未也。""居！吾语女。好仁不好学，其蔽也愚；好知不好学，其蔽也荡；好信不好学，其蔽也贼；好直不好学，其蔽也绞；好勇不好学，其蔽也乱；好刚不好学，其蔽也狂。"②

孔子告诉子路，喜爱仁德，却不喜爱学习，其弊是容易被人愚弄；喜爱聪明，却不喜爱学习，其弊是放荡不羁；喜爱诚实，却不喜爱学习，其弊是容易被人利用，反而害了自己；喜爱直率，却不喜爱学习，其弊是尖刻；喜爱勇猛，却不喜爱学习，其弊是容易捣乱闯祸；喜爱刚强，却不喜爱学习，其弊是胆大妄为。这就是说，人在追求仁、智（知）、信、直、勇、刚等德性的过程中，如果不以"好学"引入其他辅助性因素加以补正，那么在现实中就可能出现偏差，甚至导致错误的行

---

① 《论语译注》，杨伯峻译注，中华书局，2012，第 279 页。
② 《论语译注》，杨伯峻译注，中华书局，2012，第 257 页。

为，陷入六蔽（愚、荡、贼、绞、乱、狂）之患。这里可能
蕴含两层意思，一是说明好学可以直接和仁、智、信、直、
勇、刚中的每一种德性相互作用，弥补好德在实践中出现的偏
差；二是表明仁、智、信、直、勇、刚等每一种德性的修炼都
需要其他德性相互配合，好学可以将其他德性引入某一德性的
实践活动当中，实现德性之间的相互贯通、互相制约、互相补
充。由此可见，《论语》中的"好学"是匡正德性修养可能
"走火入魔"的关键环节。

（二）焉不学

前面说到孔子好学，那么他所好之学到底是什么？其实，
孔子学习的范围很广，古代君子所应掌握的技艺和知识，孔子
都劝自己的弟子应该有所学习。比如"六艺"（礼、乐、射、
御、书、数）是以前贵族学习的基本内容，孔子将其推广为
普通百姓的学习科目。孔子还对《诗》《书》《礼》《乐》
《易》《春秋》等经典进行了整理，并劝导弟子加以学习。不
同于"六艺"偏重实用的技能性要求，这些经典更强调道德
的人文性修养。当然，这些还是狭义的学习对象。在更广泛的
意义上，《论语》有言：

> 子以四教：文、行、忠、信。
>
> 德行：颜渊，闵子骞，冉伯牛，仲弓。言语：宰我，
> 子贡。政事：冉有，季路。文学：子游，子夏。①

---

① 《论语译注》，杨伯峻译注，中华书局，2012，第102、155 页。

这里的"文"和"文学"主要指古代文献知识。在孔子看来，作为个人的德行修养和作为国家的制度建构，在古代文化中几近完美。因此，他极力提倡向历史文献和古代典籍学习，如学《易》、学礼、学《诗》等。为什么学《诗》？孔子说："《诗》三百，一言以蔽之，曰：'思无邪'。"①《诗》的思想是纯真无邪的，孔子多次引用《诗》来说明人生道理。"诗，可以兴，可以观，可以群，可以怨。迩之事父，远之事君；多识于鸟兽草木之名。"②《诗》意蕴丰富，有心者可以培养思维能力，可以习得讽刺方法，可以学会侍父侍君，甚至还可以更多地认识鸟兽草木名称。

为什么学礼？因为礼是一整套社会行为规范，人不学礼，就无法立足于社会。孔子从不同角度指出，"君子博学于文，约之以礼，亦可以弗畔矣夫"；"恭而无礼则劳，慎而无礼则葸，勇而无礼则乱，直而无礼则绞"；"非礼勿视，非礼勿听，非礼勿言，非礼勿动"③。守礼就是守规则，可以使自己不触犯社会底线，也可以规范自己的其他社会性行为。

为什么学乐？因为乐代表一种和谐的秩序，与礼具有相似的作用，只不过后者偏外在行为规范，前者偏内在情感协调。乐的最大作用就是调和人的感情、安抚人心，有助于构建良好社会秩序。故《乐记》有言："凡音者，生人心者也。情动于中，故形于声。声成文，谓之音。是故治世之音安，以乐其政和。乱世之音怨，以怒其政乖。亡国之音哀，以思其民困。声

---

① 《论语译注》，杨伯峻译注，中华书局，2012，第15页。
② 《论语译注》，杨伯峻译注，中华书局，2012，第258页。
③ 《论语译注》，杨伯峻译注，中华书局，2012，第89、111、172页。

音之道与政通矣。"①"音"源自人的内心深处，情感在人心中激荡，外化为"声"，"声"经过特定形式的组合，便形成了"音"。因此，治世之音显得安详，映射出对政治和谐的欢乐；乱世之音充满怨恨，透露出对政治混乱的愤怒；亡国之音十分悲凉，反映出对人们困苦的忧郁。声音的内涵，实则与政治息息相关。正因如此，孔子说"礼乐不兴，则刑罚不中"；"子谓《韶》，'尽美矣，又尽善也'"；"子在齐闻《韶》，三月不知肉味，曰：'不图为乐之至于斯也。'"②

对于这些古代典籍，最终目的是学习其中的"成人"之道，这就是孔子所说的人要"兴于《诗》，立于礼，成于乐"③。这些经典中蕴含古代圣贤做人做事的原则，"盖学者所以学圣人之道，而圣人往矣，道在方策"④。圣人既不可见，其德行风范记录在文献方策之中，文献方策就成为后人学习圣人的间接途径。除了文献之学，孔子还特别重视师生之学，表现为人与人之间的互为师生、彼此切磋、相互提高。师生之间的教学不以贫富贵贱相论，而是提倡"温故而知新，可以为师矣""敏而好学，不耻下问""三人行，必有我师焉"⑤。正是在这种活泼的生活化的交流过程中，道策、师生、凡圣，结成一个互动共通的学习与文化共同体。

《论语》的文献之学、师生之学，其深层指向是道德性的修身实践。《论语辨》云："圣人何为如是之重学也，盖凡天

① 《礼记译注》，杨天宇译注，上海古籍出版社，2016，第583~584页。
② 《论语译注》，杨伯峻译注，中华书局，2012，第186、46、98页。
③ 《论语译注》，杨伯峻译注，中华书局，2012，第114页。
④ 程树德：《论语集释》，中华书局，1990，第4页。
⑤ 《论语译注》，杨伯峻译注，中华书局，2012，第23、35、66、101页。

下之理皆寓于事，而事非闻见阅历不能知，闻、见、阅历，所谓学也。"① 由此可见，儒家重视在事上学，在闻、见、阅历上学，其目的都是通达事上之理。《论语》语境下的知识不是工具性、技术性的知识，而主要指德性之知。因此，孔子说"君子不器""吾不如老农""吾不如老圃"②。学习的目的不是成为某种器物之用，而是要追求根本之道，即子夏所言"君子学以致其道"③。学习是修行的开端，在闻、见、阅历后更有琢磨、内化、践行的深度展开。向文献和老师学习，是因为他们是大道的载体，学习就是从中提取德性资源，发挥其伦理教化的作用，引申出自己修身的价值和意义，所以君子之学的核心即在于自己的修德学道。

由上可见，孔子学习的愿望是极其强烈的，学习的心态是极其开放的，学习的内容是极其广泛的，学习的目的是极其高尚的。当有人好奇孔子为何如此博学多闻时，他的弟子认为是因为孔子无所不学。

> 卫公孙朝问于子贡曰："仲尼焉学？"子贡曰："文武之道，未坠于地，在人。贤者识其大者，不贤者识其小者。莫不有文武之道焉。夫子焉不学？而亦何常师之有？"④

对于孔子而言，只要拥有学习的心态、拥有好学的精神，

---

① 赵贞信：《论语辨》，上海书店，1935，第 1 页。
② 《论语译注》，杨伯峻译注，中华书局，2012，第 23、187 页。
③ 《论语译注》，杨伯峻译注，中华书局，2012，第 280 页。
④ 《论语译注》，杨伯峻译注，中华书局，2012，第 284 页。

学习的对象就无处不在，学习的机会就无时不有。对于真正的学习者而言，无论什么人，无论什么环境，总能够"择其善者而从之，其不善者而改之"，完全不必等有专门的老师才去学习，学习就存在于人的日常生活与社会交往之中，学习就是一种生活方式。

三 近身情境、互动启发与学思结合

孔子既是学习者，又是教育者，但是在教学相长中，他最看重的还是学习者自我学习的品格，从前面所提到的有无好学态度，到学习时能否主动思考，到最后对所学知识是否切身践行等，这一切的关键都在于学习者自身。学习就是为了自己学习，为了提高自己的德性修养，为了完善自己的人格境界，而不是为了别人，所以孔子提倡"古之学者为己"，反对"今之学者为人"①。老师劝学的作用重在劝导、启发和树立榜样，唤醒学习者的自觉性，激发他们养成理想人格的内在动力，引导他们把自己培养成为高尚的人。

（一）得其门而入

君子的德行不在于一种知识性的展示，而在于一种人文精神的呈现，这种人文精神只有真正通过活生生的人，才能彰显其无与伦比的魅力。因此，对于德性知识的传承与实践而言，构建一种近身式的活泼泼的学习情境尤为关键。

孔子与弟子的互动过程，首先体现为老师作为道德人格的

① 《论语译注》，杨伯峻译注，中华书局，2012，第214页。

示范作用，这种示范作用激发了弟子对德性知识的追求与向往。当有人提出"子贡贤于仲尼"时，子贡是这样回答的："夫子之墙数仞，不得其门而入，不见宗庙之美，百官之富。得其门者或寡矣。"① 孔子的道德境界十分高深，如藏在高墙大院，如果不进入里面，是无法领略其宏伟与丰富的。别人误解孔子不贤于弟子，是因为别人未曾见识过，而弟子与他朝夕相处，自然能够深刻感受孔子的道德之美。

其次，孔子对于弟子的提问，总是随机指点，向弟子展现有德者应该具有的行事方式，充满日常生活的智慧，让弟子不得不折服。对此，颜渊发出这样的感叹：

> 仰之弥高，钻之弥坚。瞻之在前，忽焉在后。夫子循循然善诱人，博我以文，约我以礼，欲罢不能。既竭吾才，如有所立卓尔。虽欲从之，末由也已。②

老师的学问是越仰视越觉得高不可攀，越钻研越觉得深不可测，望着好像就在前面，忽然之间又在后面。而老师对于学生的教导则是循循善诱，用文献来丰富其学识，用礼节来约束其行为，令学生想停下来都不可能。通过"循循然善诱人"的评价，可见孔子劝学的方法不是强制式的命令，而是一种有步骤的引导。

（二）不愤不启，不悱不发

孔子总是鼓励学生提出问题，自己加以适当的引导，激发

---

① 《论语译注》，杨伯峻译注，中华书局，2012，第 285 页。
② 《论语译注》，杨伯峻译注，中华书局，2012，第 127 页。

学生的思维活力，培养他们的独立思考能力。这种教学方式，不仅使学生能够深刻理解所学知识，更能激发他们的学习兴趣和求知欲望，从而达到事半功倍的学习效果。比如：

> 子曰："不愤不启，不悱不发。举一隅不以三隅反，则不复也。"①

这就是说，如果学生没有到想求明白而不得的时候，老师就不应该去开导他；如果学生没有到想说却说不出的时候，老师就不应该去启发他。老师教给某方面的知识，如果学生不能够通过自己的思考，举一反三，得出具有其他相通的知识，那么老师就没有必要重复解答同一类问题了。《论语》中展现的求学和教学的主要方式是，学生在学习或生活中有了关于某一问题的疑问，然后去请教孔子，孔子根据学生的具体情况，再做出相应的回答。所以，经常可以看到，不同的学生在不同的情境中提出同一个问题，孔子会给出不同的回答。比如很多学生都提出过关于"仁"的问题，孔子的回答就各不相同。

> 颜渊问仁。子曰："克己复礼为仁。一日克己复礼，天下归仁焉。为仁由己，而由人乎哉？"
>
> 仲弓问仁。子曰："出门如见大宾，使民如承大祭。己所不欲，勿施于人。在邦无怨，在家无怨。"
>
> 司马牛问仁。子曰："仁者，其言也讱。"

---

① 《论语译注》，杨伯峻译注，中华书局，2012，第95页。

子张问仁于孔子。孔子曰："能行五者于天下为仁矣。""请问之。"曰："恭、宽、信、敏、惠。恭则不侮，宽则得众，信则人任焉，敏则有功，惠则足以使人。"①

即使是同一个学生问了同一个问题，在不同场景下孔子的回答也会有所不同，比如樊迟三次问仁：

樊迟……问仁。曰："仁者先难而后获，可谓仁矣。"
樊迟问仁。子曰："爱人。"
樊迟问仁。子曰："居处恭，执事敬，与人忠。虽之夷狄，不可弃也。"②

同一个问题的不同回答，说明仁本身具有丰富的意义空间。一方面，孔子对于仁的多维度阐释，构建了儒家以"仁"为核心的思想体系。另一方面，孔子对于学生问题的不同回答，开创了中国以因材施教、因势利导为理念的教学方法。这种教育理念强调个性化教学，针对学生的具体情况和当时情境，随时调整教学内容和方法，使其真正能够贴近学生的问题，与学生生命发生内在关系，引导学生在思考和探索中领悟生命的真谛，帮助学生获得个性化发展。这种方法的运用，与德性知识自身的特性相关，因为这是一种关于生命成长的人文性知识，本身无法通过强制或照本宣科的方式进行传授，只有"主动提问+因势利导"的学习方法才最有可能融入学习者的

---

① 《论语译注》，杨伯峻译注，中华书局，2012，第172、173、255页。
② 《论语译注》，杨伯峻译注，中华书局，2012，第86、182、194页。

内在体验当中，成为学习者生命的有机部分。

在关于德性知识的互动探讨中，孔子确立了启发式的教学方法，以此引导学生逐渐进入道德的境界，同时老师也能够在学生的创造性回答中得到新知，从而产生教学相长式的双向启发效应。《论语》向我们展现了诸多类似的学习场景：

> 子贡曰："贫而无谄，富而无骄，何如？"子曰："可也；未若贫而乐，富而好礼者也。"子贡曰："《诗》云'如切如磋，如琢如磨'，其斯之谓与？"子曰："赐也，始可与言《诗》已矣，告诸往而知来者。"
>
> 子夏问曰："'巧笑倩兮，美目盼兮，素以为绚兮。'何谓也？"子曰："绘事后素。"曰："礼后乎？"子曰："起予者商也！始可与言《诗》已矣。"①

前一则是子贡问孔子，如果达到"贫而无谄，富而无骄"的境界怎么样。孔子回答说不错，但还有更高的境界，即"贫而乐，富而好礼"。子贡听到老师回答后，即刻联想到《诗经》中"如切如磋，如琢如磨"的诗句，可以用来指代这种人生境界的层层递进现象。听闻此言后，孔子赞赏子贡能够主动思考，做到了举一反三、触类旁通。后一则是子夏问孔子，如何理解《诗经》中的"巧笑倩兮，美目盼兮，素以为绚兮"。孔子随机施教，说先有白色底子，然后才能绘画。子夏受此点拨，灵机一动，说这是不是就像先有仁后有礼一样。显然，孔子也从未从这个角度考虑过仁礼关系，子夏的回答也

---

① 《论语译注》，杨伯峻译注，中华书局，2012，第13、35页。

极大地启发了孔子。在这种深度思考和互动中，师生所探讨的知识自然就会更加容易地融入生命当中，引发双方对于更多问题的探索和求解。

（三）学而不思则罔，思而不学则殆

在情境式、启发式教学的背后，实质上是鼓励学生主动学习，主动学习背后是主动思考。因此，孔子特别重视学思结合，提醒警惕陷入"学而不思则罔，思而不学则殆"的困境。

首先，"学"有"效"的意思。朱熹说："学之为言效也。人性皆善而觉有先后，后觉者必效先觉之所为，乃可以明善而复其初也。"[①] 这种注解带有朱熹自身的理论背景，虽然"人性皆善"思想在《论语》中尚未透显，但朱熹指出了道德人格修养的重要路径，即在未明善的时候，以"学"效法先贤先觉，使其有所凭借、有所依循、有所入门，就不至于陷入"思而不学""游谈无根"的歧途。从"效"入"学"，不失为平常人也能掌握的进德方法。但是工具意义上的"效"本身还不能达到"明善"的目的，"学而不思"或者说"效而不觉"仍是机械意义的重复，尚不足以内化为个人的道德自觉。所以，最终只有把"学"坐实到"先觉""后觉"之"觉"的工夫上，"明""复"才有生动活泼的进路。

其次，"学"又有"觉"的意思。许慎《说文解字》云："学，觉悟也。"《白虎通·辟雍》篇曰："学之为言，觉也，以觉悟所未知也。"皇侃《论语集解义疏》："言用先王之道，导人情性，使自觉悟，而去非取是，积成君子之德也。"质言

---

① 朱熹：《四书章句集注》，中华书局，2003，第47页。

之，"效"是狭义的学，广义的学应包括"觉"义，含有结合自身情况内化德性资源、落在实践中的精微旨意。

这层"觉"的含义，《论语》有时通过"思"来表现。面对现象背后蕴藏的德性价值，领悟、内化、躬行并非简单之事，而是需要"思"的互动参与，以免陷入迂陋的境地。因此，孔子特别重视"思"的作用，他指出"君子有九思：视思明，听思聪，色思温，貌思恭，言思忠，事思敬，疑思问，忿思难，见得思义"[①]。当我们在看时、听时，就要思考是否看明白了、是否听清楚了；当我们的脸色、容貌、言语、做事态度有异时，就要思考怎么温和、恭敬、忠实、认真；当我们疑虑时、生气时、有所得时，就要思考如何去请教、有什么后果、是否应得等。思就是不要停留于表面，要对自己的言行举止保持反省和澄明之心，以便随时审查和纠正。从修德上而言，学与思都不可或缺，学为思提供了材料、方向和动力，思是对学的解析、内化和升华，两者相辅相成、共同作用，才能开启成德的路径。

四 学以成人

孔子对学的提倡，实际上是向自己和学生敞开了一条人生奋斗的路径，其目的就是养成君子、圣人的品格。孔子自谦，从不以圣人自许，唯以"君子"相期于自己及弟子。在他之前，君子一词通常用来指称在位的统治者，孔子则更多以之为儒家理想人格的象征，德行多寡取代权位高低成为衡量君子或

---

① 《论语译注》，杨伯峻译注，中华书局，2012，第247页。

圣人与否的标准。此后，孔子及后续儒家就把学习的目标设定为学以为人、学以为君子、学以为圣人，即通过学不断完善自己、成就自己，将学贯穿自己的全部生命历程，就是"为己之学"，正如孔子在回顾和总结人生经历时所言：

> 吾十有五而志于学，三十而立，四十而不惑，五十而知天命，六十而耳顺，七十而从心所欲，不逾矩。①

在这样一段简短的感言中，完整地展现了学习在人的生命历程中的底层作用。孔子从十五岁开始有志于学，就此奠定了其生命不断成长、境界不断跃升的基础。他一生对于学从未懈怠，在"下学而上达"②的不懈追寻中，实现生命境界的不断跃升。

十五岁，有志于学。此处的"志"构成了生命的内在自觉要求。一个人在十五岁以前未尝不"学"。然而，这种"学"还不是一种自觉的行为，所思所悟亦很难触及生命的真核。只有当个体不断向内省察，领悟到生命所需，才会认识到"学"的意义，才会立志于此。虽然这还只是个体理性自觉的萌芽与倾向，但因为有了这一步，才会进一步主动学习，以至于学而不厌，不以学为负累。生命借此阶梯，向更高境界进发。

到了三十岁，能立。因什么而"立"，"立"是怎样的状态？孔子没有进一步说明，我们只能从《论语》其他篇章加以把握。比如，"兴于诗，立于礼，成于乐""不学礼，无以

---

① 《论语译注》，杨伯峻译注，中华书局，2012，第 16 页。
② 《论语译注》，杨伯峻译注，中华书局，2012，第 217 页。

立"等。从这些地方可知，个体生命的挺立与礼的学习和践履有莫大关系。礼可以约束人的社会性活动，使其保持适宜的行为举止。但是这个礼必须是发自内心而不是流于形式，否则其人格的挺立只是徒有其表。礼如何内化为自觉行为？其根据在孔子这里就是"仁"。"人而不仁，如礼何？"① 礼要真实，要善意，要和谐，就必须由仁来统摄。孔子在主观方面讲仁，客观方面讲礼，绝不是说仁、礼可以各行其是。仁者的言行应当合乎礼，如果违背礼，则只能说明其仁德修养不足，因此说"克己复礼为仁"②。另外，孔子认为："夫仁者，己欲立而立人，己欲达而达人。"③ 这就涉及自我和他人的关系，自立立他，这是仁者应有的气象。三十而立，一方面要持续提高自己，另一方面又要努力利于他人；既要修己以敬，又要修己以安人、修己以安百姓。

到了四十岁，不惑。什么是不惑，不惑于什么？《论语》中同样没有直接答案，但孔子说"知者不惑，仁者不忧，勇者不惧""既欲其生，又欲其死，是惑也""一朝之忿，忘其身，以及其亲，非惑与"④。这几章可以反映出：第一，理智的人能够通达事理，不会轻易被迷惑；第二，个人一时不恰当的情感迸发可能导致理智的丧失，从而陷入困惑的境地。这就表明了理智在"不惑"中的重要性。在孔子的思想体系里，虽然没有明示，但处处渗透着理智的作用，理智是培养道德的重要基础。人对外界事物的学习，只有通过理智的参与，才能

① 《论语译注》，杨伯峻译注，中华书局，2012，第 33 页。
② 《论语译注》，杨伯峻译注，中华书局，2012，第 172 页。
③ 《论语译注》，杨伯峻译注，中华书局，2012，第 91 页。
④ 《论语译注》，杨伯峻译注，中华书局，2012，第 135、177、181~182 页。

深入事情的本质，掌握运动的规律，使人的认知具有准确性和深刻性。此外，人的情感也需要理智来平衡，过分的情感会主宰人的身心，使人对事情本来面目的认知出现偏差。这就要求理想人格必须兼具仁、智、勇三者，既明察秋毫，无惑于外部世界种种，亦沉潜涵泳诸仁德，做到不忧、不惑、不惧，使心性境界不断向上跃升。

到了五十岁，知天命。《论语》中"天命"作为合成词只出现两次，要界定其含义，只能先试着分别了解"天"和"命"的内涵。"天"在《论语》中主要是指道德义理之天，是道德价值的根源。一方面，"天"作为人的对立面，对人具有客观限制性；另一方面，人不会因此就丧失了自我主宰的领域，只要不断努力，像孔子所说的"下学而上达"，通过"学"积极承接"天"赋之德，以此不断修身养性，就可以提升境界而"成人"。对于"命"，孔子表达了一种无可奈何之感，"道之将行也与，命也；道之将废也与，命也"①。命虽然不以人的意志为转移，却是可知的，"不知命，无以为君子也"②。为了知命，孔子还说要"五十以学《易》"③，就是希冀通过掌握"易"来了知命对个人的限制。"天"作为道德义理主体，既是道德终极来源又是分判善恶的最高标准。"天"相对于人来说，是客体，对人形成了限制性，人要去把握这个客体就会有成败。但人同时又是主体，知道成败不可避免，就应该不再执着于成败，而应转向其能够主宰的道德领域。君子"畏天命"，既要承认自身的有限性，即遭遇失败的可能性；

① 《论语译注》，杨伯峻译注，中华书局，2012，第218页。
② 《论语译注》，杨伯峻译注，中华书局，2012，第294页。
③ 《论语译注》，杨伯峻译注，中华书局，2012，第100页。

但同时也应明白即使遭遇无可奈何的挫折，亦不应妨碍其对伦理道德的无限趋近。

到了六十岁，耳顺。所谓耳顺不是指充耳不闻，不问世事，以绝待外界的方式寻求个人的顺适。孔子一生孜孜不倦，出于对天下的关怀，构建了一套改造天下的理想蓝图。他多年奔走各地，虽屡屡碰壁，常常遇险，亦知其不可为而为之，可见其耳顺绝不是指沉浸于个人的世界。如耳顺为真，则必有所本，此本就是心顺。耳顺应为心顺的表现，问题即转入心顺层面。这里有几种可能：一是从"智"的层面上来说，假如孔子智慧贯通天人，洞察一切世事，所有外界言说都不能迷惑其心，是非对错都能了然于胸，于是心中顺畅，其耳顺也是当然。二是从"仁"的角度来说，若孔子有大爱仁德，世间言论听之于耳，都能够褒善隐恶，不生龃龉于心。三是从"仁""智"双运来讲，更有可能是孔子仁智兼备，既晓其大义，明其微旨，又扬其嘉言，谅其恶语，不断臻于从容中道的生命境界。

到了七十岁，从心所欲，不逾矩。"欲"与"矩"在许多人看来，是相互对立而不可调和的两个方面。"矩"具有群体性、强制性、客观性和外在性，是理性总结的结果；"欲"是个体的、随意的、主观的和内在的，往往以一种感性的形式呈现。在人与社会的互动中，"欲"不能逾越"矩"而肆意妄为，社会之"矩"构成了对个人之"欲"的节制。社会规矩是人类集体意志的理性表达，在一定的历史时期内具有合理性和必要性，在先秦儒家这里则集中表现为"礼"。"欲"和"矩"能不能共处一身？孔子给出了肯定的答案，而且不是以两者委曲求全、迁就退让的方式，反而表现出两不相碍、各自包容的共生效应。从心所欲，就是在欲的原始性需求下，加以理性的主宰，即在心的调伏下克服其盲目性和冲动性，而升华为一种追求人类共同价值规范的正面力量。由此，心可以化欲为个人学习社会规范、提高个人修养的能动力量。理性主宰的欲望与作为人类理性精神结晶的规矩在个人身上得到最自在的结合，即可以"从心所欲，不逾矩"。这样的个人于是成为突破小我的大我，彰显廓然大公、从容中道的气象，成就无所不周遍、无所不流行的生命境界。这个个体总是从自身出发，最后还是回到自身，只不过这时的身心已然是开放自在、大而化之的存在了，这就是"笃信好学，守死善道"① 的必然结果了。

---

① 《论语译注》，杨伯峻译注，中华书局，2012，第116页。

第二章 《荀子·劝学》：劝人向学的思想发源

荀子，名况，字卿，又称孙卿子，生卒年不详，大约在公元前313年至公元前238年，属战国晚期赵国人，著名思想家、教育家。荀子五十岁时，在齐国游学，齐襄王时"最为老师"，三为祭酒，是稷下学宫的领袖。后遭齐人谗言，于是离开齐国，去过秦国、楚国，楚相春申君任命他为兰陵令。后春申君被害，荀子也被免职，但他仍居兰陵，晚年"著数万言而卒，因葬兰陵"。荀子是先秦诸子百家的殿军，有《荀子》一书流传于世，今存三十二篇，主要由荀子本人著述，少数篇章由其弟子整理而成。

荀子继承孔子重学的思想，并对儒家"学"论加以理论深化和系统建构。《四库全书》曰："况之著书，主于明周、孔之教，崇礼而劝学。"①《荀子》一书的首篇就是《劝学》，与《论语》以《学而》居首相契合。该篇在中国劝学思想史上具有开创性意义，是最早以劝学为主题的经典文献之一，主要论述了学习的意义、内容、态度、方法、目的等。

《劝学》强调学之义是"始乎为士，终乎为圣人。真积力

---

① 王先谦：《荀子集解》，中华书局，1988，第9页。

久则入，学至乎没而后止也……为之，人也；舍之，禽兽也"①。与儒家一贯立场相同，荀子强调"君子之学也，以美其身"②。言下之意，学习的过程就是不断塑造和提升生命、不断完善道德人格的过程。这里的"学"范围甚广，"知识的累积，道德的修养，人品的完成，乃至于善群治国，莫不由乎学"③。荀子持性恶论，而后天的学习是"化性起伪"的必然环节，通过对道德知识由少而多、专一不二的量上积累，实现人性质上的变化，最后修成全之粹之的圣人境界，即所谓"涂之人可以为禹""圣可积而致"④。因此，荀子不遗余力地劝诫世人通过学习达到个人修身和社会治理的目标，他为劝学这一思想主题做出开创性的贡献，成为后世劝学思想的源头活水。

一　淑世与美身

荀子之所以要致力于劝学，原因肯定是多方面的。除了前面所论孔子重学的原因，如春秋战国时期知识下移、私学兴起、社会秩序重建的需要等，对于荀子时代而言，还有四个原因需要注意：一是战国晚期的时代剧变，二是人性恶的设定，三是对孟子学思观的批判，四是个人成长的需要。

（一）时代剧变

如果说春秋无义战，那么战国尤甚。春秋之时，社会风气

---

① 《荀子》，方勇、李波译注，中华书局，2015，第 7 页。
② 《荀子》，方勇、李波译注，中华书局，2015，第 8 页。
③ 蔡仁厚：《孔孟荀哲学》，台湾学生书局，1984，第 481 页。
④ 《荀子》，方勇、李波译注，中华书局，2015，第 385 页。

犹受周朝礼义道德制约，周王室仍被奉为正统；宗亲血缘关系仍发挥着维系天下一统的作用；郁郁乎周文在不同程度上仍被各国诸侯承认、敬重和遵守。即使是战争也多以"夹辅周室""禁暴诛悍"的名义进行。然而，行至战国则完全不同，战争演变成对土地和人口的赤裸争夺。仁义道德在此疾风骤雨下由于不能直接增强国家实力而不为所用。西汉刘向形容战国为："仲尼既没之后，田氏取齐，六卿分晋，道德大废，上下失序。至秦孝公，捐礼让而贵战争，弃仁义而用诈谲，苟以取强而已矣。夫篡盗之人，列为侯王；诈谲之国，兴立为强。是以转相仿效，后生师之，遂相吞灭，并大兼小，暴师经岁，流血满野，父子不相亲，兄弟不相安，夫妇离散，莫保其命，然道德绝矣。晚世益甚，万乘之国七，千乘之国五，敌侔争权，盖为战国。"①

春秋以降几百年，各种社会矛盾经过长期激烈的碰撞和较量，缠斗至最后的关键时期：经济、政治、军事和文化等各方面都亟待走向一个新的历史阶段。生产力已经发展到挣脱原有生产关系束缚的最后一步，许多国家经过变法后，新的生产方式得到确立并见诸成效，地主土地所有制不断推广，郡县制显示出巨大的优势，各国间的兼并战争愈演愈烈，周朝礼仪制度土崩瓦解，中央集权所要求的思想统一也迫在眉睫。

荀子生活在战国晚期、秦朝大一统前夕，他所遭遇的社会状况比前人更加复杂和严峻，因此他可以用更加宏阔的视野来审查历史经验教训。荀子坚守儒家立场，但鉴于当时社会现实状况，他又自觉地对百家思想进行了批判和吸收。郭沫若说：

---

① 刘向：《战国策》，上海古籍出版社，1985，第 1196 页。

"荀子是先秦诸子中最后一位大师，他不仅集了儒家的大成，
而且可以说是集了百家的大成的。"① 在此基础上，荀子对传
统儒学做出了适当调整，以期儒家能适应形势的需要，真正完
成治理天下的使命。《荀子集解·荀子序》中说："陵夷至于
战国，于是申、商苟虐，孙、吴变诈，以族论罪，杀人盈城，
谈说者又以慎、墨、苏、张为宗，则孔氏之道几乎息矣，有志
之士所为痛心疾首也！故孟轲阐其前，荀卿振其后。观其立言
指事，根极理要，敷陈往古捭挈当世，揆乱兴理，易于反掌，
真名世之士，王者之师。"② 可以说荀子痛心疾首于时代变局，
他提出劝学思想，与他期望通过劝学以淑世的思想紧密相关，
这是理解荀子劝学思想的基本出发点。

（二）人性设定

人性是善是恶以及人性是否可以改变、怎样改变等构成人
需不需要学习、怎么学习、学习什么的根据。荀子持"性恶"
的主张，认为人在后天环境中一定要通过"化性起伪"才能
走向善。荀子语境中的"伪"是人为的意思，即最广义的
"学"，"学"是人性从恶到善的必要步骤。他是这样定义"性
恶"的：

> 人之性恶，其善者伪也。今人之性，生而有好利焉，
> 顺是，故争生而辞让亡焉；生而有疾恶焉，顺是，故残贼
> 生而忠信亡焉；生而有耳目之欲，有好声色焉，顺是，故

① 郭沫若：《十批判书》，人民出版社，1976，第 185 页。
② 王先谦：《荀子集解》，中华书局，1988，荀子序第 51 页。

淫乱生而礼义文理亡焉。然则从人之性，顺人之情，必出乎争夺，合于犯分乱理而归于暴。①

这里荀子明确提出了性恶说，他认为人"生而有好利""生而有疾恶""生而有耳目之欲"，如果"顺是"的话就会产生种种恶行，即"恶"的行为是任由"性"参与社会活动的必然后果。因此，关键是阻断对于"性"的顺从，从而改变性的恶果。荀子提出"化性起伪"的办法，"性也者，吾所不能为也，然而可化也"②，主张对"性"加以作用，达到减少"恶行"的目的。为了实现这个目的，荀子要求人们不断地学习"仁义法正"来改造"恶"的人性，实现"性伪合"，乃至成为大禹那样的圣人。他说：

> 今使涂之人伏术为学，专心一志，思索孰察，加日县久，积善而不息，则通于神明，参于天地矣。故圣人者，人之所积而致矣。③

"涂"即途，"涂之人"就是路上的普通人，让他们努力学习仁义礼法，做到专心致志、认真思索、仔细观察、长期坚持，就可以不断地积累善行，终有一日迎来质变，达到与神明相通、与天地相匹配的境界。由此可见，普通人通过学习积累是可以成为圣人的。在性恶的前提下，到底是成圣还是为恶，后天的学习作用至关重要。

---

① 《荀子》，方勇、李波译注，中华书局，2015，第 375 页。
② 《荀子》，方勇、李波译注，中华书局，2015，第 109 页。
③ 《荀子》，方勇、李波译注，中华书局，2015，第 385 页。

（三）批判孟子

荀子的性恶论是相对于孟子的性善论而提出的，荀子重学也是在批判孟子重思的基础上形成的。孔子创立的儒学思想，发展到战国时期有两个重要的分野，一个是孟子，一个是荀子。孟子提出性善论，强调对内在善端的发掘，因此重视思的作用；荀子提出性恶论，重视外在礼法的规制作用，因此强调学的作用。

在孟子那里，"学"字出现的次数骤减。一方面，《论语》的狭义之"学"，即通过学习经典文献获取德性资源的环节在孟子的理路中已无十分必要。另一方面，孟子扩充"思"的内涵，广义之"学"所包含的"觉"义，在孟子的理论架构中归入"思"的论域。这种变化是性善论提出的必然逻辑结果。《孟子》有曰："恻隐之心，人皆有之；羞恶之心，人皆有之；恭敬之心，人皆有之；是非之心，人皆有之。"并且进一步指出："恻隐之心，仁也；羞恶之心，义也；恭敬之心，礼也；是非之心，智也。"[1] 与此论述在文字上稍异的是《孟子》另一处说道："恻隐之心，仁之端也；羞恶之心，义之端也；辞让之心，礼之端也；是非之心，智之端也。"[2] 这就是说，孟子认为仁义礼智内在于人性。因此，人在道德修养过程中，本质上无须向外学习和获取德性资源，不管是仁义之端绪还是仁义之可能皆内在于心，都说明人只需反身而求，向内而学，就可以找到德性根基。这个内在"性善"之体就是成就

---

[1] 《孟子》，方勇译注，中华书局，2015，第 218 页。
[2] 《孟子》，方勇译注，中华书局，2015，第 59 页。

道德人格的本然之源，向内而学就成为道德修养的实践工夫。

对于现实情境下有人"放其心而不知求"的问题，孟子提出了自己的学问之道——"求其放心"，其实就是"反身而诚""思则得之""扩而充之"的成德方法。孟子在肯认内在道德本体的前提下，对于放逸之心，通过"反""思""扩"的具体工夫，以发现并实现心中固有的仁义礼智之德。换言之，德性修养不受外在条件限制，也无须向外索求，只需反省、体认、扩充，道德价值的主体性就可以昂然挺立，人的存在意义亦可以由此开显。孟子在本体论上，肯定每个人都存有修身立命的德性根基，继而提出"人皆可以为尧舜"的实践命题。易言之，任何人只要通过心之思，向内学，存养固有之善，就可以成为圣人。由此可见，孟子的学思观是"思以致圣"。

然而不能忽视的是，孟子对现实之恶以及社会礼法制度的关注有所不足，性善论难以普遍地制度化地施行于社会，基于这个原因，后起的荀子不认可孟子，指责"孟子曰'人之性善'，无辨合符验，坐而言之，起而不可设，张而不可施行，岂不过甚矣哉"①。在儒学的演变中，荀子未循孟子道路以进，而是激烈批判孟子关于道德心的设定，主张以性恶论代替性善论。对于性体善恶的不同设定，必然决定后续成德工夫路径的不同选择。荀子辨析道德修养工夫不是从"反身之思"出发，而是提出"今人之性恶，必将待师法然后正，得礼义然后治"②。在独特的人性建构下，荀子十分重视师法礼义等外在

① 《荀子》，方勇、李波译注，中华书局，2015，第 381 页。
② 《荀子》，方勇、李波译注，中华书局，2015，第 376 页。

德性资源的获取，人的善行有赖于后天师法礼义的规约。相比于孟子对"思"的重视，荀子反过来提倡"学"，其"学以成德"的展开过程，就是要广泛地获取外在德性资源。《劝学》篇有言："吾尝终日而思矣，不如须臾之所学也。"[①]"终日而思"不如"须臾之所学"，"思"与"学"对立的意味十分明显，礼法之学成为人立足于社会生活最为重要的基础性环节。

比较孟荀思学观的异同，需要注意几个问题。其一，孟子重思，但不是指无对象的空思，而是面向"我固有"的仁义礼智，孟子认为只要存心、养心、尽心，便会感到万物皆备于"我"。这种诉诸内心的道德自觉，虽然不尽符合实证主义的客观性原则，但其对人道德主体性的确认，是对孔子所奠立的人文价值的高度阐扬，代表着中华文化最独特的精神标识。孟子后学更进一步提出"人之学者，其性善"的思想，即在承认性善的同时，强调"学"在促成性善的实现和完成中的重要作用。可见孟子后学"较之孟子增加了学的内涵，而不仅仅是意志的扩充，同时又认为学的目的是成就、完成善"[②]，在一定程度上体现了"思"与"学"在孟子后学中的统一和互补。

其二，荀子同样重视思的作用，强调"仁者之思也恭，圣者之思也乐，此治心之道也"[③]。即使在学的问题上，荀子也没有忽视思的作用。荀子说"君子博学而日参省乎己，则

---

① 《荀子》，方勇、李波译注，中华书局，2015，第 2 页。
② 梁涛：《统合孟荀　创新儒学》，载赵广明主编《宗教与哲学》（第七辑），社会科学文献出版社，2018，第 82 页。
③ 《荀子》，方勇、李波译注，中华书局，2015，第 349 页。

知明而行无过矣"①，可见要做到"知明而行无过"，则"博学"和"日参省乎己"是两个基本条件，缺一不可，然而其先后顺序安排则体现了荀子的思想旨趣。学在先，思在后，君子先学以借助外物，后思而有所凭借和验证，就会智慧明达并且行为没有过错。荀子认为，这是提高自己最为有效、最为直接的途径。

其三，孟荀的基本矛盾不在于思、学对扬，更不在于对仁义礼智的各有侧重，而是在于对心性之体的不同认定——是"仁义礼智根于心"，还是"人之性恶，其善者伪也"——这是他们的根本分歧所在。当然，孟荀的思学观虽有差异，但"教人以善则一"②。

（四）个人成长

从一个个具体的人而言，每个人都是有所局限的。要想突破个人的局限，就只有学习别人的特长和经验，使自己获得新的生命体验，才能推动自己成长进步，即所谓"君子之学也，以美其身"。对此，荀子说道：

> 青，取之于蓝而青于蓝；冰，水为之而寒于水。木直中绳，𫐓以为轮，其曲中规。虽有槁暴，不复挺者，𫐓使之然也。……干、越、夷、貉之子，生而同声，长而异俗，教使之然也。③

---

① 《荀子》，方勇、李波译注，中华书局，2015，第 1 页。
② 王先谦：《荀子集解》，中华书局，1988，第 15 页。
③ 《荀子》，方勇、李波译注，中华书局，2015，第 1 页。

学习对个体发展具有深远影响，就像靛青是从蓼蓝草中提炼出来的，却比蓼蓝草还青；冰是由水凝固而成的，却比水更冷。笔直的原木其直度合于绳墨，将它烘烤弯曲做成车轮后，其曲度却可以合于圆规，以后再经过火烤暴晒，也难以恢复原状。这是因为经过加工，其形态已被永久改变。由此可见，后天的学习就像原木加工，能够完全地改变个人的命运。比如，不同地域的人在出生时都差不多，但成长后却天差地别，正是后天学习与教化造就的结果。就此，荀子进一步指出：

> 吾尝终日而思矣，不如须臾之所学也；吾尝跂而望矣，不如登高之博见也。登高而招，臂非加长也，而见者远；顺风而呼，声非加疾也，而闻者彰。假舆马者，非利足也，而致千里；假舟楫者，非能水也，而绝江河。君子生非异也，善假于物也。[1]

单纯的思难有收获，思必须建立在学的基础上。通过向《礼》《乐》《诗》《书》《春秋》等经典学习、向"先王之遗言"学习、向身边的君子学习，反而能够很快获得实用性的知识，有助于自己的成长。正如站在高处就比踮脚要看得远，登高招手虽未使手臂加长，却能让远处的人发现；顺风呼喊虽未增强声音，却能让人听得更清晰。借助车马的人脚步不迅捷，却能抵达千里之遥；借助舟船者不擅长游泳，却能横渡江河。君子的天资与别人没有区别，只是善于利用外

---

① 《荀子》，方勇、李波译注，中华书局，2015，第2~3页。

物，才成其为君子。所以，能否通过学获取知识与智慧，是个体能否超越自身局限、实现潜能最大化并达到更高境界的关键。

二 人有可以知之质、可以能之具

荀子在劝学之时，不只是就学论学，他在讨论以学改变人性的同时，更深刻地认识到人之所以能学的生理功能和心理根据。

（一）天官与天君

人之所以能够成为认知的主体，首先在于人天生具备认知的生理基础。《荀子·天论》篇曰：

> 天职既立，天功既成，形具而神生，好恶、喜怒、哀乐臧焉，夫是之谓天情。耳目鼻口形能，各有接而不相能也，夫是之谓天官。心居中虚以治五官，夫是之谓天君。……如是，则知其所为，知其所不为矣，则天地官而万物役矣。①

天职、天功是指天（大自然）的作用及功绩，不受人的影响，所谓"天行有常，不为尧存，不为桀亡"②。人类的出现是天职、天功的结果，借此人具有了形体和精神，蕴含了各

---

① 《荀子》，方勇、李波译注，中华书局，2015，第267页。
② 《荀子》，方勇、李波译注，中华书局，2015，第265页。

种情感，耳目鼻口形也以各自的特点而形成不可替代的功能，并与外界发生接触。心居中央，具有独一无二的能动性——治理五官。这些都是人生来即有的，是天赋于人的最初能力。荀子认为人"形具而神生"之后，就可以"明于天人之分"，既明"天"又明"人"。明"天"是"知其所不为"，即不与天争职；明"人"是"知其所为"，致力于人为事功。如此便确立了人发挥自己能动性的范围，而人的能动性的根据在于心的自主性。

> 心者，形之君也，而神明之主也，出令而无所受令。自禁也，自使也，自夺也，自取也，自行也，自止也。故口可劫而使墨云，形可劫而使诎申，心不可劫而使易意，是之则受，非之则辞。①

人的心如同形体感官和精神意识的君主，有绝对的自由，不受任何限制，不因任何外力而改变其意志。然人与外界接触首先是通过耳目鼻口形等天官，天官以其各自功能感受不同外物，最后将感觉统之于心，形成认识。荀子描述这一过程为：

> 然则何缘而以同异？曰：缘天官。凡同类、同情者，其天官之意物也同，故比方之疑似而通，是所以共其约名以相期也。形体、色、理以目异；声音清浊、调竽奇声以耳异；甘、苦、咸、淡、辛、酸、奇味以口异……说、故、喜、怒、哀、乐、爱、恶、欲以心异。心有征知，则

---

① 《荀子》，方勇、李波译注，中华书局，2015，第 345 页。

缘耳而知声可也，缘目而知形可也。然而征知必将待天官之当簿其类然后可也。五官簿之而不知，心征知而无说，则人莫不然谓之不知。①

总的意思是说，人何以会形成不同的感觉，是因为我们天生的官能各不相同。人之所以能区分形体、颜色、纹理，是因为眼睛可以看出它们的不同；之所以能区分声音、乐曲，是因为耳朵可以听出它们的不同。同理，口、鼻、形体、心之所以能区分各种味道、气味、感受、情感，莫不是因为这些官能在与外物的接触中形成了不同的感性经验。感性经验最后通过心的验证，产生了相应成类的理性认知。

在荀子这里，心的作用主要是认知性的。首先，天官需要在天君的主动参与下才能发挥作用，如果"心不使焉，则白黑在前而目不见，雷鼓在侧而耳不闻"②，"心忧恐则口衔刍豢而不知其味，耳听钟鼓而不知其声，目视黼黻而不知其状，轻暖平簟而体不知其安"③。心不起作用，认识就无法形成。其次，心有一种自主的验证认识的高级作用，即"心有征知"。但征知不能离耳而知声，离目而知形，即必须"待天官之当簿其类"而后有所征知。荀子认为，心的这种作用同样适用于人对仁义法正等道德知识的学习。在论证"涂之人可以为禹"时，他说：

凡禹之所以为禹者，以其为仁义法正也。然则仁义法

① 《荀子》，方勇、李波译注，中华书局，2015，第360~361页。
② 《荀子》，方勇、李波译注，中华书局，2015，第336页。
③ 《荀子》，方勇、李波译注，中华书局，2015，第372页。

正有可知可能之理，然而涂之人也，皆有可以知仁义法正之质，皆有可以能仁义法正之具，然则其可以为禹明矣。①

荀子的论证过程是这样的，前提一："禹之所以为禹"是因为他能行"仁义法正"。前提二："仁义法正"等道德知识是可以被知道、可以被践行的。前提三：人有知道和践行"仁义法正"的材质和条件。结论：人可以为禹。通过设定"知识的可知、可能+人有可以知之质、可以能之具"，荀子完成了这个命题论证的逻辑闭环。当然需要注意的是，荀子在论证人皆有可以知仁义法正之质、皆有可以能仁义法正之具时主要诉诸的是事实经验层面，但在那个时代已属难能可贵。对于学而言，这个可以知之质、可以能之具的"心知"，或者说心的智性作用，就是学何以可能的根据。

（二）解蔽

人可以为禹，这是一种可能性，然而在现实中并不是每个人都真的能成为禹，原因何在？荀子认为这是因为心被蒙蔽而导致认识出现偏差和错误。认识之弊主要在于一己之私心，以其所已有拒其所未有，以其所已知拒其所未知，被蒙蔽之后，就无法接受学习。

> 凡人之患，蔽于一曲而暗于大理。……故为蔽：欲为蔽，恶为蔽；始为蔽，终为蔽；远为蔽，近为蔽；博为

---

① 《荀子》，方勇、李波译注，中华书局，2015，第385页。

蔽，浅为蔽；古为蔽，今为蔽。凡万物异则莫不相为蔽，此心术之公患也。①

容易被偏见蒙蔽而难以通晓全体大道，是人的一个普遍性毛病。比如，欲望太多会造成蒙蔽，厌恶过头会造成蒙蔽；只看到开始会造成蒙蔽，只看到结果也会造成蒙蔽；过于疏远会造成蒙蔽，过于亲近也会造成蒙蔽；广博无度会造成蒙蔽，肤浅至极也会造成蒙蔽；厚古薄今会造成蒙蔽，厚今薄古也会造成蒙蔽。人总是容易偏爱自己所拥有的，听不得别人说自己的不好；喜欢从自己的立场出发，又听不得说别人的好。目耳鼻舌被其所好而牵引，心被蒙蔽而摇摆不定，就不可能形成正确的认知。荀子善于总结以往经验，他在评价诸子之"蔽"时说道：

> 墨子蔽于用而不知文，宋子蔽于欲而不知得，慎子蔽于法而不知贤，申子蔽于势而不知知，惠子蔽于辞而不知实，庄子蔽于天而不知人。故由用谓之道，尽利矣；由欲谓之道，尽嗛矣；由法谓之道，尽数矣；由势谓之道，尽便矣；由辞谓之道，尽论矣；由天谓之道，尽因矣。此数具者，皆道之一隅也。夫道者，体常而尽变，一隅不足以举之。曲知之人，观于道之一隅而未之能识也，故以为足而饰之，内以自乱，外以惑人，上以蔽下，下以蔽上，此蔽塞之祸也。②

---

① 《荀子》，方勇、李波译注，中华书局，2015，第336~338页。
② 《荀子》，方勇、李波译注，中华书局，2015，第341页。

思想家尤其容易形成蔽塞之见，且其后果更为严重。学者的思想本来是其学习、思考的结果，是经过反思形成的认识，表达了对事物的看法。因此他们尤其珍惜、相信自己的学说，且喜欢用自己的学说去说服和影响他人。比如，墨子只看到实用的一面而不知道文教作用，如果只从实用一面来体认道，则道尽讲功利；宋子、慎子、申子、惠子、庄子，在荀子看来莫不如此，道在他们那里永远只是一个方面，而他们自己并没有察觉，都认为自己所体认的道就是全体大道，所以适用于天下所有人，适用于天下种种情况。像这样把部分当整体，当此部分碰到彼部分时，就一定会各执己见，造成争斗祸乱。既知心术之患，见蔽塞之祸，则需进一步谋求解除蒙蔽的方法。

（三）虚壹而静

在荀子看来，解蔽的关键在于以大道而不是以成见来衡量万物，即保持一个兼容并包的心态来对待万物，才能做到无欲无恶，无始无终，无近无远，无博无浅，无古无今。这种兼容并包的心态荀子称为"虚壹而静"的大清明。

> 人何以知道？曰：心。心何以知？曰：虚壹而静。心未尝不臧也，然而有所谓虚；心未尝不两也，然而有所谓一；心未尝不动也，然而有所谓静。人生而有知，知而有志。志也者，臧也，然而有所谓虚，不以所已臧害所将受谓之虚。心生而有知，知而有异，异也者，同时兼知之。同时兼知之，两也，然而有所谓一，不以夫一害此一谓之壹。心，卧则梦，偷则自行，使之则谋。故心未尝不动

也，然而有所谓静，不以梦剧乱知谓之静。未得道而求道者，谓之虚壹而静。作之，则将须道者之虚则入，将事道者之壹则尽，尽将思道者静则察。知道察，知道行，体道者也。虚壹而静，谓之大清明。①

虚壹而静是心在知"道"时应有的状态。虚，是虚其心以接受外在之物。"虚，不是'无藏'的'虚'，而是'旧藏不拒新受'的'虚'。"②虚是一种开放的心灵状态，虚才能藏，才能不会以已知去抗拒新知。因其"所已臧"还不一定是大道全体，所以有必要迎接新受。拒绝新受的旧藏，一定是独断的、片面的，满足于旧藏就是一种蔽，而"虚"就是解这个蔽。壹，是指心能够专一。心能区分不同的事物，能够形成不同的认识，即所谓"同时兼知之，两也"，这是就认知的结果而言的。在认知活动进行时，只要做到专一于一件事物，不要让对其他事物的认识妨碍对这一事物的认知，就可以"谓之壹"，这是就认知的具体过程而言的。因此，"壹"并不排斥"两"，就结果而言心能够认知不同的事物，就过程而言心也可以只专注于一件事物。静，是心的一种宁静状态。心也会动，但动不能影响静，动和静可以在不同层面存在。动是指"心，卧则梦，偷则自行，使之则谋"，这是一个较低层次、被动性的心。"静"是指"不以梦剧乱知"，这个静是不能被杂念扰乱的依理性而觉悟的一种心境。心保持不动的清明状态，但又可以与另一层面的动同存于心。

① 《荀子》，方勇、李波译注，中华书局，2015，第343~344页。引文中"臧"通"藏"。
② 梁启雄：《荀子简释》，中华书局，1983，第295页。

虚、壹、静和藏、两、动并不是不能在一心中共存，藏、壹、静已经是一个更高的阶段。虚以藏为表现，壹以两为基础，静以动为前提。虚壹而静的目标指向"道"，"将须道者之虚则入，将事道者之壹则尽，尽将思道者静则察"①。以虚壹而静的心来对待道，就可以心与道合，不被蒙蔽：

> 万物莫形而不见，莫见而不论，莫论而失位。坐于室而见四海，处于今而论久远，疏观万物而知其情，参稽治乱而通其度，经纬天地而材官万物，制割大理，而宇宙里矣。②

在虚壹而静的得道者那里，有形万物都会被看到、被讨论认识、被归于正确的位置。身在一室却能心知天下，人处此时却能智通古远，洞察万物而能知其实情，考察治乱而能明晓其理，治理天地而能利用万物。无疑，这种虚壹而静也是人在学习时需要保持的状态。

三　以礼为宗，贯通仁与法

荀子讨论认知过程并非为了探讨认知本身，而是强调认知应当服务于人生修养和政治治理等现实问题。因此，严格来说，"荀子的知识论不是西方哲学意义上的知识论……而应属带有浓厚儒家色彩，即一种立基于道德关怀、社会伦理

---

① 《荀子》，方勇、李波译注，中华书局，2015，第344页。
② 《荀子》，方勇、李波译注，中华书局，2015，第344页。

学目的之知识论系统，更好说是一种'道德知识论'"①。
重道德知识，这是儒家一以贯之的传统。具体到荀子这里，其
道德知识便是以礼为宗，统贯其他德目。王先谦在《荀子集
解》序中云："荀子论学论治，皆以礼为宗，反复推详，务明
其旨趣，为千古修道立教所莫能外。"② 荀子劝学主要就是劝
大家学礼法，外在原因是现实社会的需要，内在根据是礼自身
的特征和价值。

（一）有所不学

荀子既然把学习目光投向儒家道德知识，那么他首先就会
把与道德无关的知识内容予以剔除。比如，与人事无关的种种
对象。在荀子生活的时代，有一种现象就是时人"舍其所以
参而愿其所参"③，即舍弃人事努力，而奢望行使天的职能。
这些人"慕其在天者"，把人事的吉凶祸福归于自然界神秘力
量。荀子对这种现象大加批判，主张明于天人之分。天有常
道，地有常数，这些都不是人所应追慕的，更不能因此而有所
畏惧，而应"敬其在人者"，即致力于人所当为的"强本而节
用""养备而动时""修道而不贰"，如此则"天不能贫""天
不能病""天不能祸"④。对于与人事无关且不能为人所把握的
"在天者"就应该不加虑、不加能、不加察。

荀子顺此下来，进而认为关于人自身也有诸多知识不需

① 潘小慧：《荀子道德知识论的当代意义与价值》，载庞朴主编《儒林》
（第四辑），山东大学出版社，2008，第 74 页。
② 王先谦：《荀子集解》，中华书局，1988，王先谦序第 1 页。
③ 《荀子》，方勇、李波译注，中华书局，2015，第 266 页。
④ 《荀子》，方勇、李波译注，中华书局，2015，第 265 页。

要学习。原因有二。一是因为人的认识能力有限，"凡以知，人之性也；可以知，物之理也。以可以知人之性，求可以知物之理，而无所凝止之，则没世穷年不能遍也。其所以贯理焉虽亿万，已不足以浃万物之变，与愚者若一。……故学也者，固学止之也"①。人的一生有限，难以遍知所有事物及其变化，所以学习应该有所"止"，对于儒者来说就是止于尽伦尽制的圣王。止与尽不是矛盾的，尽是尽于所止，在所止的范围内即圣王之事则应该全之尽之，如此才能"浃万物之变"，应变而无穷。二是因为无用于人格修养、不急于天下治乱甚至有害于社会秩序的知识应该予以否定。"若夫充虚之相施易也，坚白、同异之分隔也，是聪耳之所不能听也，明目之所不能见也，辩士之所不能言也，虽有圣人之知，未能偻指也。不知无害为君子，知之无损为小人。工匠不知无害为巧；君子不知无害为治。王公好之则乱法，百姓好之则乱事。"② 荀子认为道家、名家的一些思辨性命题，是"无用之辩，不急之察"，参与的人多了反而不利于社会治理，作为儒者应该弃而不学。

荀子排除那些"非分是非，非治曲直，非辨治乱，非治人道，虽能之无益于人，不能无损于人"③ 的内容之后，剩下的便是儒家之道，即仁、义、礼、法等，而学习的内容就应以此为主。不过仁、义、礼、法在孔孟荀思想中内涵不尽相同，其地位和关系也随之而有差异。

① 《荀子》，方勇、李波译注，中华书局，2015，第352~353页。
② 《荀子》，方勇、李波译注，中华书局，2015，第96页。
③ 《荀子》，方勇、李波译注，中华书局，2015，第353页。

（二）学至乎礼而止

荀子认为善是后天人为而成，表现在个人与自然、社会、他人的相互关系中，这种关系的融洽与否，乃个人与国家能否"正理平治"的关键。荀子以治与乱来定义善与恶，又认为"礼义之谓治，非礼义之谓乱"①。因此可以说荀子视野中的善、恶便主要取决于人们对礼义道德的接受和遵守程度。学习礼义成为积善成德的第一步，这与孔子强调首先须向文化典籍、向别人学习比较一致。因此，荀子这样划定学习的内容：

> 学恶乎始？恶乎终？曰：其数则始乎诵经，终乎读礼；其义则始乎为士，终乎为圣人。真积力久则入，学至乎没而后止也。故学数有终，若其义则不可须臾舍也。为之，人也；舍之，禽兽也。故《书》者，政事之纪也；《诗》者，中声之所止也；《礼》者，法之大分，类之纲纪也。故学至乎《礼》而止矣。②

学有数和义之分，是就顺序和意义而言，对典籍的学习始自读《诗》《书》，终于读《礼》，而学习的意义在于成就从士、君子到圣人的提升。文本的学习有完结的时候，但对于文本所传达的意义则一刻也不能停止学习。在荀子思想中，"礼"居于最重要的地位，它是学习的主要对象。"礼"之所以能学，首先是因为荀子所确立的认知心具有知虑、思辨、选

---

① 《荀子》，方勇、李波译注，中华书局，2015，第30页。
② 《荀子》，方勇、李波译注，中华书局，2015，第7页。

择、判断的能力；其次在于"礼"本身的特性和价值。荀子在继承前人礼学思想的前提下对礼进行了一次全面系统的总结、整理和改造，礼的价值主要体现在对人之为人的本质规定，对人与人、人与社会、人与国家关系的制度性规范。

其一，礼是个人修身立命之本。首先，礼使人禽相揖别，是人之所以为人的关键。

> 故人之所以为人者，非特以其二足而无毛也，以其有辨也。夫禽兽有父子，而无父子之亲，有牝牡而无男女之别，故人道莫不有辨。辨莫大于分，分莫大于礼，礼莫大于圣王。①

人与禽兽的区别不在于形体不同，而在于人有辨，体现为父子之亲、男女之别，如此长幼有序、上下有差，各有其等级名分，这就是礼的本质所在，表现为人际分别经过形式化和制度化而形成的等级规则。其次，个人思想行为以礼为规范之本，"礼者，所以正身也……无礼，何以正身"，"礼者，人道之极也"，"夫行也者，行礼之谓也"②。礼是对人日常行为的规定，是人道的最高准则。

其二，礼是社会结构、国家制度之本。礼表现在具体的仪节轨式当中，这些仪礼是历史中形成的公众的共识，是个人融入社会所必须遵循的行为范式，所谓"食饮、衣服、居处、动静，由礼则和节，不由礼则触陷生疾；容貌、态度、进退、趋

---

① 《荀子》，方勇、李波译注，中华书局，2015，第59~60页。
② 《荀子》，方勇、李波译注，中华书局，2015，第21、306、434页。

行，由礼则雅，不由礼则夷固僻违，庸众而野"①。礼也是家庭
道德伦常以及社会中人际关系的准绳和尺度。《荀子》有言：

> 请问为人君？曰：以礼分施，均遍而不偏。请问为人
> 臣？曰：以礼侍君，忠顺而不懈。请问为人父？曰：宽惠
> 而有礼。请问为人子？曰：敬爱而致文。请问为人兄？
> 曰：慈爱而见友。请问为人弟？曰：敬诎而不苟。请问为
> 人夫？曰：致功而不流，致临而有辨。请问为人妻？曰：
> 夫有礼，则柔从听侍；夫无礼，则恐惧而自竦也。②

　　家庭关系是社会关系的缩影，家庭各个成员依据礼的规定
完成自己的职责和使命，然后依此推之于社会，以处理社会中
人与人的关系，就能形成"贵者敬焉，老者孝焉，长者弟焉，
幼者慈焉，贱者惠焉"③ 的良好社会秩序。
　　礼是治国安邦之本，荀子针对当时的混乱局面，尤其重视
礼法作为政治制度与方法而存在的可以依之治理天下的价值与
功效，可以说这是荀子礼学的归宿。他说："礼义者，治之始
也。""隆礼贵义者其国治，简礼贱义者其国乱。""国之命在
礼。""礼者，治辨之极也，强固之本也，威行之道也，功名
之总也。王公由之，所以得天下也；不由，所以陨社稷也。"④
能否以礼为本是天下治乱存亡的关键。礼之所以能治国，是因
为礼具有规范性、明晰性、公开性和公正性，所谓"国无礼

---

① 《荀子》，方勇、李波译注，中华书局，2015，第14~15页。
② 《荀子》，方勇、李波译注，中华书局，2015，第192页。
③ 《荀子》，方勇、李波译注，中华书局，2015，第434页。
④ 《荀子》，方勇、李波译注，中华书局，2015，第126、231、250、242页。

则不正。礼之所以正国也，譬之犹衡之于轻重也，犹绳墨之于曲直也，犹规矩之于方圆也，既错之而人莫之能诬也"①。礼对于所有人都是一样的，只要是遵照礼进行治理，就可以使人信服。

同样具此特征的还有"法"，法在规范言行、建立秩序和治理国家中的作用可与礼相互补充。荀子之所以隆礼重法，援法入礼，以之充实礼的内涵，与当时的社会状况不无关系。"重礼者，儒家固有之见解，而重法者，荀子随环境而变化之一种结果。"② 法的有效性与合理性已在各国变法的成功实践中得到证明，任继愈称赞荀子："这样用法治来充实改造礼治，体现了新的时代精神。"③ 以荀子之见，礼法有不同，就适用人群来说，"由士以上，则必以礼乐节之；众庶百姓，则必以法数制之"；就情境而言，"听政之大分，以善至者，待之以礼；以不善至者，待之以刑"④。礼表现在人积极的行为和关系之中，是一种肯定和规范；而法则对人不正当的行为和关系予以惩治和威慑，是一种强制和制裁。"礼偏重积极的规矩，法偏重消极的禁制"⑤，礼法并用才能达到有效治理的目的。需要注意的是，礼法在荀子思想中地位并不相同：礼为根本，法更多的只是对礼的一种补充，礼是"法之大分，类之纲纪"，法以礼为制定的根据和原则。

总的来说，礼以"等""差""分"为基础，使人各有所

---

① 《荀子》，方勇、李波译注，中华书局，2015，第 170 页。
② 陈登元：《荀子哲学》，商务印书馆，1928，第 127 页。
③ 任继愈：《中国哲学发展史·先秦卷》，人民出版社，1983，第 672 页。
④ 《荀子》，方勇、李波译注，中华书局，2015，第 141、115 页。
⑤ 姜义华主编《胡适学术文集·中国哲学史》（上），中华书局，1991，第 96 页。

依，各得其宜，如此形成一个有凝聚力、有效率的社会群体。荀子从这个角度来阐释礼的产生和作用，实际上隐含的前提是承认人的等级差别。但荀子并不认为这是一个封闭而不可改变的状态，而是可以通过后天之"伪"来改变自己的处境。他说："虽王公士大夫之子孙也，不能属于礼义，则归之庶人。虽庶人之子孙也，积文学，正身行，能属于礼义，则归之卿相士大夫。"① 春秋战国时，儒家试图摆脱以出身、职事、财富划分等级的旧习，而转向以道德品格的高低论人的贵贱。荀子将礼义与人的社会地位加以同构，对礼义的学习和实践程度就决定了人的发展高度，由此激发了人学习礼义的主动性、积极性。李泽厚说："人类（社会）维持自己的生存发展必须组合在一起（群）而与自然相奋斗（对付外在的自然），这就产生了'礼'；'礼'是为了'分享''止争'，使群体能够存在和延续而建立起的规范秩序；这秩序正在于克制、改造、约束、节度人的自然欲求（改造内在的人性）；因此要维系这种社会秩序（外）和节度自然欲求（内），就必须'学'，必须'为'，必须'伪'；可见'学'、'为'对于人便有关系存在的根本意义。"② 人通过学礼在家庭伦理、社会职业和国家政治中完成自我角色的定位和认同，从而获得自身存在的根据和意义。荀子对于礼和学或者说政治和教化关系的阐发，在后世劝学文献中基本上得到了继承和体现。

（三）仁义礼三者皆通

《荀子》中"仁"的内涵是顺着孔子讲的，但是经常仁、

---

① 《荀子》，方勇、李波译注，中华书局，2015，第114页。

② 李泽厚：《中国思想史论》，安徽文艺出版社，1999，第118~119页。

义对讲。比如，"彼仁者爱人，爱人，故恶人之害之也；义者循理，循理，故恶人之乱之也"，"仁，爱也，故亲。义，理也，故行。礼，节也，故成"①。荀子以"理"来诠释"义"，主要表现为事物间条理、理则的一面，其道德意味不甚明显。"仁义"也常为一词，比如，"仁义之统"，"圣人也者，本仁义，当是非，齐言行"，"修仁义，伉隆高，正法则，选贤良，养百姓"②。"仁义"作为一个词时，多与是非、法则并言，其作为绝对道德主体性不如在孔子学说中那么突出，荀子所推崇的是理则的客观性、条理性。这是荀子的重智、重理倾向的必然结果。

就道德伦理而言，荀子把道德价值法则化，规范化，从而使其易于把握和遵守，他说"忠信以为质，端悫以为统，礼义以为文，伦类以为理，喘而言，臑而动，而一可以为法则"③。如果做到以忠信为根本，以端正诚实为准则，以礼义为规范，以伦理法度为原则，这样人的一言一行，就可以成为别人学习的榜样。其中，礼最好地体现了伦理价值的规范性要求，荀子认为通过礼可以上溯仁义等道德价值，所谓"将原先王，本仁义，则礼正其经纬蹊径也"④。从这个层面来说，礼赋予了道德修行可操作、可推导的路径，这是人用明辨的智性能够把握的，道德之事也就落实在理智之心中，终不必诉诸那些不可捉摸的超验之思了。这就表明荀子的礼义之统较易施行，一般人即可遵照而行。荀子孜孜以求的社会秩序的统一，

① 《荀子》，方勇、李波译注，中华书局，2015，第239、435页。
② 《荀子》，方勇、李波译注，中华书局，2015，第49、109、133页。
③ 《荀子》，方勇、李波译注，中华书局，2015，第217页。
④ 《荀子》，方勇、李波译注，中华书局，2015，第9页。

在此礼义的规范性和整齐性下可以更直接地推行于整个社会。

这样，荀子以礼贯通于仁、义，"君子处仁以义，然后仁也；行义以礼，然后义也；制礼反本成末，然后礼也。三者皆通，然后道也"①。行仁需要义，行义需要礼，仁义的实现需要落实在礼的制定和践行当中。值得注意的是，礼作为行为准则在规范性治理中发挥着关键作用，但其作为一种客观外在物，本身并无自行制定和践行的可能。其制定和践行取决于人自身，人的仁义多寡决定了礼的制定的好坏和践行水平的高低。三者相互分工又相互联系，最终在大道当中得到有机统一。

四　强学而求有之

荀子言性恶，内无可资仰仗的德性源头，为善就系于可以知之质、可以能之具，将礼义由外而内以化性起伪的方式养成健全人格。对此，荀子说道："今人之性，固无礼义，故强学而求有之也；性不知礼义，故思虑而求知之也。"② 本性中没有礼义，努力学习才有可能得到。因此学习之事就一刻也不能懈怠，不管什么时候，当如孔子所言"学而不厌"，"造次必于是，颠沛必于是"。为此，荀子提出了积微、专一、渐染、近人等学习方法。

（一）积微

荀子认为，人出生时本区别不大，但在后天的积学中，不

① 《荀子》，方勇、李波译注，中华书局，2015，第435页。
② 《荀子》，方勇、李波译注，中华书局，2015，第379页。

同的人走向了不同的方向。比如：

> 人积耨耕而为农夫，积斫削而为工匠，积反货而为商
> 贾，积礼义而为君子。工匠之子莫不继事，而都国之民安
> 习其服，居楚而楚，居越而越，居夏而夏，是非天性也，
> 积靡使然也。①

积微是从细小处着手，实现量上的不断累加，或不断重复
次数，以养成习惯；或逐渐扩大范围，以求全尽；或一点一滴
温习故知，以获得新知。虽然刚开始可能看不到任何效果，但
是只要锲而不舍，长期坚持，就会在润物无声中引起质的变
化，完完全全地改变一个人。至于积微在提升道德上的作用，
《劝学》篇以设喻的方式，生动地展现了积学的功效。

> 积土成山，风雨兴焉；积水成渊，蛟龙生焉；积善成
> 德，而神明自得，圣心备焉。故不积跬步，无以至千里；
> 不积小流，无以成江海。骐骥一跃，不能十步；驽马十
> 驾，功在不舍。锲而舍之，朽木不折；锲而不舍，金石可
> 镂。……昔者瓠巴鼓瑟而流鱼出听；伯牙鼓琴而六马仰
> 秣。故声无小而不闻，行无隐而不形；玉在山而草木润，
> 渊生珠而崖不枯。为善不积邪，安有不闻者乎？②

人非生而圣贤，但可以通过积礼义善德而成为圣贤，如同

---

① 《荀子》，方勇、李波译注，中华书局，2015，第110~111页。
② 《荀子》，方勇、李波译注，中华书局，2015，第5~6页。

积土成山而可以兴风雨，积水成渊而可以生蛟龙。人一方面可以积礼义而掌握言行准则，守住人生底线，遵照实行就不至于顺性为恶；另一方面可以积礼义而通于德性，不断向上挺进，从而趋向圣人境界。在荀子看来，礼义道德修养不可能一蹴而就，只有从最细微处做起，自强不息，积小成大，由少到多，方可成就。"道虽迩，不行不至；事虽小，不为不成。"① 所以，不要小看积微的作用：

> 积微，月不胜日，时不胜月，岁不胜时。凡人好傲慢小事，大事至然后兴之务之，如是，则常不胜夫敦比于小事者矣。是何也？则小事之至也数，其悬日也博，其为积也大；大事之至也希，其悬日也浅，其为积也小。故善日者王，善时者霸，补漏者危，大荒者亡。……能积微者速成。②

积微体现在每分每刻、点滴小事中，以年为单位不如以季为单位，以季为单位不如以月为单位，以月为单位不如以天为单位，每天都有所积累，不必非等到某年、某季、某月才开始。有些人不愿意做小事，觉得既烦琐又无用，只想等着大事来了才开始付诸努力，实际上反而不能有所得。这是因为小事常有，累加起来，学习时间更多，积累效果更显著；大事罕见，闲暇便多，学习时间反而更少，反不如积微那么功效显著。同理，普通人怎么成为圣人，荀子认为就是要靠积善成

① 《荀子》，方勇、李波译注，中华书局，2015，第 21 页。
② 《荀子》，方勇、李波译注，中华书局，2015，第 262 页。

德。"涂之人百姓积善而全尽谓之圣人。彼求之而后得，为之而后成，积之而后高，尽之而后圣。故圣人也者，人之所积也。"① 人无论智愚，只需戒骄戒躁、锲而不舍、循序渐进，就能够厚积薄发，虽然所用时日不同，然或迟或速没有不达到目的的。

（二）专一

除了积微，学习必须同时做到专心致志。专一是积微所必不可少的条件，积微如果三心二意，一会积一会不积，一会积此一会积彼，肯定没有效果。对于自己所选择的道路只有矢志不渝、一心一意，不为外物所干扰，才有可能全之尽之。

> 学也者，固学一之也。一出焉，一入焉，涂巷之人也。其善者少，不善者多，桀、纣、盗跖也。全之尽之，然后学者也。君子知夫不全不粹之不足以为美也，故诵数以贯之，思索以通之，为其人以处之，除其害者以持养之……是故权利不能倾也，群众不能移也，天下不能荡也。生乎由是，死乎由是，夫是之谓德操。②

对于学习之事，君子明白不全不粹就不能达到完善的境界，因此无论遇到什么困难都要保持专一，权力和利益不能诱惑他，众人不能使他改变，天下也不能使他动摇。为了达到自己的目标，必须将学习进行到底。如果不这样，就必定无功而

---

① 《荀子》，方勇、李波译注，中华书局，2015，第110页。
② 《荀子》，方勇、李波译注，中华书局，2015，第11~12页。

返，荀子说道：

> 螾无爪牙之利，筋骨之强，上食埃土，下饮黄泉，用心一也；蟹六跪而二螯，非蛇蟺之穴无可寄托者，用心躁也。是故无冥冥之志者，无昭昭之明；无惛惛之事者，无赫赫之功。行衢道者不至，事两君者不容。目不能两视而明，耳不能两听而聪。螣蛇无足而飞，梧鼠五技而穷。《诗》曰："尸鸠在桑，其子七兮。淑人君子，其仪一兮。其仪一兮，心如结兮。"故君子结于一也。①

专一是指不能让耳目等感官同时使于两物或多物之上，眼睛同时看两个地方，只会导致两个地方都看不明白，耳朵同时听两种声音，只会导致两种声音都听不清楚。更为重要的是，心要专一于一物，"心枝则无知，倾则不精，贰则疑惑。以赞稽之，万物可兼知也。身尽其故则美。类不可两也，故知者择一而壹焉"②。心分散则不能学习，有所偏颇则不能精通，同时思考两件事就会疑惑不解。只有专一于道，并以之为出发点来考察万物，才能对万物无所不知。因此，任何事物都不是三心二意能够认识的，聪明的人选择专心一意地做一件事，才会取得显著成就，这就像历史上的这些成功人士：

> 好书者众矣，而仓颉独传者，壹也；好稼者众矣，而

---

① 《荀子》，方勇、李波译注，中华书局，2015，第5页。
② 《荀子》，方勇、李波译注，中华书局，2015，第346页。

后稷独传者，壹也；好乐者众矣，而夔独传者，壹也；好义者众矣，而舜独传者，壹也。倕作弓，浮游作矢，而羿精于射；奚仲作车，乘杜作乘马，而造父精于御。自古及今，未尝有两而能精者也。曾子曰："是其庭可以搏鼠，恶能与我歌矣！"①

凡能在历史上取得一定成绩，于人类有重大贡献者，无不是专一于自己事业者。其实，这些成功人士所做的事也有很多人做过，但是他们没有成功，其原因就在于不能专攻其事，以致不能得其精微，不能集成大业。当然，知道专一和坚持的重要性是一回事，能够做到专一和坚持是另一回事。《孟子·告子上》曾提到一个关于专一的故事：

今夫弈之为数，小数也；不专心致志，则不得也。弈秋，通国之善弈者也。使弈秋诲二人弈，其一人专心致志，惟弈秋之为听。一人虽听之，一心以为有鸿鹄将至，思援弓缴而射之，虽与之俱学，弗若之矣。为是其智弗若与？曰：非然也。②

两人在同一个老师门下学下棋，一人心无旁骛，专心致志听老师的话；另一人虽然也在听，但总是心猿意马，想着拿弓箭去射天鹅。这两人学习的结果自然高下立判，导致这种结果无关乎智力高低，只在于专一与否。由此可见，无论从事什么

---

① 《荀子》，方勇、李波译注，中华书局，2015，第347页。
② 《孟子》，方勇译注，中华书局，2015，第224页。

工作，如果想要有所精通、有所成就，保持专一是必不可少的条件。

（三）渐染

渐染是从环境的影响而言的，人塑造环境，环境造就人，这是一个相互作用的过程。《劝学》篇有云：

> 蓬生麻中，不扶而直。兰槐之根是为芷，其渐之滫，君子不近，庶人不服，其质非不美也，所渐者然也。故君子居必择乡，游必就士，所以防邪辟而近中正也。①

蓬蒿本性容易弯，如果生在直麻当中，不用扶也会直。不管是动物还是植物，其实都无法逃离生存环境的影响，它们与外部环境交互作用，环境既可能产生正向的积极作用，也可能产生反向的消极作用。就人而言，虽然其发展环境不如物类这样绝对，但从良好环境中培养出来的人与从恶劣环境中培养出来的人自然会有不同。儒家特别重视人文环境与人的发展状态的关系。孔子说"里仁为美。择不处仁，焉得知"②；孟母为了找到良好的教育环境，曾三次迁居。对于环境的主动选择，是人的学习主动性的重要体现，君子一定会对生活环境、教育环境谨慎考察，出游也必定结交贤良之士，以此自觉接近中正之道而防止在不觉中沾染邪僻。当然，不唯周围环境影响人，人也影响周围环境，所谓同声相应、同气相求，物以类聚、人

---

① 《荀子》，方勇、李波译注，中华书局，2015，第 3 页。
② 《论语译注》，杨伯峻译注，中华书局，2012，第 48 页。

以群分。荀子继而言之：

> 物类之起，必有所始。荣辱之来，必象其德。肉腐出
> 虫，鱼枯生蠹。怠慢忘身，祸灾乃作。强自取柱，柔自取
> 束。邪秽在身，怨之所构。施薪若一，火就燥也，平地若
> 一，水就湿也。草木畴生，禽兽群焉，物各从其类也。是
> 故质的张而弓矢至焉；林木茂而斧斤至焉；树成荫而众鸟
> 息焉；醯酸而蚋聚焉。故言有召祸也，行有招辱也，君子
> 慎其所立乎！①

同类事物总是容易聚合一起，就像"火就燥""水就湿"。
人自身的德行与气质也会感召与之相应的环境，如果自身言行
有所不当，就很容易招致祸患耻辱，所以君子立身处世不能不
慎重。特别需要注意的是，环境的好坏不是一眼可见或者固定
不变的，环境本身具有复杂性和多样性，其对人的影响总是潜
移默化的。身处一种具体而微的环境当中，有时很难判断这种
环境的好坏和变化。正如《孔子家语》所说，"与善人居，如入
芝兰之室，久而不闻其香，即与之化矣。与不善人居，如入鲍
鱼之肆，久而不闻其臭，亦与之化矣"②。所以，对于环境需要
保持足够的敏锐性，如果大环境一时无法改变，那就要尽力远小
人亲贤人，在可选择的范围内主动创造有利于自己发展的小环境。

（四）近人

在影响学习的诸多因素中，荀子高度重视良师益友的作

---

① 《荀子》，方勇、李波译注，中华书局，2015，第 4 页。
② 《孔子家语》，王国轩、王秀梅译注，中华书局，2016，第 150~151 页。

用。其实，良师益友也属于环境的一部分，但是在学习的意义上又不同于一般的环境作用。荀子认为，"学莫便乎近其人。《礼》《乐》法而不说，《诗》《书》故而不切，《春秋》约而不速。方其人之习君子之说，则尊以遍矣，周于世矣"①。《礼》《乐》《诗》《书》《春秋》等经典所记录的都是古代圣人之道，但圣人之道一旦落入方策典籍之中，自然会被文字所局限；与人相比，《礼》《乐》虽讲法则，但没有详解而难以应用；《诗》《书》虽记旧事，然时移世易，固有不切当今时势的弊端；《春秋》微言大义，至简至深，然非才高智明之士难以得其大旨。只有那些通达经典的贤明，既在立身处世、言行举止中生动地呈现大道，又与人无文字、时代的隔阂。求学者亲近他们，耳提面命，言传身教，自然比纯粹阅读经典更加鲜活管用。因此，荀子说：

> 夫人虽有性质美而心辩知，必将求贤师而事之，择良友而友之。得贤师而事之，则所闻者尧舜禹汤之道也；得良友而友之，则所见者忠信敬让之行也。身日进于仁义而不自知者，靡使然也。今与不善人处，则所闻者欺诬诈伪也，所见者污漫、淫邪、贪利之行也，身且加于刑戮而不自知者，靡使然也。②

"靡"通"摩"，指人对人的熏陶影响。和前面所言"芝兰之室""鲍鱼之肆"的作用一样，只不过那种影响相对而言

---

① 《荀子》，方勇、李波译注，中华书局，2015，第 9 页。
② 《荀子》，方勇、李波译注，中华书局，2015，第 389 页。

是微弱的、短暂的、无伤大雅的，而师友的作用会更加直接、深入、全面并且真正落实在行动上。如果所近之人是贤师良友，所闻是贤良之德，则自身每天浸染于仁义当中而不自知，其进步自然也神速；如果所近之人是不善之辈，则所闻所见所学都是"欺诬诈伪""污漫、淫邪、贪利"之类，其危害不可谓不大。

在学习问题上，荀子将择师作为第一要紧事，甚至认为学礼也要通过老师这一环节才能做到。他指出：

> 礼者，所以正身也；师者，所以正礼也。无礼，何以正身？无师，吾安知礼之为是也？礼然而然，则是情安礼也；师云而云，则是知若师也。情安礼，知若师，则是圣人也……故学也者，礼法也。夫师，以身为正仪而贵自安者也。①

这是说人的行为，如果能以礼正确地规约，则基本可以做到无错乱。然而一般人对礼的理解却容易出现偏差，要知道自己所行之礼是否正确，就需要老师指导纠正。《荀子·儒效》有云："故人无师无法而知，则必为盗，勇，则必为贼；云能，则必为乱；察，则必为怪；辩，则必为诞。人有师有法而知，则速通，勇，则速威；云能，则速成；察，则速尽；辩，则速论。"② 人如果没有师法之正，虽有聪明、勇气、才能、明察、善辩之资，也可能用之不当，造成不良后果；反之，如果

---

① 《荀子》，方勇、李波译注，中华书局，2015，第 21~22 页。
② 《荀子》，方勇、李波译注，中华书局，2015，第 109 页。

有师有法，则可以各自发挥所长，用于正途，取得好的结果。

荀子如此重视师法的作用，是否会抹杀学习者的主体性、能动性呢？为了解决这个问题。荀子将两者作用置于三个不同的层面。第一，师法作用的对象是以性恶为起点的"小人"，在初始阶段，不得师法之正则难以走上正路。所谓"人之生固小人，无师无法则唯利之见耳。人之生固小人，又以遇乱世，得乱俗，是以小重小也，以乱得乱也"①，通过师法的规约，才可以防止这些人走上邪途。第二，人的独立思考也必须建立在对所处文化充分理解的基础上，师友正是受这一文化熏陶所成的典范，因此不可不加以学习领悟。第三，勇于独立思考者，不会被师说所拘囿，在知道师友的弊端后，也可以加以批判，荀子本人对诸子的批判就是这种精神的体现。在最终意义上，师友所起的不过是启发、引导和榜样作用。学习者接不接受，接受多少，怎样接受，根本上是取决于自己的认识和主观努力。只有真正认识到学习是源于对自己生命意义的不断追寻和向往，只有发自内心地关注自己的人格和精神修养，方能真正认识到自己的不足，不断对自己提出更高的要求，真正做到"学至乎没而后止"。

五　学为士、君子、圣人

就荀子思想体系的最终目标与归宿来说，他所进行的一切辩说便是要劝人修身，劝人成圣，使人明分合群，再造统一治世。这也是荀子劝学与其修道、为政的关系。荀子希望以

---

① 《荀子》，方勇、李波译注，中华书局，2015，第47页。

"化性起伪"的方式逐渐提升个人的生命，其最终目的是全之粹之的圣人境界。然"化性起伪"是逐步实现的过程，因而成圣具有几个阶段，荀子把这个由学习而向上的过程总结为由士到君子最终止于圣人。

> 好法而行，士也；笃志而体，君子也；齐明而不竭，圣人也。人无法，则伥伥然；有法而无志其义，则渠渠然；依乎法而又深其类，然后温温然。[①]

这就把人学习礼法的过程分为三层境界。喜好并遵行礼法，可称之为士；在士的基础上，能笃实其志，将礼法内化为德，身体力行，可称之为君子；由君子再进一步，能推明礼义之统，通达万物之类，而没有穷尽，可称之为圣人。如果无礼法遵守，则人无所措手足；如果只知遵守，而不明其义，就会临事而局促不安；依循礼法又能深入其统类，则能应变适当而从容不迫。由此可见这是一个从外在性的遵守礼法，到明白其义而内化成德，最后以之为基础由内而外以应变万物的过程。士、君子、圣人可以由积学而人人致之，然现实中却很少有人做到，这是为什么？荀子指出：

> 涂之人可以为禹则然，涂之人能为禹，则未必然也。虽不能为禹，无害可以为禹。足可以遍行天下，然而未尝有能遍行天下者也。……用此观之，然则可以为，未必能也；虽不能，无害可以为。然则能不能之与可不可，其不

---

① 《荀子》，方勇、李波译注，中华书局，2015，第21页。

同远矣，其不可以相为明矣。①

天下之事，多有同于此理，学习修行之事更是如此。学习
内容、学习能力、学习方法等条件皆已具备，学习目标也很明
确，然而很多时候人没有付诸行动，这不是因为不能做，而是
因为不愿做。孟子曾感叹"故王之不王，不为也，非不能
也"②。可以为而不为，其背后原因更值得深思。如何让人接
受劝学？这是至为艰难的，有些人以道德榜样为引领，有些人
以功名利禄相诱惑，有些人以生存需要相威迫，有些人以美好
蓝图相激励，凡此种种，不一而足。为了劝人向学，将可能变
成现实，荀子也苦口婆心申之以理、动之以利：

> 我欲贱而贵，愚而智，贫而富，可乎？曰：其唯学
> 乎！彼学者，行之，曰士也；敦慕焉，君子也；知之，
> 圣人也。上为圣人，下为士君子，孰禁我哉！乡也，混
> 然涂之人也，俄而并乎尧禹，岂不贱而贵矣哉！乡也，
> 效门室之辨，混然曾不能决也，俄而原仁义，分是非，
> 图回天下于掌上而辨白黑，岂不愚而知矣哉！乡也，胥
> 靡之人，俄而治天下之大器举在此，岂不贫而富矣
> 哉！……故君子无爵而贵，无禄而富，不言而信，不怒而
> 威，穷处而荣，独居而乐！岂不至尊、至富、至重、至严
> 之情举积此哉！③

---

① 《荀子》，方勇、李波译注，中华书局，2015，第385~386页。
② 《孟子》，方勇译注，中华书局，2015，第12页。
③ 《荀子》，方勇、李波译注，中华书局，2015，第97~99页。

《荀子》全书以如此直接的功利效果诱人步入学习之途其实并不多见。即使乡野村夫，也可以通过学成为士、君子、圣人，也可以变得跟尧禹一样高贵，有明辨是非的智慧，掌握着治理天下的能力。士、君子、圣人不仅内心道德修养高于常人，他们没有爵位也显得高贵，没有俸禄也显得富有，不用说话也能取信于人，不发怒也有威严，处境穷困也很光荣，独自闲居也能快乐。但他们的富贵不是财物的富贵，而是内心的富贵。学习不仅可以增加知识，也能改变人的心理状态和精神生活。一般人会以身居官爵为贵，以拥有货财为富，以耍小聪明为智，通过学习可以改变人对这些外在之物的看法，逐渐把重心转向精神上的富足和心灵上的智慧。

《荀子》全书多有从不同角度来区分士、君、圣人，如"有小人之辩者，有士君子之辩者，有圣人之辩者"；也会以不同的称谓来论述不同的修养境界，如"有通士者，有公士者，有直士者，有悫士者，有小人者""有俗人者，有俗儒者，有雅儒者，有大儒者"① 等。然则名虽异而实同，士、君子、圣人是修养过程中所经历的不同阶段，是学习者期于圣人之境而不断向上积累的动力，是个体不断实现自己生命价值的过程。个人学习造就个人修养高低，从而确立自我的社会角色定位，进而融入国家秩序建构。恰如《论语》所揭示的，君子或直接参与政治，或通过自己的修行来影响他人以间接的方式参与政治。无论何种方式，荀子劝学的最终目标始终是天下大治。

---

① 《荀子》，方勇、李波译注，中华书局，2015，第66、34、107页。

第三章 《礼记·学记》：政教在学的互动生成

　　《学记》是《礼记》中的一篇，所谓"记"就是对"经"的诠释讲解，《礼记》是礼学家对《礼经》各种解释意见的辑录。传世的《礼记》有《大戴礼记》和《小戴礼记》两种。一般认为，《大戴礼记》是由西汉时期礼学家戴德所编纂，《小戴礼记》是由礼学家戴圣所编纂，两人为叔侄关系，通常所言的《礼记》主要指《小戴礼记》。关于《礼记》的原作者及其具体篇章的成文年代，长期以来都是众说纷纭，因为各篇并非出自一人之手，并非出自同一年代。有人认为《礼记》是孔子"七十子"后学所记，也有人认为《礼记》各篇成于秦汉之际或汉儒之手，近来出土文献证明《礼记》中不少篇章在先秦时期甚至战国中期已有文本流传，定型则经历了一个较长过程。

　　今本《礼记》四十九篇，其中《曲礼》《檀弓》《杂记》三篇又分上、下，实际上只有四十六篇。其中《大学》《中庸》被宋儒拎出与《论语》《孟子》合成"四书"。《学记》是《礼记》中的第十八篇，虽然没有进入四书系统，但程子却说："《礼记》除《中庸》《大学》，唯《学记》《乐记》

最近道。"① 梁启超则将《学记》与《中庸》《大学》等篇列为《礼记》所有篇章中的第一等，提出"愿学者于第一等诸篇精读"②。《学记》为何如此重要？对此，王船山有一说法："此篇之义与大学相为表里。大学以发明其所学之道，推之大，析之密，自宋以来为学者所服习，而此篇所论亲师敬业为入学之事，故或以为末而未及其本，然玩其旨趣，一皆格物致知之实功，为大学始教之切务，则抑未可以为末而忽之也。"③

在王船山看来，《学记》较为近道是因为它构成《大学》教育一个不可缺少的补充。《大学》之"三纲领八条目"为儒门学子设定了学习的理念和目标，但要达成这些理念和目标则离不开具体的学和教，而《学记》就提供了学和教的方法。根据王船山这一观点，我们可以看到《学记》中论述教学方法、师生问答、教学进度乃至课后练习、课余活动的篇幅非常大，确实是实现某一理念和目标的"实功"。除了这一阐释路径，也有撇开《学记》和《大学》的关联，而把《学记》当成一篇独立的经典文献。比如，郑玄在解释"学记"之名时就说它是"记人教学之义"④，其基本态度是把《学记》当作一般性的教学论述文章，而不是达成某种具体目标的教学方法，有点类似于现在的"普通（普遍）教育学"。这一解释路径后来则主要由唐代孔颖达的《礼记正义》和清代朱彬的《礼记训纂》体现出来。不管哪一种诠释路径都表明《学记》

① 孙希旦：《礼记集解》，中华书局，1989，第 956 页。
② 梁启超：《要籍解题及其读法》，岳麓书社，2010，第 97~98 页。
③ 王夫之：《礼记章句》，岳麓书社，2011，第 869 页。
④ 李学勤主编《十三经注疏 礼记正义》，北京大学出版社，1999，第 1050 页。

在古代教育史上的重要地位，这一文献具有深厚的劝学意蕴和丰富的劝学思想。

一 教化与明道

鼓励人学习，劝导人学习，甚至以制度或者法律法规的方式强制人学习，这些做法要获取正当性，就必须回答一个前提性问题：为何要学习？《学记》分别从社会层面和个人层面来说明学在化民成俗和追求至道方面的基础性作用。

（一）化民成俗

一个时代要寻求稳定的政治秩序，其首要任务就是在广大民众中间塑造一种共同的价值秩序，以共同的价值秩序引导大家实现安定有序的生活，《学记》认为这共同的价值秩序必须通过学来构建和夯实。所以，《学记》在开篇即指出：

> 发虑宪，求善良，足以谖闻，不足以动众。就贤体远，足以动众，未足以化民。君子如欲化民成俗，其必由学乎。玉不琢，不成器。人不学，不知道。是故古之王者，建国君民，教学为先。《兑命》曰："念终始典于学。"其此之谓乎。①

政治与学习的紧密关系，一直为古代思想家和政治家所重视。《学记》呈现了执政者三种递进式的治理结构。第一

---

① 《礼记译注》，杨天宇译注，上海古籍出版社，2016，第569页。

种是制定深思熟虑的法律，寻求四方的贤良之士来辅助，执政者会因为这些行为而获得一些小小名声；第二种是亲近贤良并且体恤边远之民，执政者就能够感动百姓，达成更好的执政效果。但这两种治理方式都不是最理想的，第三种也是最理想的就是"化民成俗"，其方式是"必由学"。执政者想要教化百姓并形成良风美俗，就一定要从"学"开始，这是一种完全与前两种不同的方式。前两种是执政者会常规采用的为政措施，第三种则是一种非政治的为政方式。这就说明要达到有效的治理目的，既可以通过政治的方式，也可以通过非政治的方式，甚至有时后者会产生更深远、更基础、更广泛的作用。因此，古代君王在建立国家、管理百姓时，都是以"教学为先"。

那么，"化民成俗"为什么在政治治理中如此重要？王船山在解读此处时，提出了这样的观点：

> 人君饬法求贤，民悦其治而德不及远者，法未宜民而求之未必其用也；用贤宜民，四方归之而民不向善者，政立而教未先，无以移民之志也。唯立学校以教其俊士，而德明于天下，则民日迁善而美俗成矣。①

王船山将"化民"解释为"移民之志"，将"成俗"解释为"美俗成矣"。移民之志就是对民众内在的志意进行化导，使其从内心深处向善，内心向善并表现出善行，由此带动更多人向善行善，形成一种向善行善的风气，于是"美俗成

---

① 王夫之：《礼记章句》，岳麓书社，2011，第870页。

矣"。长养在此美俗下的民众自然容易长养出美德，而有着美德的民众又更容易造出美俗，于是就形成一个比较理想的政治秩序，这种政治秩序的创建与稳定就奠基于这种具有深层次共通性的文教传统。

"化民成俗"为何要依赖于"学"？因为"学"是政教活动的基础工程，这一工程包含两个面向：一是执政者的自我道德修炼，二是执政者对民众的道德教化。在政教一体化的实践中，执政者必须同时是有德者，所谓"皇天无亲，惟德是辅；民心无常，惟惠之怀"①，"其身正，不令而行；其身不正，虽令不从"②。治国理政，首先要端正自己，率先垂范、以身作则、知行合一，这样无须强制百姓，就可以"居其所而众星拱之"③，即所谓修其心，治其身，而后可以为政于天下。如果执政者自身行为不端，即使三令五申，百姓也不会服从。执政者除了自己修身成德，还承担着教化引导百姓即"化民成俗"的职责。孔子强调"道之以德，齐之以礼"，就是要用道德教化、礼义约束，来引导百姓"有耻且格"④。对于"化民成俗"的过程，曾国藩有一段比较深入的阐述：

> 风俗之厚薄奚自乎？自乎一二人之心之所向而已。……此一二人者之心向义，则众人与之赴义；一二人之心向利，则众人与之赴利。众人所趋，势之所归，虽有大力，莫之敢逆。故曰：挠万物者莫疾乎风。风俗之于人

---

① 《尚书》，王世舜、王翠叶译注，中华书局，2012，第462页。
② 《论语译注》，杨伯峻译注，中华书局，2012，第188页。
③ 《论语译注》，杨伯峻译注，中华书局，2012，第15页。
④ 《论语译注》，杨伯峻译注，中华书局，2012，第16页。

心也，始乎微而终乎不可御者也。①

通过曾国藩这段风俗厚薄如何形成的讨论，我们可以理解"成俗"的重要性。芸芸众生中的"一二贤且智者"觉悟到道义的价值，于是向往道义且践行道义。由于这"一二贤且智者"的带动，于是就有了一批人"与之赴义"，于是乎就形成了赴义的势头和风俗。在此势头和风俗的带动下，普通人就算没有直接地体认到道义的价值，也会被裹挟着去向善行善。对于这些暂时还没有觉悟到道义价值的人来说，让他们生活在良善风俗之中是极其重要的。较之生活在败坏风俗中的人，他们有一种优势，即良善风俗中有更多让人体认道义价值的机会。由此可见，任何关于德性道义的修身活动，不仅指向有德者，更指向广大民众，需要双方的共同努力，才能真正推动形成一种向善行善的风俗习惯。

（二）追求至道

除了社会层面的理由，《学记》又给出了人要学习的第二个理由，即从学习者个人层面而言：

> 虽有嘉肴，弗食，不知其旨也。虽有至道，弗学，不知其善也。是故学然后知不足，教然后知困。知不足，然后能自反也。知困，然后能自强也。故曰教学相长也。《兑命》曰："学学半。"其此之谓乎。②

---

① 《曾国藩全集》第 7 册，中华书局，2018，第 4728 页。
② 《礼记译注》，杨天宇译注，上海古籍出版社，2016，第 570 页。

《学记》以十分肯定的语气指出，个人只有通过学习才能知道"至道"之善。为了劝人入学，使人对学习产生兴趣，《学记》做了一个十分通俗的类比：至道就像美味佳肴，不亲自品尝就不可能体会其中的至味。味是一种特殊的感官，是一种不可言说的直接的经验。比如"玩味"这种说法表达的就是去体味某一事物不可用逻辑性言语表达出来的那个层面的东西。对大道的学习就像对佳肴的品尝一样，是对大道的一种亲身体知，而非用逻辑思辨进行悬空揣测。要用言语来传达一种美味是较为困难的，逻辑性言语似乎不那么适合传达"美味"经验。至道与佳肴一样，至道之善也不容易通过语言文字这一间接经验传达出来，要把握"至道"也只能通过与"品尝"相类似的"学"才有可能。将"学道"与"味"关联起来，并非《学记》的孤独发明，孟子在描述"义理"的美妙之处时也说"义理之悦我心，犹刍豢之悦我口"①，体认到义理带给心的那种愉悦与品尝美食带给口的那种愉悦有相似性。

学习先王至道而体认此至道之善，对于这种学习中所体现出来的难以传达给外人的经验，王船山有一个很好的描述：

> 随见别白曰知，触心警悟曰觉。随见别白，则当然者可以名言矣。触心警悟，则所以然者微喻于己，即不能名言而已自了矣。知者，本末具鉴也。觉者，如痛痒之自省

① 《孟子》，方勇译注，中华书局，2015，第220页。

也。知或疏而觉则必亲，觉者隐而知则能显。①

王船山区分了学习经典的两种方式：一种是知，一种是觉。知具有"随见别白""本末具鉴"的特征，就是对知识的逻辑和含义有着清楚明白、全盘彻底的了解。这种知能够很清楚地表达出来，并且能够让别人明白。尽管知有诸多优点，但王船山却认为知仍有缺陷，因为一种完备且清楚的知有可能与知识的主体是相疏远的，对主体不产生任何触动和影响。所以学习不能只停留在知的层面，还要由知而进到觉。因此，所谓"学然后知不足"，即对自己未达至道之善的一种感知，只有"知不足"，然后通过自我反思的方式去进一步觉悟至道之善。

相比于"漠然"的知，觉则具有"触心警悟"的特征。拥有某种觉即意味着这种知识触动了灵魂并让人产生警觉之感，换言之，如果是在觉的意义上拥有了某种知识，这种知识就一定对知识的主体产生某种冲击，甚至让他产生一种情绪上的反应。同时，这种带来心灵冲击的觉所体认的东西具有难以传达给他人的特征（即"不能名言"），虽然不能传达给他人，但自己却对自己所觉的事物有着清楚的知晓。觉所体认到的是一种切身的东西，这种切身的东西有如自家所体察到的痛痒那般实在，但这切身和实在的体验却甚为"隐微"，因此不太容易把它显白于公众。

按照王船山"知"与"觉"的区分，显然对至道之善的知并非"随见别白"意义上的知，而是"触心警悟"意义上

---

① 王夫之：《读四书大全说》，岳麓书社，2011，第449页。

的觉。学习先王至道不是一种客观的了解，而是要真实地体会，要让至道触动自己的灵魂，要在先王至道的引导下让自己的生命有所变化。如果一个人没学先王至道之前和学过先王至道之后仍然是一样的，那么这就不算真正的学习。因为对至道之善的学习是一定能够"变化气质"的。也就是说，对于至道真理的觉悟是能够引起人性情上的改变的，是人心灵深处的一种变化，它指向一种新的人格的生成。这样才构成君子之学的完整过程，明白了至道之善，形成了道德人格，才有《学记》之后所说的，"夫然后足以化民易俗，近者说服，而远者怀之，此大学之道也"①。

由此，《学记》给出的"要学习"的理由可以总结如下：其一，学习是为了化民成俗，是为了更好地"建国君民"，这是一种政治上的理由；其二，学习是为了追求至道，亲身直接地体认先王至道之善，以便让个体自身的生命有所改变，向着"变化气质"这一目标进步。

二　学制设计

《学记》在中国古典教育学中占据重要地位的一个重要原因在于它完备地论述了学校设置、学年设置以及教学顺序等内容，形成了一套结构化的系统方案。

（一）学之程式

在学校的设置、学习的时间和学习效果的要求上，《学

---

① 《礼记译注》，杨天宇译注，上海古籍出版社，2016，第570页。

记》有云：

> 古之教者，家有塾，党有庠，术有序，国有学。比年入学，中年考校。一年视离经辨志，三年视敬业乐群，五年视博习亲师，七年视论学取友，谓之小成。九年知类通达，强立而不反，谓之大成。夫然后足以化民易俗，近者说服，而远者怀之，此大学之道也。《记》曰："蛾子时术之。"其此之谓乎。①

实施教育的学校分为四个等级，即塾、庠、序、学。四个等级的学校分别与家、党、遂（术）、国四个行政单位相对应。关于塾这一类型的学校，《周礼》做了如下说明："百里之内，二十五家为闾，同共一巷，巷首有门，门边有塾。"②塾设立在同族而居的闾巷出口边，由闾巷中有道德学问的老者担任塾师，教学主要内容是"道艺、孝悌、仁义"③。塾是这一教育体系中最基层的单位。五百家为党，与党这一行政单位对应的教育单位是庠。塾如果是小学的话，那么庠就相当于中学。"术有序"中的"术"通"遂"，依据郑玄的解释，一万二千五百家为遂，所以序是比庠更高一级的学校。最高级别的学校则是学，学对应的是整个国，因而是全国的最高学府，类似于后世的国子监。塾、庠、序、学四级学制，设置完备分明，"学"由此在制度和场地上得到了有力支持。

除了学制分明、场地完备，《学记》还规定了学习的大致

---

① 《礼记译注》，杨天宇译注，上海古籍出版社，2016，第570页。

② 孔颖达：《礼记正义》，北京大学出版社，2000，第1227页。

③ 孔颖达：《礼记正义》，北京大学出版社，2000，第1227页。

年限和次第。学校每年都招生，每隔一年考查一次（所谓"比年入学，中年考校"）。学生进入学校，第一年的学习内容是"离经辨志"。"离经"就是将经文分开，也就是练习所学内容的句读。在古时候，句读能力是学习经书的基本前提，但除了"离经"还要"辨志"。"辨志"就是通过"分析文义"而"知其旨趣"①，也就是在搞清楚句读的基础上能够分辨出经文的思想大旨。而到了学习的第三年，就要考查"敬业乐群"了。所谓"敬业"是指学生对所学专业的敬重和热爱，而"乐群"是指学生对师友的良好态度以及融入学业共同体的快乐。所以入学第三年主要考查学生是否热爱、敬重学业，考查学生与师友相处是否融洽。入学第五年则主要考查"博习亲师"的情况。"博习"指"旁习于非所受之业，以考同异也"，也就是说除了学好自己的主业，还得对其他学问有所涉猎，以增长自己的见闻；"亲师"指"师严而亲之，好学之验也"②，虽然老师很严厉，但学生依旧亲近他，由此可以看出学生的好学。到了第七年就要考查"论学取友"了，"论学"指的是"于学有得而能自为论说也"，也就是考查经过七年的学习学生有没有自己的心得体会以及能不能对自己的所得有一个公允的评价；"取友"指的是"知择善也"③，就是看学生能不能主动去亲近、择取与自己的学问志向相同的学友。经过七年的学习，如果能够通过上述各方面的考核，就处于一种"学有小成"状态。

学有小成，尚不能达到化民成俗的目标，还需要进一步学

---

① 王夫之：《礼记章句》，岳麓书社，2011，第 872 页。
② 王夫之：《礼记章句》，岳麓书社，2011，第 872 页。
③ 王夫之：《礼记章句》，岳麓书社，2011，第 872 页。

习。再学习两年，就有可能由"小成"达到"大成"状态。大成的状态是"知类通达，强立而不反"。王船山释"知类"为"推广其知，以辨事类也"，也就是能够根据已经学过的知识进行推扩，从而知晓这一大类事物；"通达"则指"通所知以达于行也"①，就是能够把所学的知识在实践中加以应用。"强立而不反"，王船山解释为"守之固"，就是对自己所学知识坚守牢实，这种知识已经不再是外在的了，而是内化为心灵的一个部分，由此就再也不会返回到未学前的状态了。"小成者，致知之功。大成者，力行之效。"② 经过九年的学习而进入大成的境界，于是就可以"化民易俗"了，并且能使近处之人心悦诚服，使远方之民归服。这与前面所言"君子如欲化民成俗，其必由学乎"相呼应，体现出由学而知、由知而行、由行而化、由化而俗的全过程。

（二）教之大伦

就学制而言，除了各级学校的规格和学习年限的设置，《学记》还对教学有七条具体的原则：

> 大学始教，皮弁祭菜，示敬道也。《宵雅》肄三，官其始也。入学，鼓，箧，孙其业也。夏、楚二物，收其威也。未卜禘不视学，游其志也。时观而弗语，存其心也。幼者听而弗问，学不躐等也。此七者，教之大伦也。《记》曰："凡学，官先事，士先志。"其此之谓乎？③

---

① 王夫之：《礼记章句》，岳麓书社，2011，第 872 页。
② 王夫之：《礼记章句》，岳麓书社，2011，第 872 页。
③ 《礼记译注》，杨天宇译注，上海古籍出版社，2016，第 571 页。

上述教学七条原则不同于具体的教学方法，而是根本性的必须遵守的程序，所以叫作"教之大伦"。

第一条是"皮弁祭菜，示敬道也"。"皮弁"是礼服，"祭菜"是释菜礼，即用菜进行祭祀，祭祀的对象是先圣先师。在开学之时，学生穿戴好礼服用菜之类来礼敬先圣先师。以此表达对先圣先师的尊敬之情和自己的求学之意。

第二条是"《宵雅》肄三，官其始也"。《宵雅》即《小雅》，是指在开学典礼上要演奏《诗经·小雅》的前三篇。这三篇分别是《鹿鸣》《四牧》《皇皇者华》，主要描述的是君臣和乐、将士出征、君送使臣的场景，都指向了政事。在开学典礼上演奏这三篇是要让学生明白学习有一个很重要的目的，那就是"学而优则仕"，即通过出仕的方式为国家出力，所以王船山解释说"所以劝进学者，期之以莅官事上之道也"①。

第三条是"入学，鼓，箧，孙其业也"。开学时还要做另外两件事：一件是"鼓"，即要击鼓；另一件是"箧"，即发书箱。通过击鼓和专门发一个装着经典的书箱，以示郑重，目的是"孙其业"，"孙"通"逊"，就是让学生以恭敬郑重的态度对待自己的学业。

第四条是"夏、楚二物，收其威也"。夏和楚是柔软的茶树和黄荆树枝条，放置在教学场所，主要起震慑作用，但必要时也会用它们来惩戒捣乱违规的学生，以整顿秩序，使其有所收敛。

第五条是"未卜禘不视学，游其志也"。郑玄注云

---

① 王夫之：《礼记章句》，岳麓书社，2011，第874页。

"禘，大祭也。天子诸侯既祭，乃视学考校，以游暇学者之志意"①。禘祭是国家大型祭祀活动，一般三年或者五年举行一次。这一条规定强调上级官员要禘祭之后才去学校视察。之所以如此，是为了阻止官员过于频繁地到访学校，以免干扰正常的教学秩序，给学校师生一个较为宽松的教学环境，这样才能悠游涵养，才能造就志向高卓、目光远大的人才，故王船山注释此条云"使学者优游成其志业，然后视之，不迫之也"②。

第六条是"时观而弗语，存其心也"。王船山指出，"观者，师观省其勤怠也。弗亟语之，必使自得，则存诸心而不忘矣"③。老师一定不要频繁地进行教导，但必须对学生的表现看在眼里，做到心中有数，等到学生积累到一定的程度，处于一种似懂非懂的状态时再告诉他，这时教学就能取得良好的效果。这一条原则强调的是学生的主动性、自主性。学习主要还是靠学生自己，教师的作用就是在关键的时候加以启发，让学生跃上一个台阶。

第七条是"幼者听而弗问，学不躐等也"。王船山认为，"学积则自通，遽于问答，将强知其所未及者而忽于近矣"④。这一条要求年幼的学生不要随便发问，而应该由较为年长的学生发问，年幼者在旁边听学。这样做的目的主要是要让学生自己勤奋思考，同时让学生养成循序渐进、不要急于求成的心态。

① 孔颖达：《礼记正义》，北京大学出版社，2000，第1230页。
② 王夫之：《礼记章句》，岳麓书社，2011，第874~875页。
③ 王夫之：《礼记章句》，岳麓书社，2011，第875页。
④ 王夫之：《礼记章句》，岳麓书社，2011，第875页。

对于这七条"教之大伦"，王船山总结说"入学之士尚志为先，七者之伦所以养其志也"①，意思是说这七条原则表面上看虽然互不统属，但有一个共同的宗旨，即涵养学子之志。

以上，《学记》从学校设置、学习年限以及教学原则等方面立定了学校的基本规模和规矩，从制度层面为学习提供了良好的保障。

三 "学""教"多方

《学记》既然是"记人学教之义"，自然包含两个方面的内容，即学法和教法。学法从教法中分离出来，成为对学习者的单独要求，则具有开创性的意义。近人指出，《学记》是"历史上第一个把'学'字从'教'字中分离出来，作为独立教育范畴，与'教'构筑对立的统一关系"②的经典文献。

（一）藏、修、息、游

在推进学习的过程中，如果能够激发学生的内生动力，学习就能长期坚持下去，达到事半功倍的效果。就此，《学记》提出：

> 大学之教也时，教必有正业，退息必有居。学，不学操缦，不能安弦；不学博依，不能安诗；不学杂服，不能安礼；不兴其艺，不能乐学。故君子之于学也，藏焉，修

---

① 王夫之：《礼记章句》，岳麓书社，2011，第875页。
② 高时良：《学记研究》，人民教育出版社，2006，第257页。

焉，息焉，游焉，夫然故，安其学而亲其师，乐其友而信其道，是以虽离师辅而不反。《兑命》曰："敬，孙，务，时，敏，厥修乃来。"其此之谓乎。①

教师的教学有一个基本目标，就是让学生安于学和乐于学。如何才能达到这个目标？孔颖达认为"必当优柔宽缓，不假急速，游息孙顺，其学乃成"②。

具体来说，王船山在释"大学之教也时，教必有正业，退息必有居"这一句时，认为"时者，有序而不息之谓。居，恒守也。教之必有正业，不因其易而躐等以授学者，退息必有恒守，持之勿失，不自谓已喻而置之也"③。对于教师来说，最重要的就是循序渐进且不间断（所谓"时"）。对于学生来说，学习不能只局限于课堂，还要能在课外把课内学到的东西坚守住（所谓"居"），课堂所学的理论要能在课外和日常生活中践行，不能学的是一回事，生活中行的又是另外一回事。

对于"学，不学操缦，不能安弦；不学博依，不能安诗；不学杂服，不能安礼；不兴其艺，不能乐学"一句，王船山释"安"为"习于其事而不劳"，释"博依"为"博通于鸟兽、草木、天时、人事之情状也"，释"杂服"为"衣冠、器物、进退、登降之数"④。如在学琴时，先要学会调弦，慢慢熟悉之后才能弹奏出复杂的曲子；在学诗时，先要多识草木鸟兽之名，博通于天时人事，然后才能得心应手；在学礼时，先

---

① 《礼记译注》，杨天宇译注，上海古籍出版社，2016，第572~573页。
② 孔颖达：《礼记正义》，北京大学出版社，2000，第1230页。
③ 王夫之：《礼记章句》，岳麓书社，2011，第876页。
④ 王夫之：《礼记章句》，岳麓书社，2011，第876页。

要对各种名物礼数等做到了然于胸，践行礼仪才能适宜安心；在学艺时，先要培养对技艺的兴趣，才能保持学习的热情。显然，学习应从细微、简易处下手，循序渐进，先学浅显的"操缦""博依""杂服"，后学复杂的乐、诗、礼，然后才能感受到学习的乐趣，而能感受学习的乐趣是好的学习最重要的指标。

对于"君子之于学也，藏焉，修焉，息焉，游焉"一句，郑玄释此句曰："藏，谓怀抱之。修，习也。息，谓作劳休止之为息。游，谓闲暇无事之为游。"① 善于学习的君子将所学时时藏于心中且在适当的时候践行出来，但是君子善学并不体现为一味地勤奋刻苦，时时保持高度紧张的学习状态，还要善于休息，善于游乐，但这种休息游乐又不是放辟邪侈，而是有一定的限度和底线，不影响回到学习的状态。学生能够很好地做到"藏、修、息、游"，才能张弛有度，动静结合，最后达到安学亲师、乐友信道的效果。这样的状态有利于知识的消化和进步，即使没有老师等外在的压力，也能够一直保持下去。

为了与这种安学乐学状态对比，《学记》还描述了一种痛苦学习的状态，即当老师一味追求知识的灌输和教学的进度，"使人不由其诚，教人不尽其材"，就会让学生感到繁难，根本没有乐趣可言，这样的教学最终导致的结果就是"隐其学而疾其师，苦其难而不知其益也。虽终其业，其去之必速"②，学生不想学还埋怨老师，学得痛苦又没有好处。即使完成了学

---

① 孔颖达：《礼记正义》，北京大学出版社，2000，第 1233 页。
② 《礼记译注》，杨天宇译注，上海古籍出版社，2016，第 573~574 页。

业，忘记得也很快。

（二）豫、时、孙、摩

《学记》展示了能够兴教的四种正确方法，并把这四种方法命名为"豫、时、孙、摩"，以及相对应地造成废教的六种错误做法。

> 大学之法，禁于未发之谓"豫"，当其可之谓"时"，不陵节而施之谓"孙"，相观而善之谓"摩"。此四者，教之所由兴也。发然后禁，则扞格而不胜。时过然后学，则勤苦而难成。杂施而不孙，则坏乱而不修。独学而无友，则孤陋而寡闻。燕朋逆其师。燕辟废其学。此六者，教之所由废也。①

其中，"禁于未发之谓'豫'"，王船山将此句解释为"未发，谓不善之未有端也，以礼约之，则莫之禁而自禁矣"②。"豫"就是预防、防备，在学生不善之端尚未萌发之际就用礼仪加以约束，强调对学生的教育要防微杜渐。与其相反的则是，"发然后禁，则扞格而不胜"③，如果不能在不善之端未萌之际进行良好的引导和禁止，那么待到恶迹已彰再来禁止，就会遭遇学生的抵制，这时就不会有太大的效果。

"当其可之谓'时'"，就是指受教育者的年龄和心智如果已经处于可以接受教育的状态时，就一定要及时施加教育，

---

① 《礼记译注》，杨天宇译注，上海古籍出版社，2016，第574~575页。
② 王夫之：《礼记章句》，岳麓书社，2011，第878页。
③ 孔颖达：《礼记正义》，北京大学出版社，2000，第1237页。

否则就会导致"时过然后学，则勤苦而难成"的状态，过了最好的学习年龄，即使勤学苦学也会效果不佳。这就是说教学内容与受教育者年龄和心智要相匹配，这一点已经为现代教育学所证实。

"不陵节而施之谓'孙'"，郑玄释此处的"孙"为"顺"[1]，强调要顺着学生的年龄、心智等具体情况来实施相应的教育，不要超越学习阶段而要循序渐进地施教。如果违背"顺"的原则，"杂施而不孙"，不依据学生的具体情况，一顿乱教，就会导致"坏乱而不修"的结果，无论什么样的学生都会学无所成。

"相观而善之谓'摩'"，郑玄释"摩"为"相切磋也"[2]，就是通过对同学、师长嘉言善行的观察而生出见贤思齐的上进心，从而达到切磋进益的效果，此处强调学习共同体内部互相交流、相互促进、共同成长的作用。如果缺乏学习共同体的这种促进和助益，就会导致"独学而无友，则孤陋而寡闻"的局面。

（三）道而弗牵、强而弗抑、开而弗达

上面论述了教之所以兴盛和教之所以失败，《学记》认为知道了这些道理，就可以为人师表了。君子当老师有三个重要的方法论原则，即道而弗牵、强而弗抑、开而弗达。

> 故君子之教喻也，道而弗牵，强而弗抑，开而弗达。

---

① 孔颖达：《礼记正义》，北京大学出版社，2000，第 1237 页。
② 孔颖达：《礼记正义》，北京大学出版社，2000，第 1237 页。

道而弗牵则和，强而弗抑则易，开而弗达则思。和、易以思，可谓善喻矣。①

第一个原则是"道而弗牵"。王船山释"牵"为"强持迫之使行也"②，依据此种解释，"道而弗牵"就是注重对学生的引导，通过教师的引导让学生知晓觉悟某个道理或者知识，就算学生暂时没懂，也不要施加强力，这样就会在教师和学生之间产生一种亲密、信任、和谐的关系。如果违反这一原则，正如孔颖达所说："若人苟不晓而牵逼之，则彼心必生忿恚，师与弟子不复和亲。"③ 师生关系不和谐是教学中的大忌，师生之间的和谐是高质量教学的前提。

第二个原则是"强而弗抑"。王船山注云："强，刚也，谓刚严以莅之也。抑，摧折之也。"④ "强而弗抑"指的是教师一方面要严格，对学生形成一定的督促作用，另一方面又不至于让学生恐惧和产生过大的压力，从而压抑学生的天性、斫丧其活泼的生机。"强而弗抑则易"，严格但不过分压抑的环境不会让学生产生畏难的情绪。

第三个原则是"开而弗达"。王船山注曰："开者，启其端。达者，尽其说。"⑤ 教师在教学过程中对义理只用说明端绪，不用把里头蕴含的意思全部道尽，要留下让学生进一步思考的空间。"开而弗达则思"，郑玄注云"思而得之则深"⑥，

---

① 《礼记译注》，杨天宇译注，上海古籍出版社，2016，第 575 页。
② 王夫之：《礼记章句》，岳麓书社，2011，第 879 页。
③ 孔颖达：《礼记正义》，北京大学出版社，2000，第 1240 页。
④ 王夫之：《礼记章句》，岳麓书社，2011，第 879 页。
⑤ 王夫之：《礼记章句》，岳麓书社，2011，第 879 页。
⑥ 孔颖达：《礼记正义》，北京大学出版社，2000，第 1240 页。

以"开而弗达"的方式施教，则学生必须经过自己的深入思考才能完全明白，这样对义理的理解就会深刻而不会遗忘。

教学遵循上述三条原则，就会达到"和、易以思"的效果，就能使师生关系融洽，就会让学生觉得学有所得而不畏学，并且使学生深思自得而让义理浸入心灵，这样的老师就是"善教之君子"。

（四）善问、善答

为了发挥学生的学习主动性，取得较好的学习效果，《学记》倡导学生要有善学、善问精神。

> 善学者，师逸而功倍，又从而庸之。不善学者，师勤而功半，又从而怨之。善问者如攻坚木，先其易者，后其节目，及其久也，相说以解。不善问者反此。善待问者如撞钟，叩之以小者则小鸣，叩之以大者则大鸣，待其从容然后尽其声，不善答问者反此。此皆进学之道也。[1]

从师生角度而言，面对善于学习的学生，老师的教学工作会比较轻松，而且可以收到很好的成效，学生还会把自己的进步归功于老师。面对不善于学习的学生，老师要付出辛勤的努力，而且效果可能不怎么好，学生还会因为自己进步慢而埋怨老师。《学记》认为善不善学的关键在于学生善不善问和老师善不善答。善于发问的学生知道先易后难、层层递进，就好像砍伐坚硬的木材，先从容易的部位开始，然后再对付坚硬的关

---

① 《礼记译注》，杨天宇译注，上海古籍出版社，2016，第578页。

节部分，经过一段时间的努力，关节就会脱落分解了；不善于
发问的学生正好相反，一上来就想解决最难的问题，实际上又
做不到，反而导致心烦意乱、止步不前。

老师解答问题同样如此，那些善于对待学生发问的老师，
就像钟对敲钟人的回应一样，敲得轻钟声就小，敲得重钟声就
大，敲钟人可以从容不迫地在余声中思考回味；不善于回答问
题的老师正好相反，不能根据学生的问题给予适当的回应。这
就对老师提出了很高的要求。《学记》鲜明地指出，"记问之
学，不足以为人师。必也其听语乎。力不能问然后语之；语之
而不知，虽舍之可也"①。只凭记诵书中的内容来给学生讲
授，这不足以为人师表。好的老师一定是善于针对学生的问
题进行讲解，做到有的放矢。特别是要等学生有疑惑却没有
能力解答时，他才主动为学生解惑。如果为学生讲解了而学
生仍然无法理解，就先暂时放一放，留待以后再说，不要急
于求成。

在回答问题时，老师要充分发挥学生的积极性，把握好启
发学生的时机，达到教学相长的效果。然而，在面对学生的过
失时，老师则需要主动介入，积极帮助学生改正过失。《学
记》对此有云：

> 学者有四失，教者必知之。人之学也，或失则多，或
> 失则寡，或失则易，或失则止。此四者，心之莫同也。知
> 其心，然后能救其失也。教也者，长善而救其失者也。②

① 《礼记译注》，杨天宇译注，上海古籍出版社，2016，第 578 页。
② 《礼记译注》，杨天宇译注，上海古籍出版社，2016，第 576 页。

学生学习时容易产生四个方面的过失：一是失于贪多，二是失于寡闻，三是失于多变，四是失于浅尝辄止。导致这四方面过失的心理原因各不相同，老师需要准确地了解学生的心理，及时介入和疏导，进而补救。教育的作用就是让学生能够发挥所长并避免过失。

（五）由此及彼、由表及里

《学记》在篇章末尾向学习者提出了两个看似不相干的要求，称若能做到的话就"可以有志于学"。这两个要求即：

> 良冶之子必学为裘。良弓之子必学为箕。始驾马者反之，车在马前。君子察于此三者，可以有志于学矣。[1]
>
> 君子曰：大德不官，大道不器，大信不约，大时不齐。察于此四者，可以有志于学矣。[2]

第一个要求是说学习者应观察到，优秀冶铸工的子弟会去学缝纫之术，优秀弓箭匠的子弟会去学编制之技，刚开始拉车的马要到车后面跟学一段时间，才能到前面拉车。从一般人视角来看，良冶和裘、良弓和箕、驾马和跟车是没有关系的，但是有志于学的人要善于在两者之间寻找联系，就像学会缝纫之术有助于冶铸，学会编制之技有助于制作弓箭，跟着老马学拉车有助于自己拉车，这是学习者必须具备的基本能力，即能够由此及彼、举一反三、触类

---

① 《礼记译注》，杨天宇译注，上海古籍出版社，2016，第 579 页。
② 《礼记译注》，杨天宇译注，上海古籍出版社，2016，第 580 页。

旁通。

对此，《学记》进一步说明："古之学者比物丑类。鼓无当于五声，五声弗得不和。水无当于五色，五色弗得不章。学无当于五官，五官弗得不治。师无当于五服，五服弗得不亲。"[①] 鼓不属于五声，但五声没有鼓的调节就达不到和谐；水不属于五色，但五色颜料没有水的调和就不能彰显色彩；学不属于五种官职中的一种，但五官不经过学习就不会从事治理；老师不属于五服之中的亲戚，但五服不通过老师教导就不知道怎样亲近。这就是说要在接触五声、五色、五官、五服时，即联想到鼓、水、学、师的作用。有了这样的思维和能力，就不需要所有的知识都经历一番学习，就能在有限的时间内获取尽可能多的知识。

第二个要求是说要认识到，最大的德性不谋求任何具体的官职，最高的道不体现任何具体的作用，最忠的诚信不需要任何具体的约定，最好的天时不要求万物的变化整齐划一。有志于学的人要能透过官职、器物、约定、齐一等现象，去把握背后的大德、大道、大信、大时。这也是学者必须具备的基本能力，即能够做到追根溯源、由表及里、直达根本。对此，《学记》举例说明："三王之祭川也，皆先河而后海，或源也，或委也。此之谓务本。"[②] 就像君王祭祀河川都是先祭河再祭海，因为河流是源头，海是河流所汇，有先与后、源与流的区别。学习也是如此，要善于通过纷繁复杂的表象和枝节去发现事物的根本，获得最终的真理性认识。

---

① 《礼记译注》，杨天宇译注，上海古籍出版社，2016，第 580 页。
② 《礼记译注》，杨天宇译注，上海古籍出版社，2016，第 581 页。

四　以学辅政，师君一体

《学记》虽然以学和教为中心，但其最终目的无疑是政治治理，其根本追求是实现以学辅政、以学兴政。这里包含两重意思：一是师君一体，国君以尊师为示范，引导社会实现尊君；二是政教一体，通过教化以怀柔民心，巩固执政基础。

（一）尊师、尊君

《学记》指出教学的主体是师，但是师可以为君，师与君可以相通，在理想情况下甚至是"师君一体"。

> 君子知至学之难易，而知其美恶，然后能博喻。能博喻然后能为师，能为师然后能为长，能为长然后能为君。故师也者，所以学为君也。是故择师不可不慎也。《记》曰："三王四代唯其师。"此之谓乎。①

当君子既知道学习道路的难易，又知道学生素质的好坏，就能做到广泛地因材施教。能做到广泛地因材施教，然后就能为人师表，能为人师表然后就能做长官，能做长官然后就能做国君。由此可见，向老师学习的过程，就是学习怎么做国君的过程。王船山解释说："君长之道，皆于师道取则焉。"② 国君的治国之道与老师的教学之道有异曲同工之妙。正是老师的这

---

① 《礼记译注》，杨天宇译注，上海古籍出版社，2016，第 577 页。
② 王夫之：《礼记章句》，岳麓书社，2011，第 879 页。

种作用，整个社会甚至国君都要对老师另眼相看。《学记》中
有云：

> 凡学之道，严师为难。师严然后道尊，道尊然后民知
> 敬学。是故君之所不臣于其臣者二：当其为尸则弗臣也；
> 当其为师则弗臣也。大学之礼，虽诏于天子，无北面，所
> 以尊师也。[1]

在学习之事中，做到尊敬老师是很难的。老师受到尊敬，
所学之道才会受到尊重；所学之道受到尊重，民众才知道敬重
学习、崇尚学习。只有两种情况，国君可以不以君臣关系对待
臣子：一种是臣子担任祭祀的"尸"（代表死者接受祭祀）
时，二是臣子是自己的老师时。按照大学的礼仪，老师给天子
讲学时，不必面向北方行君臣之礼，就是为了表示国君也必须
尊敬老师。

在儒家的政治观念中，最理想的政治体现在尧舜时代。
这个时代之所以被后世儒者所推崇，有一个很重要的原因就
在于尧舜既是王者也是圣人，尧舜时代是"圣王合一"的。
"圣"代表德行，而"王"代表权力。在大多数时代，圣与
王是分开的，因此德行和权力也是分离的。"圣王合一"只
是政治和历史的偶然，而非常态。《学记》对人类历史的这
一现象有着清醒的认识，只不过它把圣与王之间的张力转变
为师与君之间的张力。在圣王分离、师君相异的政治处境
中，国君对于老师要保持足够的尊敬。国君尊重老师，就可

---

[1] 《礼记译注》，杨天宇译注，上海古籍出版社，2016，第577页。

以引领全社会尊敬老师，因为君师的同构性，其实就为导向尊君奠定了基础。

（二）政教合一

如果把君对应政治，把师对应教化，君师相通甚至君师一体实际上就是"政教合一"，只不过这个"政教合一"中的"教"不是宗教，而是文教。君师一体实则表明了古代政治的一个基本原则：政治与文教的一体性，好的政治一定要以好的文教作为基础，好的文教就是孔子所言"道之以德"和孟子所言"以德服人"。《孟子·公孙丑上》有曰：

> 孟子曰：以力假仁者霸，霸必有大国。以德行仁者王，王不待大，汤以七十里，文王以百里。以力服人者，非心服也，力不赡也。以德服人者，中心悦而诚服也，如七十子之服孔子也。诗云："自西自东，自南自北，无思不服。"此之谓也。①

孟子在此描述了"王"与"霸"两种政治模式。王与霸有一个共同的特征，那就是让人服从。正是在王与霸这两种政治模式中具有"服"这个关键要素，所以这两种政治模式都能运行良好。但是两相对比，"王"要高于"霸"，因为"王"和"霸"这两种政治模式背后让人服从的原则有高下之分。"王"的原则是"以德服人"，而霸的原则是"以力服人"。在中国政治语境中，"以德服人"的原则要高于"以力

---

① 《孟子》，方勇译注，中华书局，2015，第56页。

服人"的原则。

在论述"以德服人"时，孟子引述了"孔子的弟子服从孔子"（七十子之服孔子）这一关键例子。孔子与弟子是老师与学生的关系，可是这种师生的关系在孟子这儿成为"王道政治"的一个范本，这意味着孟子在"教"之中看到了"政"，在"师"之中看到了"君"。那么，教之中为何蕴含着政，师之中为何蕴含着君，"为师"为何可以"为君"呢？

政治之为政治，其核心问题是统治关系的正当性与有效性。对于儒家而言，何种统治关系是最为正当和有效的？显然，"以力服人"能够建立一种统治关系，甚至政治语境中的力本来的功用就是让人服从。但是赤裸裸的力所带来的服从具有致命的缺点：服从者并非内心有所服从，而只是因为自己的力有所不足，才暂时服从比自己更强大的统治者（"以力服人者，非心服也，力不赡也"）。这意味着统治者要维持自己的统治就必须时时保持自身的力量优势，一旦丧失力量优势，统治和服从关系就分崩瓦解了。但是一个人或者一个集团不可能长久地保持住这种力量优势，所以通过纯粹的"以力服人"而建立的统治和服从关系注定只能持续较短的时间。

较诸"以力服人"的霸道政治，"以德服人"的王道政治则具有独特优势，即通过以德服人建立的统治和服从关系能让服从者"中心悦而诚服"。这种统治关系的建立由于不依赖力量，所以就不需要统治者维持那种相对于被统治者的力量优势，于是这种统治就具有更大的正当性和有效性。如果一个上位者自己有德性，那么他完全可以不用政治权力就能让别人服从，但是如果他自己没有德性，而只是使用赤裸裸的政治权力达成让他人服从自己的目的，这就称不上好的统治模式。所以统治者良好的统治一定建立在自身德性基础之上，德政才是政治上的王道。德性本来好像只是个人的事情，是个人生命和品质卓越状态的体现，但是它却产生了意想不到的公共性，成为构建良好政治共同体的基石，成为理想的统治和服从关系的支撑，而且德政是最省事、最有效的政治形态。这就是《学记》劝人"学为君"，然后实现"化民成俗"的最大愿景。

第四章 《抱朴子外篇·勖学》：
复归于学的谔谔之言

　　葛洪，字稚川，自号抱朴子，丹阳句容人，两晋时期著名道士、思想家，大约生于 283 年，卒年一说 343 年，一说 363 年。家族世代在吴地为官，属于江南豪族。十三岁时，父亲去世，家道中落，坠入"饥塞困瘁，躬执耕穑，承星履草，密勿畴垄"① 境地，只能边劳作边读书。十六岁时，开始阅读《孝经》《论语》《诗经》《周易》等书，"曾所披涉，自正经、诸史、百家之言，下至短杂文章，近万卷"②。二十多岁的时候，担任将兵都尉，参加了镇压张昌、石冰叛乱的军事活动，因功被授予伏波将军。战后，投戈释甲，"不论功赏，径至洛阳，欲搜求异书以广其学"③，因战乱之故半道而返。此后，多在家乡和广州一带活动，屡次辞官不就，自认为"荣位势利，譬如寄客，既非常物，又其去不可得留也"④。因此，隐入山林，"优游闲养，著述不辍"⑤，直到去世。

---

　① 《抱朴子外篇》（下），张松辉、张景译注，中华书局，2013，第 1106 页。

　② 《抱朴子外篇》（下），张松辉、张景译注，中华书局，2013，第 1108 页。

　③ 《晋书》，中华书局，1974，第 1911 页。

　④ 《抱朴子外篇》（下），张松辉、张景译注，中华书局，2013，第 1133 页。

　⑤ 《晋书》，中华书局，1974，第 1912 页。

"抱朴子"既是葛洪的号，又是其所著书籍之名。其缘起在于葛洪"期于守常，不随世变。言则率实，杜绝嘲戏，不得其人，终日默然，故邦人咸称之为'抱朴之士'，是以洪著书因以自号焉"①。"抱朴"一词来自《道德经》中"见素抱朴，少私寡欲"之语。葛洪以"抱朴"自称，在著述方面则勤奋有加，笔耕不辍，成就斐然。他自己总结道："凡著《内篇》二十卷，《外篇》五十卷，碑、颂、诗、赋百卷，军书、檄移、章表、笺记三十卷。又撰俗所不列者为《神仙传》十卷，又撰高尚不仕者为《隐逸传》十卷。又抄五经、七史、百家之言、兵事、方伎、短杂、奇要三百一十卷，别有《目录》。"② 可惜这些著作大部分佚失，上述所言《内篇》《外篇》即指《抱朴子》内外篇，《内篇》言神仙、方药、鬼怪、变化、养生、延年、禳邪、却祸之事，属道家；《外篇》言人间得失、世事臧否，属儒家，总体形成了独具特色的内道外儒的思想体系。《勖学》是《抱朴子外篇》中一篇，以勉励士人复兴儒教为主旨，是呈现魏晋时期思想文化和学习风气的重要文献。

一 不学之风

葛洪生活在两晋之交，这是中国历史上承三国、下启南北朝的重要转折期，其政治局势以短期统一、门阀专权、南北分裂为特征。西晋在取得统一后，通过采取有力措施，短暂出现

---

① 《抱朴子外篇》（下），张松辉、张景译注，中华书局，2013，第1112页。
② 《抱朴子外篇》（下），张松辉、张景译注，中华书局，2013，第1139页。

过和平安定、安居乐业的景象。为了巩固统治，西晋政权恢复分封制，大封宗室诸王，授予地方军政大权，导致地方势力膨胀，诸王拥兵自重，由此埋下争权的隐患。从"八王之乱"到"五胡乱华"，再到"永嘉之乱"直至西晋灭亡（316年），一系列动荡接踵而至。东晋建立（317年）后，内部权力斗争依然激烈，又发生了王敦之乱、苏峻之乱等。在这些战乱中，百姓深受其害，经济崩溃，民不聊生，流民揭竿而起之事时有之。

在魏晋动荡不安的政治环境中，众多显赫的世家大族相继崛起。这些家族不仅经济基础雄厚，还拥有私人武装力量，其成员通常占据中央及地方关键职位。特别是在东晋时期，还出现了"王与马，共天下"的门阀政治现象。在九品中正制这一官员选拔制度的背后，士族子弟凭借家族背景和世袭地位，得以轻易进入政治权力的核心。这种现象导致了官职世袭化即"公门有公、卿门有卿"的问题。皇族政权与世家大族之间维持着一种微妙的平衡关系，既要借助世家大族的力量来争夺和巩固权力，同时又要警惕其势力的过度膨胀，于是形成了皇权与士族、不同士族之间以及士族与寒门庶族之间势力此消彼长的复杂局面。

社会的不安定对传统伦理造成了极大的破坏。葛洪对当时出现的种种不良社会现象进行了激烈批评。在"世故继有，礼教渐颓"[①]，即社会变故不断、传统礼教衰微的时代背景下，士人群体的行为更加荒诞不经：

---

① 《抱朴子外篇》（上），张松辉、张景译注，中华书局，2013，第519页。

汉之末世，则异于兹，蓬发乱鬓，横挟不带，或以衰衣以接人，或裸袒而箕踞。朋友之集，类味之游，莫切切进德，闾闾修业，攻过弼违，讲道精业。……终日无及义之言，彻夜无箴规之益。诬引老、庄，贵于率任，大行不顾细礼，至人不拘检括，啸傲纵逸，谓之体道。呜呼惜乎，岂不哀哉！①

这种场景在魏晋士人中间应该较为常见，他们蓬头散发，袒胸露乳，穿着内衣与人交往，张开两腿而坐（与传统跪坐相悖，被视为不雅），对礼教规范表现出明显的漠视。朋友聚会时，既不相互切磋以提高德行，又不辩论问题以增进学问，也不相互批评以纠正过失，更不讨论大道以精进道业。他们歪曲老庄学说，以之作为自己行为放纵的理由。葛洪表面上虽然说的是"汉之末世"，实际上及至两晋，这种情况并未好转，甚至更加离经叛道。这一时期，尽管传统的儒家思想仍是主导意识形态，但其独尊地位受到挑战。道家思想重新受到重视，佛教传入中国后逐渐本土化，形成了思想多元且混乱的局面。

在新的社会条件下，一种反映当时社会政治经济状况的新思潮逐渐形成和发展，即魏晋玄学。玄学不仅是一种哲学思想，而且逐渐演变为一种生活方式。一部分玄学家主张"越名教而任自然""非汤武而薄周孔"，试图完全颠覆传统礼教，寻求一种直抒性情、放达任性的处世态度。这种玄学思潮对士人阶层产生了深远影响。在社会动荡之际，不少士人选择通过

---

① 《抱朴子外篇》（上），张松辉、张景译注，中华书局，2013，第553~555页。

清谈玄理来转移现实压力，寻求精神慰藉。在这种社会风气之下，学习成为一种非必要负担，知识特别是礼教知识的学习反而有碍于对传统生活秩序的摆脱。对此，葛洪批评道：

> 若问以《坟》《索》之微言，鬼神之情状，万物之变化，殊方之奇怪，朝廷宗庙之大礼，郊祀禘祫之仪品，三正四始之原本，阴阳律历之道度，军国社稷之典式，古今因革之异同，则恍悸自失，喑呜俯仰，蒙蒙焉，莫莫焉。虽心觉面墙之困，而外护其短乏之病，不肯谥已，强张大谈曰："杂碎故事，盖是穷巷诸生，章句之士，吟咏而向枯简，匍匐以守黄卷者所宜识，不足以问吾徒也。"①

《坟》《索》指"三坟八索"，据说是最古老的书籍，这里泛指古代文献。这些士人不管是对于古代典籍、鬼神情形、事物变化、异域奇闻，还是对于朝廷和宗庙的礼仪、祭祀天地和祖先的礼品、正月和季节的本原、乐律和历法的制定，抑或对于军事政务的法典仪式、古今制度的因袭变革等都一无所知，其实这些事情都是通过学习就可以知道的。即使这些人心里已经感受到不学无术带来的困窘和尴尬，但他们不是痛改前非，而是想方设法加以掩盖，甚至强词夺理贬低学习的价值，认为这些知识不过是穷巷书生埋首故纸堆才应该知道的，对于他们而言根本不重要。"省文章既不晓，睹学士如草芥"②，自己不重视学习，还看不起学习的人。即使"诚知不学之弊、

---

① 《抱朴子外篇》（上），张松辉、张景译注，中华书局，2013，第558页。
② 《抱朴子外篇》（上），张松辉、张景译注，中华书局，2013，第119页。

硕儒之贵、所祖习之非、所轻易之谬，然终于迷而不返者，由乎放诞者无损于进趋故也"①。他们之所以明知"不学之弊"，还是迷而不返，根源就在于学习与否不会对他们的仕途造成影响，即使不学无术也照样可以升官加爵。于是，在当时就形成了一种不学习的风气。

魏晋之际这种现象引起了一些士大夫的忧虑，他们痛心于社会风气的浮夸放诞，深刻反思不学甚至反学所造成的社会危害，试图在儒家知识和玄学生活方式之间架起沟通的桥梁。像葛洪等人，既强调儒家礼教对于社会秩序的维护，又追求道家的自然无为，甚至热衷养生修仙之术，希冀调和儒道来消弭思想冲突带来的社会乱象。这样的价值取向成为当时时代精神的一种体现。因此，有学者指出："《抱朴子》在传统的篇卷内外之分的传统中，又参取魏晋名士本末、迹所以迹的体用之说，以配合儒道的冲突与调停，结构成自己的思想体系。"②葛洪的劝学思想正是在这种"弃礼"的时代背景和"不学"的社会风气下形成的。

二 饰治之术，莫良乎学

葛洪继承先秦诸子以及秦汉以来的劝学传统，并在此基础上加以发展和创新，形成了具有综合性质的《勖学》篇，勖就是勉励、劝勉的意思。《勖学》是《抱朴子外篇》的第三篇，后接《崇教》篇，"学"和"教"在葛洪思想体系中都

---

① 《抱朴子外篇》（上），张松辉、张景译注，中华书局，2013，第560页。
② 李丰楙编撰《抱朴子：不死的探求》，九州出版社，2019，第103页。

占据着重要地位，两者各有侧重、相互补充。在《抱朴子内篇》还有《勤求》等篇相呼应，虽然"外篇"所求在于礼法，"内篇"所求在于仙术，但是劝人以学则是一以贯之的。葛洪从反正两个方面分析了为什么要劝学。

（一）不学之弊

从反面来看，不学无术不仅会导致反智之类的文化问题，而且会衍生出许多社会和政治问题。对此，葛洪指出：

> 世道多难，儒教沦丧，文武之轨，将遂凋坠，或沉溺于声色之中，或驱驰于竞逐之路。……舍本逐末者，谓之勤修庶几；拥经求己者，谓之陆沉迂阔。①

一旦儒学礼教沦丧，文武之道不发生作用，那么人心就会跟着堕落，要么沉溺于声色犬马，要么驰骋于争名逐利。其结果就是，在学问上舍弃根本追求细枝末节的人，被誉为勤奋修道、接近圣贤；抱着经典苦读严格要求自己的人，却被说成迂腐愚昧、不合时宜。因此，社会底层的读书人丧失了向上进步的渠道，而一些不学习的趋炎附势之徒却可以通过非正当途径走上高位，这样就会导致一系列社会问题。

> 于是莫不蒙尘触雨，戴霜履冰，怀黄握白，提清挈肥，以赴邪径之近易，规朝种而暮获矣。若乃下帷高枕，

---

① 《抱朴子外篇》（上），张松辉、张景译注，中华书局，2013，第106~107页。

> 游神九典，精义赜隐，味道居静，确乎建不拔之操，扬青于岁寒之后，不揆世以投迹，不随众以萍漂者，盖亦鲜矣。[①]

一些人甘冒风雨，不惧严寒，揣着真金白银，提着好酒好肉，去贿赂讨好权势阶层，只是为了能够不劳而获，快速得到权势和地位。相反，那些能够不顾贫困一心读书，沉潜于《周易》《尚书》《论语》等经典当中，能够在探赜索隐中研究精义，在清静专一中体味大道，能够树立不可更改的高尚节操，不去揣摩世人心思投其所好，不去随波逐流的人只会越来越少。“纷扰日久，求竞成俗，或推货贿以龙跃，或阶党援以凤起。风成俗习，大道渐芜，后生昧然，儒训遂堙。”[②] 长此以往，就会形成一种争名夺利的风气，金钱和关系取代努力和德行成为小人晋升的通行证。这是对先秦儒家所倡导的以“学也，禄在其中矣”“仕而优则学，学而优则仕”[③] 为成长进路的“学—政”一体化系统的巨大破坏。因此，葛洪提出，“今且令天下诸当在贡举之流者，莫敢不勤学……凡人息侥幸之求，背竞逐之末，归学问之本，儒道将大兴”[④]。以勤学知识参与考试而不是以其他非正当手段作为选拔人才的根据，才是社会风气回归正途的方式。

---

① 《抱朴子外篇》（上），张松辉、张景译注，中华书局，2013，第 107~108 页。

② 《抱朴子外篇》（上），张松辉、张景译注，中华书局，2013，第 63 页。

③ 《论语译注》，杨伯峻译注，中华书局，2012，第 236、281 页。

④ 《抱朴子外篇》（上），张松辉、张景译注，中华书局，2013，第 307 页。

对于王公贵族而言，学习和读书可以提供对抗堕落、导向正途的积极力量。面对荣华富贵，如果没有构建好遏制欲望的防线，人就很容易放纵，沉迷于物质享受和奢靡生活，陷入"从恶如崩"、无法挽救的境地。"若夫王孙公子，优游贵乐，婆娑绮纨之间，不知稼穑之艰难，目倦于玄黄，耳疲乎郑、卫，鼻餍乎兰麝，口爽于膏粱……"这是一种外在感官的穷奢极欲，仿佛禽兽之欲，没有经过人文教化，只能是"触情纵欲，谓之非人"①。

一个金钱至上、纸醉金迷、颠倒黑白、不重视学习的社会最终只能走向极度的混乱和邪恶，注定难以长久。"无术学，则安能见邪正之真伪、具古今之行事？自悟之理，无所感假，能无倾巢覆车之祸乎！"② 不学习，分辨不了正邪真伪，掌握不了古今行事的正确方法，凭自己苦思冥想的感悟而不是借助前人的知识处世，早晚会招致倾覆之祸。为此，葛洪深怀忧虑，从天下安定的实用主义角度，把学习这一活动与社会秩序的建立和运转相关联，以此劝导大家学习和遵守传统知识所规定的礼制秩序。由此可见，劝人以学在一定程度上就具有重塑世风、挽救人心的重要作用。

（二）饥寒危困而不废

从正面来看，葛洪认为学习有改造人的作用，可以通过重塑人的内在世界，影响人的实践活动，实现人的成长和进步。《勖学》开篇明确指出：

---

① 《抱朴子外篇》（上），张松辉、张景译注，中华书局，2013，第119~121页。
② 《抱朴子外篇》（上），张松辉、张景译注，中华书局，2013，第121页。

夫学者所以清澄性理，簸扬埃秽，雕锻矿璞，砻炼屯钝，启导聪明，饰染质素，察往知来，博涉劝戒。仰观俯察，于是乎在；人事王道，于是乎备。①

这是葛洪勉励世人学习的第一个理由，即学习能够澄清人的本性，就像扬去尘埃、清除污秽、雕刻璞玉和锻打矿石一般；学习能够使笨拙之人得到磨炼，聪明之人得到启导，就像质朴得以装饰、素丝得以染色；学习以往的经验能够预知未来发展，学习广博的知识能够明白什么应该做什么不应该做。不管是天文地理，还是人事王道，一切都可以在学习中获取。这里，葛洪没有探讨人性的善恶，只是强调后天学习对于人的改变作用。通过掌握足够的知识，人最终能够达到"进可以为国，退可以保己"②的境界。

人需要学习，但不是为了学习而学习，而是为了克服自身缺点、不断发展自己、做出社会贡献。"饰治之术，莫良乎学"③，对人的培养造就，最好的方法就是学习。即使是圣贤之人，也需要努力学习、持续学习，直到生命的尽头。不论遇到什么艰难困苦，唯有学习始终不可废弃，这就是葛洪所坚持的观点："是以圣贤罔莫孜孜而勤之，夙夜以勉之，命尽日中而不释，饥寒危困而不废。岂以有求于当世哉？诚乐之自然也。"④ 这样的学习不是因为外界强迫或别有所求，而是已经成为生命中的一种乐趣、一种自觉了。

---

① 《抱朴子外篇》（上），张松辉、张景译注，中华书局，2013，第88页。
② 《抱朴子外篇》（上），张松辉、张景译注，中华书局，2013，第88页。
③ 《抱朴子外篇》（上），张松辉、张景译注，中华书局，2013，第116页。
④ 《抱朴子外篇》（上），张松辉、张景译注，中华书局，2013，第88页。

在葛洪看来，人人应该致力于学习，但他也明白"生存是第一需要"的道理，当有"饥寒切己，藜藿不给，肤困风霜，口乏糟糠，出无从师之资，家有暮旦之急，释耒则农事废，执卷则供养亏者"时，"虽阙学业，可恕者也"①。如果说连基本生存都成问题，食不果腹，衣不蔽体，朝不保夕，更别说有出去拜师的费用，自然是谋生为先，即使耽误了读书，也是可以谅解的，当然也是十分遗憾的。

葛洪劝学的第二个理由是强调人不是生而知之者，而是学而知之者。他指出，人生来一无所知，连砍、削、刻、画、射、御、骑、乘这类看似简单的技艺，实际上也需要通过练习才会。"况乎人理之旷，道德之远，阴阳之变，鬼神之情，缅邈玄奥，诚难生知"②，至于道理、道德、阴阳、鬼神这些方面的事情，更加遥远而奥妙，是不可能生而知之的。葛洪在论述这些学习内容时，是知识论和道德论角度兼而有之，既包括技艺性的知识，也包括人文性的知识。

就人的发展而言，每个人面临的条件和环境可能都不一样，即使那些先天资质很好的人，拥有发展的无限可能性，但是如果不努力学习，天资就永远只是天资，不会发展成为后天的优势；潜能也永远只是潜能，无法转化为成长的现实。所谓"虽云色白，匪染弗丽；虽云味甘，匪和弗美。故瑶华不琢，则耀夜之景不发；丹青不治，则纯钩之劲不就"③。白色不染以其他颜色不会变得华丽，甜味不搭以其他味道也算不上美味，美玉不加以琢磨就没有照亮黑夜的光亮，铜锡不经过冶炼

---

① 《抱朴子外篇》（上），张松辉、张景译注，中华书局，2013，第117页。
② 《抱朴子外篇》（上），张松辉、张景译注，中华书局，2013，第90页。
③ 《抱朴子外篇》（上），张松辉、张景译注，中华书局，2013，第90页。

就无法形成宝剑的锋利。

人后天的成就要达到或超越天资应有的水平，努力学习就是促使他们发生此种质变的关键。"质虽在我，而成之由彼也。"① 此处的"彼"就是指学习，学习就是自我成就最好的途径和方法，葛洪由此批判了"不学而求知"的虚妄，"犹愿鱼而无网焉，心虽勤而无获矣"②。不经过学习而求所谓知识，这是葛洪所不认同的，或者说葛洪不认为存在一种纯反思性的知识，仅靠心的勤思就可以获得。这一论断当然离不开当时的现实背景，体现了对玄谈空疏之弊的批判。因此，这里的学习是向外求知识，以开放的心态向外界汲取一切有用的知识以充实自己、提高自己。

葛洪劝学的第三个理由是人具有可学的潜质，也就是说，人不缺少学习的能力。人需要学习，外界也有可以学习的知识，那么人还要具备学习的能力。

> 泥涅可令齐坚乎金玉，曲木可攻之以应绳墨，百兽可教之以战阵，畜牲可习之以进退，沉鳞可动之以声音，机石可感之以精诚，又况乎含五常而禀最灵者哉!③

人为什么能够学习?《勖学》篇没有从认识论的角度加以分析，而是运用关联思维，以类比的方式，提供这种必然性证明。因为泥土烧成陶能够如金玉一样坚固，曲木经过烘烤可拉得像绳墨一样笔直，野兽能够教会它们战斗的阵列，畜牲能够

---

① 《抱朴子外篇》（上），张松辉、张景译注，中华书局，2013，第90页。
② 《抱朴子外篇》（上），张松辉、张景译注，中华书局，2013，第91页。
③ 《抱朴子外篇》（上），张松辉、张景译注，中华书局，2013，第93页。

训练它们进退有序，游鱼能够用音乐感动，弓箭和石头能够靠真诚打动，所以具备五常之性（仁、义、礼、智、信）又拥有最高智慧的人类，自然最具有学习的能力。这些类比事例很多出自古代典籍记载，今天看来，不一定都真实发生过，但是葛洪从低级向高级推导，以此来肯定人的可学习性或者说知识可塑性，则是具有积极意义的。"才性有优劣，思理有修短"①，人的才能和秉性有优劣之分，思辨能力也有强弱之别，这些是人无法把握的、不能改变的事实，但是无论什么资质的人，都可以通过学习不断改进自己、强大自己。学习这件事本身对于所有人都是公平的，任何人都可以学习，而且只要学习就一定会有所收获，这一点毋庸置疑。

三　精六经正道

在学习什么内容上，葛洪的思想极具包容性和开放性。他虽以道教理论家著称，然对于儒家经典知识和历史经验亦特别重视，《抱朴子》内外篇共同构建起了一套兼容并蓄的知识体系。单就《勖学》篇而言，它更加侧重以重构社会秩序的规范性知识作为学习内容。

（一）去除神秘性，寻找确定性

从葛洪的知识旨趣而言，他对谶纬占卜之类的神秘主义知识兴趣不大。即使是道教成仙之术，葛洪也是从知识论的角度，试图构建一种具备可知性、可学性、可验证性的理论体

---

① 《抱朴子外篇》（上），张松辉、张景译注，中华书局，2013，第104页。

系，强调人自身的努力，而不是外来神秘主宰的护佑，这从他自述小时候的学习经历，便可看出端倪。

> 其《河》、《洛》、图、纬，一视便止，不得留意也。不喜星书及算术、九宫、三棋、太一、飞符之属，了不从焉，由其苦人而少气味也。晚学风角、望气、三元、遁甲、六壬、太一之法，粗知其旨，又不研精。亦计此辈率是为人用之事，同出身情，无急以此自劳役，不如省子书之有益，遂又废焉。①

葛洪对于谶纬占卜术数之类的知识"一视便止"，其原因一是认为这些东西"苦人而少气味"，即学起来烦琐，又缺少人情味；二是认为这类预测吉凶、消灾求福之法，都是"同出身情"，即不过是出于方士的个人臆测。由此可见，葛洪更加关注人自身的活动，而不是人之外的未知领域。他喜欢具有确定性和普遍性意义的知识，而不是那些随意性、臆测性很大的神秘事物。这种倾向体现出一种可贵的人文精神，与其劳神苦思那些未知之学，还"不如省子书之有益"，即学习诸子百家著述更有裨益。

葛洪认为，通过对诸子百家所确立的知识的学习，可以破解"阴阳之变，鬼神之情"所带来的异己力量，不断张扬人的主体性。这就是《勖学》篇中所说的，"舒竹帛而考古今，则天地无所藏其情矣，况于鬼神乎？而况于人事乎？"② 翻阅

---

① 《抱朴子外篇》（下），张松辉、张景译注，中华书局，2013，第 1109 页。
② 《抱朴子外篇》（上），张松辉、张景译注，中华书局，2013，第 93 页。

书籍典册以考察古今历史，就知道天地变化的真实情况，更不用说鬼神和人事了。在葛洪看来，许多神秘事情看似不可解释，其实背后的答案早已记录在历史典籍中了，关键在于有没有学习到相关的知识。

> 且夫闻商羊而戒浩漾，访鸟砮而洽东肃，咨萍实而言色味，讯土狗而识坟羊，披《灵宝》而知山隐，因折俎而说专车，瞻离毕而分阴阳之候，由冬螽而觉闰余之错，何神之有？学而已矣。夫童谣犹助圣人之耳目，岂况《坟》《索》之弘博哉！①

葛洪列举了八个鲜为人知的典故，如果缺乏相关方面的见识，可能会觉得都是某种神秘力量在起作用，实际上通过孔子的揭示，证实这些只不过是历史上正常发生的事情，"何神之有？学而已矣"。圣人都可以从童谣中得到有用的知识，更何况《坟》《索》这些博大精深的古代典籍。当然需要注意的是，葛洪并不是直接否认谶纬占卜术数的作用，而是说要懂得背后的发生机制，使其能够为人所用，而不是反过来以之制人。当人拥有足够的知识，就会对很多不可理解的事情祛魅，这就是知识的力量，这些知识就是需要学习的对象。

（二）重视儒家经典，重构社会秩序

葛洪追求儒道兼修，以道治身，以儒治国，两者"内宝

---

① 《抱朴子外篇》（上），张松辉、张景译注，中华书局，2013，第102页。

养生之道，外则和光于世；治身而身长修，治国而国太平；以六经训俗士，以方术授知音"①。此处的六经就是指儒家《诗》《书》《礼》《乐》《易》《春秋》六部经典。葛洪之所以如此重视儒家经典，是因为儒家在治国方面具有不可替代的独特作用："盖治世存正之所由也，立身举动之准绳也，其用远而业贵，其事大而辞美，有国有家，不易之制也。"②儒学是"治国安民之术"，为国家的统治和个人的社会实践提供了一整套规范性的行为准则，是治国齐家不可更改的制度基础。从治国而言，相比道家，葛洪甚至更加重视"儒术"的作用。

> 今圣明在上，稽古济物，坚隄防以杜决溢，明褒贬以彰劝沮；想宗室公族，及贵门富年，必当竞尚儒术，撙节艺文，释老庄之意不急，精六经之正道也。③

这里就明确说到，如果皇帝想要巩固统治地位，确立什么应该做什么不应该做的有效秩序，那么儒家学说在这方面能够提供最有效的资源。在葛洪看来，先贤在古代典籍中已然建构了一套完整的秩序知识，后人通过学习这套秩序知识，加以运用践行，就可以落实为现实的社会秩序。在这种秩序构建中，老庄思想不是治国之所急需，公侯贵族在学习时就可以放一放，要将精通儒家六经所阐述的正道放在优先地位。

---

① 《抱朴子内篇》，张松辉译注，中华书局，2011，第248页。
② 《抱朴子内篇》，张松辉译注，中华书局，2011，第330页。
③ 《抱朴子外篇》（上），张松辉、张景译注，中华书局，2013，第132页。

在儒家知识构成中，葛洪特别强调对礼制知识的学习，因为掌握礼制知识是建立社会秩序的前提。在传统社会，礼制是规范社会正常运转最主要的秩序性资源，特别是在较为混乱的时代，对礼制的呼唤尤为强烈。葛洪认为，人和动物的区别就在于人有礼制，虽然动物在某些能力方面有所特长，甚至比人类有过之而无不及，但是它们没有形成礼仪法度，"夫唯无礼，不厕贵性"①，因此不能置身于高贵的人的行列。这与其他思想家以礼义来区分人和禽兽是一致的，如《荀子》中提到，"夫禽兽有父子，而无父子之亲，有牝牡而无男女之别，故人道莫不有辨。辨莫大于分，分莫大于礼，礼莫大于圣王"②。又如《礼记》有云："是故圣人作，为礼以教人，使人以有礼，知自别于禽兽。"③ 葛洪在追溯礼的起源时，写道：

> 厥初邃古，民无阶级，上圣悼混然之甚陋，愍巢穴之可鄙，故构栋宇以去鸟兽之群，制礼数以异等威之品。④

远古时代，民众没有上下尊卑等级之分，圣人怜悯大家混然相处于巢穴，所以建造房屋使大家远离鸟兽，制定礼仪制度让大家形成等级品位。礼就是人从事社会活动的一套言行标准，具有一定外在强制性，通过对礼的遵守践行，节制人的过分行为，可以保障社会的正常运作。不管是对于个人还是国

---

① 《抱朴子外篇》（下），张松辉、张景译注，中华书局，2013，第562页。
② 《荀子》，方勇、李波译注，中华书局，2015，第59~60页。
③ 《礼记译注》，杨天宇译注，上海古籍出版社，2016，第3页。
④ 《抱朴子外篇》（下），张松辉、张景译注，中华书局，2013，第563页。

家，礼都起着重要作用。"盖人之有礼，犹鱼之有水矣。……人之弃礼，虽犹靦然，而祸败之阶也。"① 人如果不守礼，就会招致祸败。普通人如此，国君如此，国家更如此。"桀倾纣覆，周灭陈亡，咸由无礼，况匹庶乎！"②

需要注意的是，在葛洪看来，礼制必不可少，但过于烦琐也会成为社会的负担。葛洪高度认同墨子对于烦琐礼制的看法，即"累世不能尽其学，当年不能究其事者也"③，如果将这些古礼作为百姓日常遵循的原则，实在难以办到。因此，在承认"安上治民，莫善于礼"④ 的前提下，葛洪提倡对礼制加以简化，"可命精学洽闻之士，才任损益、免于拘愚者，使删定'三礼'，割弃不要，次其源流，总合其事，类集以相从。其烦重游说、辞异而义同者，存之不可常行，除之无所伤损，卒可断约而举之，勿令沉隐，复有凝滞"⑤。根据时代要求适当地删减礼制，使百姓易知易行，便于学习遵循，才能使礼制落实为生活规范，真正发挥出礼制的价值。

葛洪作为一名道士，能够如此辩证地看待礼制的作用，体现了超出时代的思想见地。他在追求自我成道的同时，高度关注社会风气和国家运转的情况，希望通过礼制的学习使所有人遵循一定的社会规则，形成安定的国家秩序，这与葛洪强烈的现实关怀紧密相连。

① 《抱朴子外篇》（下），张松辉、张景译注，中华书局，2013，第 565 页。
② 《抱朴子外篇》（上），张松辉、张景译注，中华书局，2013，第 544 页。
③ 《抱朴子外篇》（下），张松辉、张景译注，中华书局，2013，第 624 页。
④ 《抱朴子外篇》（下），张松辉、张景译注，中华书局，2013，第 564 页。
⑤ 《抱朴子外篇》（下），张松辉、张景译注，中华书局，2013，第 626 页。

四　徒思无益，学必有方

在学习的原则和方法上，《勖学》篇没有集中的论述，但在全篇中也散落着一些方法论层面的启示，或是继承旧说，或是创造新论，皆有一定的价值。

（一）务早

前面提到孔子说自己"十有五而志于学"，由此确立了自己通过学习不断成就人生道路的志向。根据人的心智和身体机能发展规律，少年时期对于新知识新事物的探求心理比较活跃，学习动力较易激发，学习效果最为显著。基于经验观察的角度，葛洪认为：

> 盖少则志一而难忘，长则神放而易失，故修学务早，及其精专，习与性成，不异自然也。若乃绝伦之器，盛年有故，虽失之于旸谷，而收之于虞渊。方知良田之晚播，愈于卒岁之荒芜也。日烛之喻，斯言当矣。①

年少的时候志向专一，学到的知识不容易忘记；年长的时候心神分散，学到的知识则必然健忘。因此，修习学业务必要趁早，等到了精深专一的境界，学习的习惯融入本性当中，就像与生俱来那般自然了。如果出于种种原因，年轻时错过了学习机会，那么也要尽可能在晚年弥补，就像良田错过了播种的

① 《抱朴子外篇》（上），张松辉、张景译注，中华书局，2013，第105页。

最佳时机，即使晚播也比不播好，总还有点收获。葛洪还用了一个"日烛之喻"的典故来说明这个道理。据汉代刘向所编的《说苑·建本》记载："晋平公问于师旷曰：'吾年七十，欲学，恐已暮矣。'师旷曰：'暮何不炳烛乎？'平公曰：'安有为人臣而戏其君乎？'师旷曰：'盲臣安敢戏其君乎？臣闻之，少而好学，如日出之阳；壮而好学，如日中之光；老而好学，如炳烛之明。炳烛之明，孰与昧行乎？'平公曰：'善哉！'"① 通过这个典故可以知道：其一，学习是越早越好；其二，晚学仍尤为可贵；其三，学习是终身之事。

年少的时候有特别适合学习的身心条件，但前提是要养成立志于学的自觉性和积极性，才能将学习的潜力转化为学习的动力。葛洪写道："学之广在于不倦，不倦在于固志。志苟不固，则贫贱者汲汲于营生，富贵者沉伦于逸乐。"② 要想获得广博的学识，就必须孜孜不倦地学习；要想做到孜孜不倦，就必须有坚定的志向。志向不坚定，贫贱者就会时刻想着谋生，富贵者就会沉溺于享乐。唯有道不变、志不改的强大定力，才能想尽办法克服一切困难。"固志"不是意气用事，不是急功近利，不是三心二意，而是对知识追求的矢志不渝，是将学习贯穿于人生始终的笃志前行。

（二）惜时

真正有志于学的人，总是觉得学习时间不够，时刻有"学如不及，犹恐失之"的急迫感和焦虑感。即使是天纵之

---

① 《说苑校证》，向宗鲁校证，中华书局，1987，第69页。

② 《抱朴子外篇》（上），张松辉、张景译注，中华书局，2013，第116页。

才，也要珍惜时间勤奋学习，才能有所成就。

> 夫周公上圣，而日读百篇；仲尼天纵，而韦编三绝。墨翟大贤，载文盈车；仲舒命世，不窥园门。倪宽带经以芸锄，路生截蒲以写书，黄霸抱桎梏以受业，宁子勤凤夜以倍功。①

像周公、孔子这样的圣人，每天还是手不释卷、勤学苦读。墨子外出时，带着满车的书籍；董仲舒为了专心读书，埋首三年不窥窗外。倪宽早年贫困，下地锄草还带着经书，以便休息时读诵；路温舒折断蒲叶，用来练习写字；黄霸身陷图圄，仍向人求学；宁越夜以继日地勤学，收到事半功倍的效果。正因为他们这样抓紧一切时间学习，所以能够做到常人所不能及的事情。

> 故能究览道奥，穷测微言，观万古如同日，知八荒若户庭，考七耀之盈虚，步三五之变化，审盛衰之方来，验善否于既往，料玄黄于掌握，甄未兆以如成。故能盛德大业，冠于当世，清芳令问，播于罔极也。②

他们能够彻底明白大道的奥秘和微言的精深，对远古时代的历史就像对当世情况一样清楚，对远方的事情就像对自家庭院一样了解。通过学习，他们考察日、月、金、木、水、火、

---

① 《抱朴子外篇》（上），张松辉、张景译注，中华书局，2013，第99~100页。
② 《抱朴子外篇》（上），张松辉、张景译注，中华书局，2013，第100页。

土星的盈亏，推测天体的运转规律，知道将来的繁荣和衰败，验证过去的正确与错误，能够预料天地变化，了知未来之事。当他们掌握并运用好这些知识时，就可以成就盛德大业，冠绝天下，流芳百世。

这些社会贤达尚且如此，那些不学无术的人更应该惜取时间，弥补过往。当他们幡然醒悟，希望改变自己的人生轨迹时，那么学习依然是最有效的方式。对此，就需要他们舍弃一切不利于学习的事情，做到"不饱食以终日，不弃功于寸阴……割游情之不急，损人间之末务；洗忧贫之心，遣广愿之秒；息畋猎、博弈之游戏，矫昼寝坐睡之懈怠；知徒思之无益，遂振策于圣途"①。不再饱食终日无所事事，而是争取一切时间来学习，对于那些不太重要的交情和事物、不该有的忧虑和欲望、浪费时间的各种游戏、徒劳无益的费神之思等，都要懂得放弃。在有限的人生中，利用一切时间学习以积累知识，虚心请教以辨析疑难，不断提高品德、精进学业，实现温故知新，从而获得更好的成长和发展。

（三）日积月累

积累是学习中一个具有普遍意义的方法论原则，特别是对于外在知识的学习，这是知识由外入内的必然过程。只有通过量的日积月累、循序渐进、沉潜涵泳，才可能实现质的飞跃。对此，葛洪有十分清醒的认识：

> 运行潦而勿辍，必混流乎沧海矣；崇一篑而弗休，必

---

① 《抱朴子外篇》（上），张松辉、张景译注，中华书局，2013，第97页。

钧高乎峻极矣。大川滔漾，则虬螭群游；日就月将，则德
立道备。①

即使是路上的雨水，只要不停积累，也能够汇流成大海；
即使是一筐一筐的土，只要不停堆垒，也能够积聚成高山。大
河波涛汹涌，就会有虬龙成群结队前来畅游；人通过学习日积
月累不断进步，就能够使自身道德日趋完备。这与《荀子·
劝学》篇中的积学思想是一脉相承的，正所谓"积土成山，
风雨兴焉；积水成渊，蛟龙生焉；积善成德，而神明自得，圣
心备焉"。学习需要坚持长期主义，急功近利、好高骛远的短
视行为是"为人之学"，而不是"为己之学"，终究走不稳、
走不远。在现实中，尽管有人学得快，有人学得慢，然而受制
于生命规律和知识更新，总有"生有涯而知无涯"的感叹，
任何人都无法做到一蹴而就、一劳永逸掌握所有知识，学习永
远是一件需要坚持不懈、日积月累、厚积薄发的事情。

（四）择师

学习除了自己努力，有时还需要老师的指点。在葛洪
"勖学—崇教"思想体系中，老师是极其重要的主体，他习惯
以"明师"称呼老师，兼有自身贤明和指明学生的双重意蕴。
"明师之恩，诚为过于天地、重于父母多矣，可不崇之乎？可
不求之乎？"②葛洪将明师的地位置于天地父母之上，可谓超
越了一般的知识传授关系，而体现为一种生命再造的根本性影

---

① 《抱朴子外篇》（上），张松辉、张景译注，中华书局，2013，第94页。
② 《抱朴子内篇》，张松辉译注，中华书局，2011，第446页。

响，如孔子之于弟子就是典型：

> 昔仲由冠鸡带狱，霹䨿珥鸣蝉，杖剑而见，拔刃而
> 舞，盛称南山之劲竹，欲任掘强之自然；尼父善诱，染以
> 德教，遂成升堂之生，而登四科之哲。子张鄙人，而灼聚
> 凶猾，渐渍道训，成化名儒，乃抗礼于王公，岂直免于
> 庸陋！①

这里讲了子路、子张、颜涿聚学而成才的故事，其中的关
键就是明师孔子的作用。从前的子路是一介逞勇斗狠的莽夫，
头上戴着雄鸡状帽子，腰上挂着公猪尾巴饰品，佩剑双珥有如
鸣蝉一样的装饰。他执剑来见孔子，并展示了一番舞剑。孔子
问他想学什么，他回答说学习有什么用，自己像南山上刚劲的
竹子，天性就很强悍，无须再学。为了改变子路这种刚直好斗
的性格，孔子耐心引导，通过道德教育以感染，使得子路渐渐
学有所成，成为孔子门下七十二贤人之一，在德行、言语、政
事、文学等四科中有所成就。子张原是粗鄙之人，而颜涿聚则
凶恶狡猾，他们都在孔子门下，得到道德学问的教养，成为有
名的儒生，甚至能够与王公大人分庭抗礼。这就像葛洪说的，
"朱绿所以改素丝，训诲所以移蒙蔽"②，老师的训导教诲改变
了学生蒙昧无知的本性。老师在学生成长中的这种影响，不啻
一种人生重塑。

　　在学习的道路上，越早选择明师越好，特别是父母在为小

---

① 《抱朴子外篇》（上），张松辉、张景译注，中华书局，2013，第96页。
② 《抱朴子外篇》（上），张松辉、张景译注，中华书局，2013，第93页。

孩选择老师时更要小心谨慎。明师的早期教育和及时指导，可以使小孩少走弯路、不走邪路。

> 选明师以象成之，择良友以渐染之，督之以博览，示之以成败，使之察往以悟来，观彼以知此，驱之于直道之上，敛之乎检括之中，懔乎若跟挂于万仞，慄然有如乘奔以履冰。故能多远悔吝，保其贞吉也。①

明师良友对于小孩的作用体现在：督促他们博览群书，告诉他们成败背后的道理，培养他们举一反三、触类旁通的思维方式，通过观察历史而预知未来，通过观察远处的事以明白身边的事，要求他们走正道、守规矩，时刻保持小心谨慎。这样，他们就能够尽可能远离灾难，走上正确而吉祥的人生道路了。这些事情如果没有老师的指导，任由小孩自己去探索，或许也能学会，但是极可能需要付出昂贵的时间成本和试错成本。"欲测渊微而不役神，必得之乎明师"②，要懂得那些深奥微妙的道理同时不使自己精神疲惫，就必须跟随明师学习。

以上通过解析葛洪《勖学》篇主体内容，可以看出劝学主张在他整个思想体系中的重要作用。在当时的社会背景下，他希望通过学习改变个人，改变社会，最终达到保国保家的目的。这与他自述《抱朴子外篇》"言人间得失、世事臧否"的主旨是高度一致的。因此，在《勖学》篇的结尾，葛洪描述

---

① 《抱朴子外篇》（上），张松辉、张景译注，中华书局，2013，第123页。
② 《抱朴子外篇》（上），张松辉、张景译注，中华书局，2013，第92页。

了一幅天下太平的美好图景：

> 冀群寇毕涤，中兴在今，七耀遵度，旧邦惟新，振天彗以广埽，鼓九阳之洪炉，运大钧乎皇极，开玄模以轨物。陶冶庶类，匠成翘秀，荡汰积埃，革邪反正。戢干戈，橐弓矢，兴辟雍之庠序，集国子，修文德，发金声，振玉音。降风云于潜初，旅束帛乎丘园。……俾圣世迪唐、虞之高轨，驰升平之广途，玄流沾于九垓，惠风被乎无外。五刑厝而颂声作，和气洽而嘉穟生，不亦休哉！①

　　葛洪期望《勖学》篇中的种种设想成为现实，国家走向中兴，民众得到化育，人才不断造就，污秽彻底涤荡，邪恶获得革除，使这种圣明时代能够比肩尧舜时的繁荣景象，在歌舞升平的康庄大道上加速前进，在皇恩浩荡中恩泽天下，从而造就刑法不用、四方来颂，阴阳调和、五谷丰登的美好局面。

　　然而，葛洪的用心良苦，在残酷的现实面前无力回天，两晋的混乱局势已经无法实现这样的太平盛世，正如他在结尾要求借鉴秦朝的衰亡教训一样："昔秦之二世，不重儒术，舍先圣之道，习刑狱之法。民不见德，唯戮是闻。故惑而不知反迷之路，败而不知自救之方，遂堕坠于云霄之上，而鳌粉乎不测之下。惟尊及卑，可无鉴乎？"② 秦朝不重视儒家思

---

① 《抱朴子外篇》（上），张松辉、张景译注，中华书局，2013，第110页。
② 《抱朴子外篇》（上），张松辉、张景译注，中华书局，2013，第113页。

想，抛弃先圣的学说，以刑狱来治国，百姓得不到仁爱，所
闻都是残酷杀戮，既不懂得迷途知返，也找不到自救办法，
于是从云霄之上跌落下来，摔得粉碎。从统治者到普通民
众，都要以此为鉴。实际上这些话，晋朝统治者恐怕没有听
到，或者没有听进，但是葛洪作为一名致力救世的思想家，
已经尽了自己的责任。

第五章 《颜氏家训·勉学》：
家训重学的别开生面

颜之推（约 531~590），字介，祖籍琅琊临沂（今山东费县），南北朝时期文学家、教育家。他世有家学，所习传的是以《周礼》《春秋左传》为中心的儒家经典。一生历经南北朝的梁、北齐、北周及隋朝。他早年在江南生活，公元 554 年西魏攻破江陵，俘获梁元帝，颜之推同时被俘而入西魏，后逃至北齐；北齐灭后，再入北周；隋代北周而兴，颜之推入隋而仕。在这样的乱世中，他对南北朝的学风与世风都有深刻观察，亲历三次王朝覆灭，拥有丰富的处世经验，故而著家训以传子孙。

《颜氏家训》有七卷，共二十篇。关于此书学派归属情况，清人孙星衍在《宋刻本颜氏家训跋》中说："前代列此书于儒家，国朝因《归心》篇不出当时好佛之习，退之杂家。"①也就是说，在清代以前，《颜氏家训》是作为儒家经典被收录的，但是到了清代，因为书中《归心》一篇有好佛倾向而被收录于杂家类。今人张岂之评价该书："以'家训'的形式命名，不是偶然的，其宗旨不仅是为了教育颜门的子孙后代，而

① 王利器：《颜氏家训集解·附录一》，中华书局，2013，第 739 页。

是依据儒家'修、齐、治、平'的古训，企图从整饬家庭关系入手，寻求摆脱玄谈风气的出路。因此，这部书的基调是对玄学采取批评的态度。在《序致》《教子》《兄弟》《治家》《勉学》《文章》《名实》等篇，主要是以儒家礼教与玄学思想相抗争。在《养生》《归心》等篇中则提出融合儒、释、道三教的设想，以取代玄学在当时学术界所占据的主导地位。"①

生活于动乱环境和轻浮学风之中的颜之推，深切地意识到人生在世，"父兄不可常依，乡国不可常保，一旦流离，无人庇荫，当自求诸身耳"②，最好的自救方法就是读书，最重要的事情就是学习。因此，他撰写家训以谆谆告诫，希望后代继承家族的读书学习传统。《勉学》作为其中的一篇，单独成卷，勉学即勉励、劝勉学习。他坚决反对不思进取、不学无术的陋习，坚决反对不切实际的无用之学；主张相互交流、相互批评以共同提高，注重"眼学"而勿信"耳学"，强调"小学"基本功，提倡博闻强识好学深思，要求向"先达"和经典虚心求教，等等。文章提出了许多独特而有益的学习原则和方法，堪称劝学类家训的经典之作。

一 学之兴废，随世轻重

一个时代有一个时代的学风，是兴是废深受社会环境影响。魏晋玄学流风余韵传至南北朝时期，不仅没有消退，反而重新获得光大，以致士人乃至皇帝多习玄理，热衷玄谈，构成

① 张岂之：《中国思想史》（修订本），西北大学出版社，2016，第250页。
② 《颜氏家训》，檀作文译注，中华书局，2022，第98页。

了颜之推撰写家训、注重勉学的基本背景。

（一）玄学之风复阐

生活在江南的颜之推，尽管家学以儒学为主，但不可避免地受到当时学风的影响。他在描述当时梁朝的学风时说道：

> 洎于梁世，兹风复阐，《庄》《老》《周易》，总谓《三玄》。武皇、简文，躬自讲论。周弘正奉赞大猷，化行都邑，学徒千余，实为盛美。元帝在江、荆间，复所爱习，召置学生，亲为教授，废寝忘食，以夜继朝，至乃倦剧愁愤，辄以讲自释。①

他在这里所说的"兹风复阐"，实际上指的是魏晋玄学。这股玄学之风之所以在梁朝再次得到阐扬，首因是梁武帝萧衍、简文帝萧纲等喜欢讲论玄学，以致上至皇室、下及大臣，无不参与其中。而当时还是湘东王的梁元帝萧绎亦崇玄尚老，多次召集学生亲自讲授，达到废寝忘食、夜以继日的地步，甚至在他疲惫烦闷的时候，也是靠玄学予以排解。据颜之推自述，他当时亦"颇预末筵，亲承音旨"，有幸现场聆听梁元帝的讲学，但是由于自己"性既顽鲁，亦所不好云"②，所以没有引起太大兴趣。《北齐书·颜之推传》对这段经历则有着更为完整的记述：

> 年十二，值绎自讲《庄》《老》，便预门徒。虚谈非

---

① 《颜氏家训》，檀作文译注，中华书局，2022，第 117 页。
② 王利器：《颜氏家训集解》，中华书局，2013，第 226 页。

其所好，还习《礼》《传》，博览群书，无不该洽，词情
典丽，甚为西府所称。①

由此可见，颜之推之所以未走入玄学之途，实是因玄学有
"虚谈"之弊，故而"非其所好"，加之其本有家学渊源，故
而转回头继续研习《周礼》《左传》。他博览群书，无不详备，
且文辞典丽，在当时的江陵享有较高声誉。后来的侯景之乱，
终结了梁武帝所开创的短暂盛世。而梁朝之所以走向灭亡，除
了梁武帝晚年一系列政治决策失误，还有其更深层的原因。其
中，执政者的整体腐化是加速其走向灭亡的关键因素。这一
点，作为时代见证者的颜之推在家训中一再对梁朝士大夫的堕
落生活有所描写：

梁朝全盛之时，贵游子弟，多无学术，至于谚云：
"上车不落则著作，体中何如则秘书。"无不熏衣剃面，
傅粉施朱，驾长檐车，跟高齿屐，坐棋子方褥，凭斑丝隐
囊，列器玩于左右，从容出入，望若神仙。②
梁世士大夫，皆尚褒衣博带，大冠高履，出则车舆，
入则扶侍，郊郭之内，无乘马者。……及侯景之乱，肤脆
骨柔，不堪行步，体羸气弱，不耐寒暑，坐死仓猝者，往
往而然。③

这些贵族子弟无不香料熏衣，剃面修脸，涂脂抹粉，他们

---

① 《北齐书》，中华书局，2013，第617页。
② 《颜氏家训》，檀作文译注，中华书局，2022，第96页。
③ 《颜氏家训》，檀作文译注，中华书局，2022，第181页。

乘长檐车，穿高齿履，坐丝绸褥，倚着靠枕，玩着古玩，看似从容自若，宛如神仙。等到侯景之乱时，这些娇生惯养、体弱多病的贵族子弟就只能束手就擒，如待宰的羊羔。颜之推在论及梁朝堕落这一现象时，提供了一个不同于一般的理解视角，即"多无学术"之祸。这样一种不良风气，影响的是礼义文教，是社会秩序，是王朝存亡。

颜之推对于南朝这种社会风气是极为失望的，等他到了北方，其见闻又有所不同。基于世族政治和俸禄制度，梁朝士大夫是基本脱离生产活动的，"江南朝士，因晋中兴，南渡江，卒为羁旅。至今八九世，未有力田，悉资俸禄而食耳"。即使有些人置有田产，也是交给仆役耕种，自己"未尝目观起一坲土，耘一株苗；不知几月当下，几月当收，安识世间余务乎？故治官则不了，营家则不办，皆优闲之过也"①。他们在养尊处优的生活中，形成了不学无术的风气。

北朝士大夫则与日常生产联系得较为紧密，这是因为北魏直到孝文帝改革才开始给官员发俸禄。太和八年（484），皇帝下诏曰："置官班禄，行之尚矣。《周礼》有食禄之典，二汉著受禄俸之秩。自中原丧乱，兹制中绝，先朝因循，未遑厘改，朕永鉴四方，求民之瘼，夙兴昧旦，至于忧勤。故宪章旧典，始班俸禄。"② 除了颁行俸禄之外，还在太和九年（485）"颁行的均田令中，又规定地方守宰可以按官职高低给一定数量的俸田。所授公田不准买卖，离职时移交下任"③。但是这一政策到北魏孝庄帝（528～530）时期又

---

① 《颜氏家训》，檀作文译注，中华书局，2022，第182页。
② 《魏书》，中华书局，1974，第153~154页。
③ 《中国通史》第3卷，中国书店出版社，2011，第1161页。

废除了，直到北齐文宣帝天保元年（550）才又恢复官员俸禄。

由此可见，相较于南朝士大夫不事生产的情况，北朝士大夫则更多依赖于田产收入以自给，因此稼穑之事虽然未必完全亲力亲为，但对于何时耕种、何时收获、收成如何等务实之事，至少有一定的了解和熟悉。受此影响，与之相应的世风与学风自然迥异于南朝。颜之推经历了两种不同世风学风景象，自然心中有所触动、有所比较、有所取舍，对于他撰写家训有所激发。

（二）自怜无教

颜之推著述家训的目的是什么？他在《序致》篇即开宗明义："吾今所以复为此者，非敢轨物范世也，业以整齐门内，提撕子孙。"① 除了"整齐门内，提撕子孙"，颜之推成长过程中从家教"素为整密"到"无教"的经历，也是促使他写作家训的重要原因：

> 年始九岁，便丁荼蓼，家涂离散，百口索然。慈兄鞠养，苦辛备至；有仁无威，导示不切。虽读《礼》《传》，微爱属文，颇为凡人之所陶染，肆欲轻言，不修边幅。年十八九，少知砥砺，习若自然，卒难洗荡。二十已后，大过稀焉；每常心共口敌，性与情竞，夜觉晓非，今悔昨失，自怜无教，以至于斯。追思平昔之指，铭肌镂骨，非徒古书之诫，经目过耳也。故留此二十

---

① 《颜氏家训》，檀作文译注，中华书局，2022，第1页。

篇，以为汝曹后车耳。①

　　由于父亲颜勰去世，家道中落，颜之推虽然有两位兄长慈养，但是他们缺少威严，对颜之推的督责教导不够严厉。颜之推常读《周礼》和《左传》，也喜欢写点文章，后来与世俗之人交往而受到不良影响，所以较为放纵自己，言谈随意，不修边幅，以至于成为习惯，难以改正。及至二十岁以后，心里有所警醒，能够自我反省，才大错渐少。他认为自己之所以有这些不当行为，是因为"无教"，是因为自己没有得到良好教育。因此，他写作家训不是为了申明古书上的告诫警语，而是有"铭肌镂骨"的切身经历作为根据。无论是从"整齐门内，提撕子孙"的目的而言，还是从自己刻骨铭心、"自怜无教"的经历来说，颜之推认为学习都是人生在世的必然要求，勉励子弟学习就成为颜之推自觉的使命。

　　在《勉学》开篇，颜之推就指明了立志于学的重要性。对于士大夫及其子弟而言，能不能主动学习，个人志向起着十分关键的作用，"有志尚者，遂能磨砺，以就素业；无履立者，自兹堕慢，便为凡人"②。只有确立了志向，有了奋斗的方向，有了学习的动力，才能经受住磨炼，成就一番事业。相反，那些没有操守的人，容易变得懒散懈怠，就会逐渐沦为平庸之辈。对于这两种情况的分野之处，颜之推是洞察入微、慎之又慎的。

---

① 《颜氏家训》，檀作文译注，中华书局，2022，第3~4页。
② 《颜氏家训》，檀作文译注，中华书局，2022，第94页。

（三）学以致用

人生在世，会当有业。颜之推认为："士君子之处世，贵能有益于物"，不能只是"高谈虚论，左琴右书，以费人君禄位"[1]。在他看来，国家需要的人才，可以概括为六种。

> 一则朝廷之臣，取其鉴达治体，经纶博雅；二则文史之臣，取其著述宪章，不忘前古；三则军旅之臣，取其断决有谋，强干习事；四则藩屏之臣，取其明练风俗，清白爱民；五则使命之臣，取其识变从宜，不辱君命；六则兴造之臣，取其程功节费，开略有术，此则皆勤学守行者所能辨也。[2]

这才是国家需要的经世致用之才，并且通过"勤学守行"即可以做到。作为士大夫，努力成为国家需要的人才就是自身的使命，就像农民、商贾、工匠、艺人、武士、文士等各立其业、各尽其分一样，"农民则计量耕稼，商贾则讨论货贿，工巧则致精器用，伎艺则沉思法术，武夫则惯习弓马，文士则讲议经书"[3]。然而令颜之推痛心失望的是，在现实生活中所遇到的士大夫多半是不能尽其职责、"中看不中用"的。

> 吾见世中文学之士，品藻古今，若指诸掌，及有试

---

① 《颜氏家训》，檀作文译注，中华书局，2022，第 178 页。
② 《颜氏家训》，檀作文译注，中华书局，2022，第 178 页。
③ 《颜氏家训》，檀作文译注，中华书局，2022，第 94 页。

用，多无所堪。居承平之世，不知有丧乱之祸；处庙堂之下，不知有战陈之急；保俸禄之资，不知有耕稼之苦；肆吏民之上，不知有劳役之勤，故难可以应世经务也。①

这些士大夫平时谈古论今、指点江山，似乎驾轻就熟，了然于胸，不在话下，等让他们真正去处理实际事务时，却变得一筹莫展，寸步难行，陷入"难可以应世经务"的境地。特别是等到遭遇战乱，就更加无路可走，只有死路一条了。在《勉学》篇中，颜之推以此为鉴戒，深刻地指出：

> 及离乱之后，朝市迁革，铨衡选举，非复曩者之亲；当路秉权，不见昔时之党。求诸身而无所得，施之世而无所用。被褐而丧珠，失皮而露质，兀若枯木，泊若穷流，鹿独戎马之间，转死沟壑之际。②

在乱世当中，以前的亲信朋党都靠不住。如果自己没有一技之长，没有本事在社会上谋生，就只能变卖家产，坐吃山空，甚至最后颠沛流离，死于荒野沟壑之中。当然，这并不是颜之推危言耸听，而是他从"铭肌镂骨"的见闻中所得出的惨痛教训。比如，他自己就有西魏灭梁而被俘的经历，因此才会说：

---

① 《颜氏家训》，檀作文译注，中华书局，2022，第179页。
② 《颜氏家训》，檀作文译注，中华书局，2022，第96页。

> 自荒乱以来，诸见俘虏，虽百世小人，知读《论语》
> 《孝经》者，尚为人师；虽千载冠冕，不晓书记者，莫不
> 耕田养马。①

即使是历代为寒门的子弟，如果因为研习《论语》《孝经》等经典，而有了可以教学的本事，那么在山穷水尽时至少还可以当老师。反过来，累代士族的子弟，若最基本的书写技能都没掌握，在世变之时就可能沦为种地、养马的奴仆。就此，颜之推得出结论：要想避免这样的情况发生，则只有读书一个办法。在他看来，能够通晓儒家六经要旨，涉猎诸子百家著述，从而使个人德行有所增益，对社会习俗有所劝励，这自然是很好的。如果做不到这些，就从小的方面努力，至少掌握了一门技艺，以备不时之需，也是可以的。俗话说，"积财千万，不如薄伎在身"②，颜之推以读书为技艺，这是一种非常务实的态度，而且他认为读书是各种技艺中最容易掌握、最值得推崇的。

二　以儒学为素业，兼及其他

前面提及颜之推认为士人应有士人的追求，在"素业"上要有所成就。对于"素业"的具体内涵，颜之推没有明确阐释，但是通观《勉学》篇内容，这个"素业"应该是指学习并践行儒家之业。既然是儒家之业，那么学习内容自然以儒

---

① 《颜氏家训》，檀作文译注，中华书局，2022，第96页。
② 《颜氏家训》，檀作文译注，中华书局，2022，第97页。

家经典为主，但是颜之推并不同意局限于儒学，而是要求博览群书，兼及其他。

（一）明《六经》，涉百家

南北朝时期，虽然盛行玄谈，《道德经》《庄子》《周易》作为"三玄"，是不少士人的基本读物或者谈资，但是儒家经典尚未被废弃，仍是士大夫子弟的主要学习内容。

> 士大夫子弟，数岁已上，莫不被教，多者或至《礼》《传》，少者不失《诗》《论》。①

凡是接受教育的孩童，主要集中于学习《礼经》《左传》《诗经》《论语》等以儒家为主的经典书目。需要注意的是，在颜之推的时代，儒家经典并不是边界自明的。这是因为自西汉以来，随着五经博士的设立，章句之学盛行，及至西汉末年，诸儒依附《易》《书》《诗》《礼》《乐》《春秋》而宣扬符箓瑞应占验，由此形成的各种纬书，也掺入儒士的学习内容当中了。除了经书和纬书，一些疏解经典的义理之书同样如此，儒士学习的范围在先秦儒学的基础上大为扩展。即使这样，颜之推依然认为不能局限于此，他说："俗间儒士，不涉群书，经纬之外，义疏而已。"② 只学经、纬和义疏，是"俗间儒士"所为，颜之推主张博览群书，既要"明《六经》之指"，又要"涉百家之书"③。

---

① 《颜氏家训》，檀作文译注，中华书局，2022，第 94 页。
② 《颜氏家训》，檀作文译注，中华书局，2022，第 116 页。
③ 《颜氏家训》，檀作文译注，中华书局，2022，第 98 页。

比如，关于老、庄之书，颜之推认为其"盖全真养性，不肯以物累己也"①，是具有独特价值的，特别是老、庄本人做到了知行合一，以一生所行践行了自己学说，最终得以善终，是值得尊敬的。反观魏晋以来，以何晏、王弼为首的玄学家将周、孔之业置之度外，名义上学老、庄，实际上并不彻底，最后不少人招致杀身之祸，实在是可惜。正是由于魏晋玄学人物的种种现实表现，颜之推认识到他们只是"取其清谈雅论，剖玄析微，宾主往复，娱心悦耳，非济世成俗之要也"②。这些人只不过是选取老、庄书中的清谈雅论，剖析其中玄妙微奥的义理，用于宾主之间的问答游戏，只求娱心悦耳，却无益于国家治理和社会风俗的改善。

除了经典知识，对于其他技艺如书法、绘画、骑射、卜筮、算术、医方、弹琴等，颜之推认为它们或有助于修身，或有助于怡情，或有助于生活，可以进行一定程度的学习了解，但"微须留意"③即可，不必专精，更不可以某种技艺而标榜于世，否则不仅会影响士大夫的儒业，而且会导致为人役使的屈辱。对于一些具体的谋生技能，颜之推反而较为推崇，比如"农商工贾，厮役奴隶，钓鱼屠肉，饭牛牧羊，皆有先达，可为师表，博学求之，无不利于事也"④。他倡导广泛地向这些杰出之士学习，拜他们为师，以利于个人的生存生活。

---

① 《颜氏家训》，檀作文译注，中华书局，2022，第 116 页。
② 《颜氏家训》，檀作文译注，中华书局，2022，第 116~117 页。
③ 《颜氏家训》，檀作文译注，中华书局，2022，第 302 页。
④ 《颜氏家训》，檀作文译注，中华书局，2022，第 101 页。

（二）缺什么学什么

在博览群书的基础上，要进一步针对自己的问题，需要什么就学什么，还缺什么就补什么，有意识地重点学习那些对改造自己、提高自己有特别帮助的知识。比如，颜之推说：

> 未知养亲者，欲其观古人之先意承颜，怡声下气，不惮劬劳，以致甘腝，惕然惭惧，起而行之也。未知事君者，欲其观古人之守职无侵，见危授命，不忘诚谏，以利社稷，恻然自念，思欲效之也。素骄奢者，欲其观古人之恭俭节用，卑以自牧，礼为教本，敬者身基，瞿然自失，敛容抑志也；素鄙吝者，欲其观古人之贵义轻财，少私寡欲，忌盈恶满，赒穷恤匮，赧然悔耻，积而能散也；素暴悍者，欲其观古人之小心黜己，齿弊舌存，含垢藏疾，尊贤容众，茶然沮丧，若不胜衣也；素怯懦者，欲其观古人之达生委命，强毅正直，立言必信，求福不回，勃然奋厉，不可恐慑也：历兹以往，百行皆然。[①]

如果自己不知道如何养亲，颜之推建议向古人学习，借鉴古人的做法和经验，从而做到合乎规范的养亲。具体来说，在《礼记·祭义》中就记有曾子尽孝的做法："君子之所为孝者，先意承志，谕父母于道"；《礼记·内则》对于服侍父母有更为详细的规定："下气怡声，问衣燠寒，疾痛苛

---

① 《颜氏家训》，檀作文译注，中华书局，2022，第103~104页。

痒，而敬仰搔之"①；等等，只要保持"惕然惭惧"之心，照着这些要求去做就可以。关于孝顺，颜之推还举了一个由于不学习而有孝心、办坏事的例子。北齐孝昭帝本是至孝之人，他在自己的遗诏中写下"恨不见太后山陵之事"的话，本意是表达不能尽孝于太后百年的遗憾，却给人留下欲太后早死的猜想。颜之推评价此事道："其天性至孝如彼，不识忌讳如此，良由无学所为。若见古人之讥欲母早死而悲哭之，则不发此言也。"② 颜之推之所以说孝昭帝是由于无学而有此过失，是因为在《淮南子》中就载有一则欲母速死以尽哀的讽刺寓言：

> 东家母死，其子哭之不哀。西家子见之，归谓其母曰："社何爱速死，吾必悲哭社。"夫欲其母之死者，虽死亦不能悲哭矣。谓学不暇者，虽暇亦不能学矣。③

东边一户人家的儿子在母亲死后哭得不够哀伤，西边一户人家的儿子见此情景，回去对自己的母亲说："母亲，你何必吝惜自己的生命，不如快点死掉，（你如果死掉）我一定十分悲痛地哭你。"如果孝昭帝能明白这一点，应该就不会在遗诏中写下那样的话了。颜之推据此得出结论，作为所有德行中最为重要的孝行都需要通过学习来培养、完善，那其他的事自然也需要通过学习才能做好。再如，如果不知道如何事君，就可以学习《论语》中"事君，能致其身""事君，敬其

---

① 《礼记译注》，杨天宇译注，上海古籍出版社，2016，第765、410页。
② 《颜氏家训》，檀作文译注，中华书局，2022，第120页。
③ 刘文典：《淮南鸿烈集解》，中华书局，2013，第538页。

事而后其食"① 的做法，然后对照自己的行为加以效仿。至于如何改正骄奢、鄙吝、暴悍、怯懦等毛病，都可以在古代经典中找到正确的榜样和矫治的办法。通过对这些经典中相关内容的学习，就可以指导学习者在现实相应场景中的行动，使其行为合乎规范。

值得注意的是，颜之推在对照治理或矫正鄙吝、暴悍、怯懦等毛病时，还引述了儒家经典之外的相关论述。比如，对于那些浅薄吝啬的人，劝他们"少私寡欲"。"少私寡欲"一语见于《道德经》和《庄子》，是比较典型的道家做法。比如，对于那些胆小懦弱的人，则提醒他们"观古人之达生委命"。"达生"一语见于《庄子》："达生之情者，不务生之所无以为"②，意指不要追求生命中所不必要的东西。比如，对于那些暴虐凶悍的人，则让他们明白"齿弊舌存"的道理。"齿弊舌存"一语出自刘向《说苑》。该书《敬慎》篇记述了老子与常摐的如下对话：

> 常摐有疾，老子往问焉……张其口而示老子曰："吾舌存乎？"老子曰："然！""吾齿存乎？"老子曰："亡。"常摐曰："子知之乎？"老子曰："夫舌之存也，岂非以其柔耶？齿之亡也，岂非以其刚耶？"③

老子对"齿弊舌存"的阐释正好可以矫治暴悍者之病。

---

① 《论语译注》，杨伯峻译注，中华书局，2012，第7、278页。
② 《庄子今注今译》，陈鼓应注译，中华书局，2009，第500页。
③ 《说苑校证》，向宗鲁校证，中华书局，1987，第243～244页。

在颜之推看来，以此类推，各方面的品行都可以采取这种方式来培养。即使不能使风气完全淳正，至少能对那些不良行为有所抑制。他由此得出结论，"学之所知，施无不达"①，也就是说学到的知识，落实到行动中都是有用的。

（三）"小学"是根本

在《勉学》篇中，颜之推特别重视小学（音韵字义之学）功底，"夫文字者，坟籍根本"②，就是说文字功夫是学好古代典籍的基础，治学应该从研究文字入手。就语音与字义二者的关系来看，颜之推认为"书音是其枝叶，小学乃其宗系"③，语音只是文字的枝叶，而字义才是文字的根本。求学者固然要博学，涉猎固然要广泛，但是首先应当打好文字方面的基本功。颜之推讲述了自己运用小学知识解决实际问题的许多故事。比如，有一次他随北齐文宣帝到并州。

> 自井陉关入上艾县，东数十里，有猎阃村，后百官受马粮在晋阳东百余里亢仇城侧。并不识二所本是何地，博求古今，皆未能晓。及检《字林》《韵集》，乃知猎阃是旧猎余聚，亢仇旧是馈饥亭，悉属上艾。时太原王劭欲撰乡邑记注，因此二名闻之，大喜。④

颜之推一行人从井陉关进入上艾县，在县东边数十里，有

---

① 《颜氏家训》，檀作文译注，中华书局，2022，第104页。
② 《颜氏家训》，檀作文译注，中华书局，2022，第131页。
③ 《颜氏家训》，檀作文译注，中华书局，2022，第131页。
④ 《颜氏家训》，檀作文译注，中华书局，2022，第133~134页。

一个叫猎间村的地方，后来文武百官又在晋阳以东百余里的亢仇城傍接收马匹和粮草。可是大家都不知道猎间村和亢仇城原本是什么地方，即便查阅了大量古今书籍，仍未有结果。直到颜之推翻检《字林》和《韵集》这两部书，才明白猎间就是过去的䜌余聚，亢仇则是过去的䜌狋亭，这两个地方都隶属上艾县。颜之推把这两个地名的来源告诉当时打算撰写乡邑记注的太原王邵，他知道后非常高兴。

再比如，颜之推回忆自己初读《庄子》，碰到"螝二首"时，不知道"螝"字的读音。《韩非子》中有"虫有螝者，一身两口，争食相龁，遂相杀也"的记载。于是，他多次请教别人，但是始终未得确解。后来又查阅《尔雅》等字书，只说"蚕蛹名螝"。可是这种说法与《韩非子》上的记载不符，因为蚕蛹并没有两张嘴，也不贪食相残。后来，他见到三国曹魏张揖撰写的《古今字诂》一书，查阅相关知识，才知道"螝"这个字就是古代的"虺"字。于是，多年来积滞在胸中的难题，一下子就云开雾散了。

以上两例可见颜之推对小学知识的重视和运用非同一般。实际上，在《勉学》篇中，有很大篇幅是颜之推现身说法，列举了十多个例子阐明小学的重要作用。此外在家训《书证》篇，还详细记录了他对经、史典籍所作的四十多条考证。颜之推通过自身经历，向我们展示了他严谨的治学态度。在这个过程中，他不盲从经典和他人意见，而是注重各种材料之间的相互印证，以求得到可信的答案，并以此告诫子弟要博览群书、认真务实，不可妄发议论，以免因谬误而惹人耻笑。

三　开心明目，利于行

在《勉学》篇中，颜之推对他所推崇的学习态度和学习方法进行了论述，概括起来有以下三个方面。

（一）勤学、深学与早学

颜之推在再三阐明学习的重要性后，不忘强调勤学。他举述梁元帝幼年好学，在其患病闲居时，尤能够"率意自读史书，一日二十卷，既未师受，或不识一字，或不解一语，要自重之，不知厌倦"①。在说完梁元帝的例子后，颜之推又列举了历史上勤奋读书的几则典故："古人勤学，有握锥投斧，照雪聚萤，锄则带经，牧则编简，亦为勤笃。"有读书时以锥刺股防止瞌睡的苏秦；有投斧于树上决心到远方求学的文党；有家贫无灯油只能靠雪地映光和萤火虫发光来照亮书本的孙康和车胤；有锄地时带着经书以便休息间隙学习的倪宽、常林；有放牛时摘蒲草用来写字的路温舒。这些勤笃之人无一不是值得学习的榜样。在介绍完这些古人的读书故事后，颜之推还提及梁朝当世刘绮、朱詹、臧逢世等人，他们都是家贫勤学而终有所成的案例。颜之推通过这样的勤学故事，意在说明学习不受限于外在的富贵贫贱，只要想学习、肯学习、勤学习，就会有所收获。

除了勤学，颜之推特别推崇深度学习法。他说："人见邻里亲戚有佳快者，使子弟慕而学之，不知使学古人，何其

---

① 《颜氏家训》，檀作文译注，中华书局，2022，第121页。

蔽也哉？"① 这里所说的"使子弟慕而学之"的"学"是指一种表面上的学，因为别人成功，就恨不得自己的子弟马上复制这种成功，而不是去学习成功背后的道理和能力。这样的现象，同样也比较普遍。

> 世人但知跨马被甲，长矟强弓，便云我能为将；不知明乎天道，辨乎地利，比量逆顺，鉴达兴亡之妙也。但知承上接下，积财聚谷，便云我能为相；不知敬鬼事神，移风易俗，调节阴阳，荐举贤圣之至也。但知私财不入，公事夙办，便云我能治民；不知诚己刑物，执辔如组，反风灭火，化鸱为凤之术也。但知抱令守律，早刑晚舍，便云我能平狱；不知同辕观罪，分剑追财，假言而奸露，不问而情得之察也。②

这里列举了"我能为将""我能为相""我能治民""我能平狱"等四种自以为能的现象，其中"跨马被甲，长矟强弓""承上接下，积财聚谷""私财不入，公事夙办""抱令守律，早刑晚舍"是能为将、为相、治民、平狱的表象，好像一般人都可以学会，但是只学会这些皮毛就真的可以为将、为相、治民、平狱吗？实际上不可能。颜之推认为，不能停留于这种表象，而要更深入一层，知其然更要知其所以然，看到表象更要看到表象背后的道理，真正为将还要"知明乎天道，辨乎地利，比量逆顺，鉴达兴亡之妙"；为相还要"知敬鬼事

---

① 《颜氏家训》，檀作文译注，中华书局，2022，第101页。
② 《颜氏家训》，檀作文译注，中华书局，2022，第101页。

神，移风易俗，调节阴阳，荐举贤圣之至"；治民还要"知诚己刑物，执辔如组，反风灭火，化鸱为凤之术"；平狱还要"知同辕观罪，分剑追财，假言而奸露，不问而情得之察"。至于要怎样才能真正明白和获得这样的道理和能力，颜之推仍然推荐向古人学习。

另外，颜之推还有早教和终身学习的思想。他说："人生小幼，精神专利，长成已后，思虑散逸，固须早教，勿失机也。"① 人在幼年时候，精神专注敏锐，记忆力强；长大成人以后，容易受到外界影响，心思容易分散。因此，必须重视人幼年时的教育，及早养成学习习惯，不可错失良机。他以自己为例，七岁时背诵的东汉王延寿的《灵光殿赋》，即便每隔十年温习一遍，至今仍然没有忘记，而二十岁以后所背诵的经书，如果搁置一个月不看，就忘得差不多了。由此可见，早教是符合人的记忆发展规律的一种最为有效的学习方式。

至于终身学习，颜之推则是分成两种情况进行论述，分别是"少学而至老不倦"和"早迷而晚寤"。关于第一种情况，颜之推以孔子"五十以学《易》"为例，表明要像孔子这样学贯一生、好学不倦、老而弥笃，这就是终身学习的精神。与此相对，第二种情况也殊为难得。在现实中，有些人早年或因迷失或因困顿错失了学习机会，而后只要醒悟或境况稍有改善就马上投入学习当中，而且更加勤奋，丝毫不以年老为意。颜之推以"曾子七十乃学，名

---

① 《颜氏家训》，檀作文译注，中华书局，2022，第 107 页。

闻天下；荀卿五十，始来游学，犹为硕儒”① 等为代表，说明晚学犹有成就的道理。人到了晚年开始学习，就如秉烛夜行，虽然不如日出之光，但总比那种闭着眼睛什么也不看的人强多了。这就是说，终身学习除了一生好学不倦这种理解，还应该包括在人生中任何一个阶段开始学习并坚持到底的情况。

（二）切磋与验证

颜之推在总结《尚书》中"好问则裕"和《礼记》中"独学而无友，则孤陋而寡闻"的相关论述后，提出了自己的一个学习方法，即"切磋相起明"，意思是学习要通过切磋相互启发、越辩越明。他自己多次遇到闭门读书、自以为是，从而在大庭广众中贻笑大方的事。比如《勉学》中有一处讲到，汉灵帝在宫殿柱子上题有"堂堂乎张京兆田郎"，当时一位才学之士把这句话解释成"时张京兆及田郎二人皆堂堂耳"。颜之推则认为这句话应该断成"堂堂乎张，京兆田郎"。"堂堂乎张"出自《论语·子张》，是曾子对子张的评语。汉灵帝引用此语用来品评京兆人田凤。那位才学之士听到颜之推的说法后，一开始非常惊讶，但很快就明白过来了，感到十分羞愧和懊悔。由此可见，相互切磋、相互学习大有必要，可以弥补孤陋寡闻所造成的不足。

在相互切磋的过程中，颜之推格外提醒要提防一种倾向，即恃才傲物或者说知识霸凌主义。学习本来是为了增益自身的德行，并不是用来炫耀的，但有的人"读数十卷书，便自高

---

① 《颜氏家训》，檀作文译注，中华书局，2022，第107页。

大，凌忽长者，轻慢同列。人疾之如仇敌，恶之如鸱枭。如此以学自损，不如无学也"①。颜之推认为，这种损人害己的学习，还不如不学。

为了印证所学知识的真伪，颜之推还提出了"眼学"和"耳学"这对范畴。他说："谈说制文，援引古昔，必须眼学，勿信耳受。"② 即谈话写文章时援引古代事例，必须是自己亲眼看到的，而不能轻信传闻。就这一点来说，当时江南一些士大夫既不能勤学好问，又不想被视为鄙薄俗陋，于是就把一些道听途说的东西拿来卖弄，生拉硬扯地修饰自己的言语，显示自己的学问。颜之推列举了很多这方面的事例。概括起来，主要有两类：一是人云亦云，以讹传讹；二是不求甚解，乱用误用。

就第一类而言，比如有江南士大夫"呼徵质为周、郑"③。徵质的意思就是索要抵押，这些士大夫把索要抵押说成周、郑。实际上，这是源自《左传》中说："周、郑交质。王子狐为质于郑，郑公子忽为质于周。"④ 春秋时期，当时的东周王室与郑国相互交换人质，用以表明双方互信。除此之外，还有些士大夫把霍乱称作博陆。霍乱本是中医里的一个病名，为什么会叫博陆呢？原来，在汉武帝临终时，遗诏封霍光为博陆侯。到了汉宣帝甘露三年（公元前51），"上思股肱之美，乃图画其人于麒麟阁，法其形貌，署其官爵姓名；唯霍光不名，

---

① 《颜氏家训》，檀作文译注，中华书局，2022，第106页。
② 《颜氏家训》，檀作文译注，中华书局，2022，第129页。
③ 《颜氏家训》，檀作文译注，中华书局，2022，第129页。
④ 《春秋左传注》，杨伯峻注，中华书局，2009，第27页。

曰大司马大将军博陆侯，姓霍氏"①。由此衍生出称霍乱为博陆。颜之推说像这一类的说法有一二百种，这些士大夫前后因袭，人云亦云，如果问他们这些说法的来由，则只知其然而不知其所以然。他们在言谈与写文章时使用这些说法，往往运用得并不恰当。

就第二类而言，虽然数量上不及第一类，但是使用者不求甚解，由此造成误用滥用，所产生的过错和影响更加明显。比如有的人把矜诞解释为夸毗。而实际上，矜诞的意思是自大狂妄，夸毗的意思则是指过分柔顺以取媚于人。《诗经》中有"无为夸毗"，毛亨将"夸毗"解释为"以体柔人也"。《尔雅·释训》中也将"夸毗"解释为"体柔也"。郭璞对此的注释为："屈己卑身以柔顺人也。"由此不难看出，矜诞与夸毗的意思正相反，但是一些士大夫在使用时对"夸毗"的意思不求甚解，导致误用。除了这种误用的事例，还有乱用的事例。晋代袁彦伯撰有《罗浮山记》一文，其中有一句"望平地树如荠"。南朝梁的戴暠在其诗《度关山》中，化用此句为"长安树如荠"。北齐邺都有一人在他的《咏树》诗中则将此乱用为"遥望长安荠"。无论袁彦伯，还是戴暠，他们的意思都是说从远处看，那些参天大树如同荠菜一样高。但是邺都的这位诗人所写的《咏树》诗，其本意是要借鉴袁、戴二人文意，但是他的这句"遥望长安荠"则将袁、戴二人文中作为喻体的"荠"误用为主体了。颜之推认为，之所以会出现这样的问题，就是因为缺乏求真务实的精神，只是听信传言，而没有实事求是、据

---

① 《汉书》，中华书局，1962，第2468页。

实考证的学习态度。

（三）知与行

《勉学》篇将学习的目的设定为"夫所以读书学问，本欲开心明目，利于行耳"①。按照颜之推的理解，读书问学就是为了开启心智，开拓视野，最终落脚点是"利于行"。他所说的这个"行"，从国家治理方面来理解，就是经世；从日常行为上来说，就是致用。

如何处理知行关系是一种学风体现。颜之推考察了汉代以来的学风变化情况，对"世人读书者，但能言之，不能行之"②的现象予以深刻批判。汉代的贤才雅士通过一部经书来弘扬圣人之道，"上明天时，下该人事"，以此位至卿相的人很多。但是随着经学的发展，很多读书人只会空守章句、背诵师言，如果以此来处理谋生治世之事，恐怕不会有任何用处。但是这种章句之学在南北朝时期影响很大，北齐邺都流行这样一句谚语："博士买驴，书券三纸，未有驴字。"③颜之推反对这样的章句之学，认为在这些毫无益处的事情上浪费功夫，实在不是读书人该做的事情。在他看来，"夫圣人之书，所以设教，但明练经文，粗通注义，常使言行有得，亦足为人"④。就是说，儒家的经典是用来教育人的，只要能够熟读经文、粗通注文之义即可，重要的是经典要对自己的言行有所助益。毕竟人生有限，时光一去不复返，没必要浪费在寻章摘句、烦琐

---

① 《颜氏家训》，檀作文译注，中华书局，2022，第103页。
② 《颜氏家训》，檀作文译注，中华书局，2022，第104页。
③ 《颜氏家训》，檀作文译注，中华书局，2022，第110页。
④ 《颜氏家训》，檀作文译注，中华书局，2022，第110页。

论证之事上。

就此，颜之推高度关注知行关系，当然并不是从哲学思辨的角度，而是直接声明他对知行关系理解的重点在于"行"，也就是一定要对社会风俗有所裨益，不能只停留在言谈论说层面。与此同时，颜之推又从"为己"与"为人"两个方面进一步阐明他的认识。"古之学者为己，今之学者为人"这一论述出自《论语》，前已提及。颜之推在《勉学》篇中对孔子这一说法予以新的理解：

> 古之学者为己，以补不足也；今之学者为人，但能说之也。古之学者为人，行道以利世也；今之学者为己，修身以求进也。夫学者犹种树也，春玩其华，秋登其实；讲论文章，春华也，修身利行，秋实也。①

一般认为，"古之学者为己"是弥补自己不足，而"今之学者为人"则是求世人夸耀。颜之推没有止步于这种解释，而是进一步申述，古之学者"为己"也"为人"，"为己"之后要进一步付诸行动，通过"行道以利世"，达到"为人"的目的。与此相对，今之学者表面上看是"为人"，实则是"为己"，目的是求得进取之资。显然，他认为"为己"与"为人"是一体的。从"为己"层面说，学习是要提升自己；从"为人"层面说，学习要能造福社会。因此在这个意义上，颜之推把学习的"为己"与"为人"看成知与行、前与后的关系。学习就像种树一样，春天可以赏玩它的花朵，秋天可以收

---

① 《颜氏家训》，檀作文译注，中华书局，2022，第106页。

获它的果实。学习知识以讲论文章，如同春花；修身养性以利于实践，则如同秋实。"为己"在前，是获取知识，是"讲论文章"，是欣赏花开；"为人"在后，是践行知识，是"修身利行"，是收获果实。

四　绍家世学业

颜之推重视子弟读书，并不是因为读书一定能带来富贵。对于这个问题，颜之推以"设客难己"（假设客人问难，以引出主人答语）的方式，对此进行了分析。客质疑"贵学"：

> 吾见强弩长戟，诛罪安民，以取公侯者有矣；文义习吏，匡时富国，以取卿相者有矣；学备古今，才兼文武，身无禄位，妻子饥寒者，不可胜数，安足贵学乎？①

以客者之见，历史上很多人不是通过学习而是依靠"强弩长戟""文义习吏"实现了一番事功，获得了高官厚禄。反倒是那些学贯古今、文武兼备的读书人，不仅自己未获得一官半职，而且妻子儿女也要与其一起挨饿受冻。如此又怎能说学习是可贵的呢？面对这样的诘问，颜之推则将"命之穷达"与"学"之用进行了区分。他说：

> 夫命之穷达，犹金玉木石也；修以学艺，犹磨莹雕刻也。金玉之磨莹，自美其矿璞，木石之段块，自丑其雕

---

① 《颜氏家训》，檀作文译注，中华书局，2022，第99页。

刻。安可言木石之雕刻，乃胜金玉之矿璞哉？不得以有学之贫贱，比于无学之富贵也。且负甲为兵，咋笔为吏，身死名灭者如牛毛，角立杰出者如芝草；握素披黄，吟道咏德，苦辛无益者如日蚀，逸乐名利者如秋荼，岂得同年而语矣。[1]

颜之推以金玉木石比喻人的命运的显达困厄，以磨莹雕刻来比喻学习。做出这样的区分之后，颜之推认为，客者提出的问题，实则是将"命之穷达"与"学"之用混淆了。有些人生于富贵之家，穷人家的小孩可能终其一生都赶不上，但是这样的人毕竟是少数，对于大多数普通人没有参考价值。对于读书人而言，学习是为了使自己变得更好，是和以前的自己比，是和不学的自己比，不是和别人比，只要自己学有所得就体现了学习的真正用处，况且普遍的结果是，学习的人总是比不学的人要进步。当然，颜之推也不能免于俗见，认为古代出现过"生而知之"的天才，即不需要通过读书也能出类拔萃、学识渊博者。然而天才不世出，"今子即不能然，不师古之踪迹，犹蒙被而卧耳"[2]，普通人如果不学习，就只能一无所知。

既然学习对于"学而知之者"（普通人）这么重要，那如果学习与其他事情相冲突时，该如何处理呢？颜之推在《勉学》篇中给我们提供了一个典型案例。这个案例发生在颜之推身上，对于儒家传统来说也非常具有典型性。

---

① 《颜氏家训》，檀作文译注，中华书局，2022，第99页。
② 《颜氏家训》，檀作文译注，中华书局，2022，第100页。

北齐武平七年（576）十月，北周大举进攻北齐，次年二月，北周军队攻入邺都，北齐灭亡，被俘君臣被押送至长安。颜之推一家亦在其中，此时他们家遭遇了很大的经济困难，于是父子间有了如下对话：

> 思鲁尝谓吾曰："朝无禄位，家无积财，当肆筋力，以申供养。每被课笃，勤劳经史，未知为子，可得安乎？"吾命之曰："子当以养为心，父当以学为教。使汝弃学徇财，丰吾衣食，食之安得甘？衣之安得暖？若务先王之道，绍家世之业，藜羹缊褐，我自欲之。"①

颜思鲁是颜之推长子。面对家中既无人在朝为官，失去了俸禄之养，家中也无积蓄、难以为继的情况，颜思鲁告诉父亲他打算出去赚钱以维持家用，但是家里又督促他勤苦读书，致力于经史学习，他无法赚钱供养双亲，心里感到不安。面对孩子的困惑，颜之推指出，供养父母、孝敬双亲是要看其发心，而不是从物质层面来衡量。作为父母应当把督促子女学习当作教育他们的头等大事。假如子女放弃学习去赚钱，即使能够丰衣足食供养父母，父母也会寝食难安。在颜之推看来，只要子女不废读书，承继家学，父母即使生活艰难些，也是心甘情愿的。从颜氏父子的这段对话可以看出，子女为父母着想，父母为子女着想，是伦理道德应有的体现。子女想为父母提供好一点的物质生活，其孝心可嘉，但是如果是通过放弃学业来实现这个目的，这是父母所不能接受的。父母之爱子，则为之计深

---

① 《颜氏家训》，檀作文译注，中华书局，2022，第125页。

远。从子女的长远发展而言，让他们抓紧时间学习、掌握生存本领无疑是更重要的事情。

读书学习除了能使人有所成就，还能塑造人的气节。颜之推在北齐文林馆任职时曾结识宦官田鹏鸾，他因不懈学习而最终成就了自己的节义。田鹏鸾十四五岁时入宫，他热爱学习，随身携带书本，早晚诵读。虽然地位低微，而且职役辛苦，但他仍能利用空隙时间，四处求教。由于时间有限，他每次到文林馆学习时，都是气喘吁吁，汗流浃背，除了请教书中的问题，就顾不上讲其他的话了。他每当从书中看到古人重节操、讲义气的事情，就十分感慨，赞叹不已。后来在北齐皇帝逃亡时，他被敌人俘获，为了不暴露皇帝位置，最终选择就义赴死。颜之推认为他之所以能够做到这一点，是"以学成忠"①。

颜之推对于勉学之事，如此语重心长、苦口婆心，其目的自然是要提撕子孙，在任何时候都要重视学习、热爱学习、勤奋学习，只要不放弃学习，就一切皆有可能。

---

① 《颜氏家训》，檀作文译注，中华书局，2022，第 124 页。

第六章 《师说》《进学解》：兴儒由学的卫道之为

　　韩愈（768~824），字退之，河南河阳（今河南孟州）人，是唐朝中叶著名文学家、政治家、思想家、教育家，因先世曾居昌黎，故世人尊称昌黎先生。韩愈自幼勤奋好学，于贞元八年（792）登进士第，开始步入仕途，但仕途颇为坎坷。曾担任国子博士，其间不幸蒙受冤屈被贬为阳山县令，后遇赦调回京城；元和十二年（817），参与讨平"淮西之乱"，因功升任刑部侍郎。然而，元和十四年（819），却因极力反对唐宪宗崇信佛教，被贬为潮州刺史。唐穆宗即位后，他被召回京，官至吏部侍郎。死后被赐谥为文，故史书常尊称他为韩吏部、韩文公。

　　韩愈出身于儒学世家，其祖辈、父辈和同辈均崇尚儒学。这种思想生长环境，对韩愈成为儒学正统的捍卫者，产生了不可忽视的影响。作为唐宋八大家之首和古文运动的倡导者，韩愈一生创作了七百余篇诗词、文章，其文章重点表达的就是复兴儒学，自述"行之乎仁义之途，游之乎《诗》《书》之源，无迷其途，无绝其源，终吾身而已矣"①。韩愈同样继承了儒

---

① 《韩愈文集汇校笺注》第 2 册，刘真伦、岳珍校注，中华书局，2010，第 700 页。

家重学的传统，在其诸多诗文中如《符读书城南》《答李翊书》等皆有劝学之意，流传最广而备受瞩目的当数《进学解》和《师说》。

《进学解》从题目看就是劝勉学生勤学不辍，追求上进，文章以虚设学生提问、先生解答的方式，鼓励学子精进学业，同时对科举制度的弊端及对学习型人才的不公待遇予以讽刺。《师说》则直接表明对师道的重视，即对学习的重视，在论述中隐晦地批判了当时唐朝只重官位门第、耻于相师的社会风气。两篇文章都以开门见山的方式展开论述，提出"古之学者必有师"[①]，"业精于勤，荒于嬉；行成于思，毁于随"[②] 等著名观点，以说明积极从师、坚持学习的必要性，表明大部分人可以凭借后天的学习和实践，提升自己的道德修养和知识水平，向着圣贤的境界不断靠近。两篇文章都有劝学的意蕴，均对"学"进行了不同程度的探讨，对学习的目的、方法、内容、意义等做了论述，表达了作者学风兴盛的愿望。

一 儒学边缘化境遇

根本上讲，韩愈之所以如此强调"学"，不仅是为了抨击科举弊端、官场黑暗，感叹自己与众有才之士愤懑不得志之情，更是对当时背景下儒学受到巨大冲击、士人阶层耻于相师

---

① 《韩愈文集汇校笺注》第 1 册，刘真伦、岳珍校注，中华书局，2010，第139 页。

② 《韩愈文集汇校笺注》第 1 册，刘真伦、岳珍校注，中华书局，2010，第146 页。

的不良风气而做出的回应。

（一） 由盛而衰的转折

韩愈生活的唐朝中叶，是唐朝由盛而衰的转折时期。"安史之乱"（755~763）发生后，唐朝面临诸多危机，如藩镇割据问题，河朔三镇脱离了朝廷的控制，"虽号称一朝，实成为二国"[①]。此时的朝廷受困于财力与兵力不足，各大藩镇的文武官员"或父死子握其兵而不肯代，或取舍由于士卒，往往自择将吏，号为留后，以邀命于朝，天子力不能制"[②]。随着政治和经济的危机，宦官势力急剧增长，王朝统治同时面临宦官所带来的巨大威胁，"（唐）中叶后，京师兵权，归于内宫，号左右军中尉。将兵于外者，谓之观军容使。而天下军镇节度使皆内宫一人兼之"[③]。

不仅如此，科举制度的弊端也日益凸显，漏洞越发严重。唐代科举进士科受到重视，诗赋是重要考试内容，激发了人们对文学的热情，促使学子竞相崇尚文辞，却也造成一些士人"不思实行，皆徇空名，败俗伤教"[④]。显然，人的品行无法通过几张考卷来评判，但这恰好又是唐朝最广泛的用人规则，于是造成了入仕者擅长死记硬背，而学识修养、政治才能与分数不匹配的情况。如果说"崇末抑本"的价值取向在客观上推动了唐代文学的繁荣与发展，那么同时期盛行的"请托"之

---

① 陈寅恪：《隋唐制度渊源论稿　唐代政治史述论稿》，生活·读书·新知三联书店，2001，第 203 页。
② 赵翼：《廿二史劄记校证》，王树民校证，中华书局，2013，第 458 页。
③ 吕思勉：《隋唐五代史》，上海古籍出版社，2005，第 906 页。
④ 刘昫：《旧唐书》，吉林人民出版社，1995，第 2183 页。

风则是彻头彻尾的舞弊行为。"请托"即凭借出身、财富和家族门第去疏通关系，以谋求在科举考试中录取及第。那些有真才实学却无政治背景、无显赫门第的寒门子弟，却在这样一种隐形的规则下难有出头之日。韩愈在《进学解》中借他人之口说道：

> 先生之于儒，可谓有劳矣……然而公不见信于人，私不见助于友，跋前踬后，动辄得咎。暂为御史，遂窜南夷。三年博士，冗不见治。命与仇谋，取败几时。冬暖而儿号寒，年丰而妻啼饥。头童齿豁，竟死何裨？①

虽然文中"先生"通过自己的勤奋努力，学有所成，但是依然备受冷落，"动辄得咎"，屡遭失败，贫苦无助。韩愈的讽刺与诘问，正是对科举制度弊端的控诉和批判。内有政权更迭、宦官专权、藩镇割据之忧，外有他族侵袭之患，百姓生活在社会动乱、思想混乱的大环境下，与儒家所希望的"故人不独亲其亲，不独子其子，使老有所终，壮有所用，幼有所长，矜寡孤独废疾者皆有所养"②的理想社会相去甚远。换言之，面对天下秩序混乱、名分尊卑失重、法纪纲常不立、君臣之道失衡的现实状况，整肃纲纪，重建统治秩序，恢复君臣之礼，进而加强中央集权，实现安定统一，就成为当时最为紧迫的任务。这是韩愈写作《进学解》与《师说》的重要缘由之一，也是理解其劝学思想的基本背景。

---

① 《韩愈文集汇校笺注》第 1 册，刘真伦、岳珍校注，中华书局，2010，第 147 页。
② 《礼记》（上），胡平生、张萌译注，中华书局，2017，第 419 页。

（二）辟佛道、兴儒学

在唐代，儒、道、佛三者形成了一个历史上少见的并肩发展的繁荣时期。韩愈对此有所体认，指出：

> 周道衰，孔子没，火于秦，黄老于汉，佛于晋魏梁隋之间。其言道德仁义者，不入于杨，则归于墨；不入于老，则归于佛。……后之人欲闻仁义道德之说，孰从而听之？①

韩愈的观察，既证明了唐朝思想文化的蓬勃发展，也反映出儒学——作为官方意识形态的话语权威——的失势。造成儒学式微的主要原因有以下几个。其一，佛教中国化几近完成。佛教自汉代传入中国，历经魏晋南北朝相关崇佛政权的扶持，不断吸收中国本土儒、道思想以改造自身理论，佛教逐渐中国化为部分百姓、士人和当权者所接受。再加上其"由博而约、由繁而简的发展趋势"②，更是吸纳了众多的信徒入教。其二，唐朝统治者尊老子为祖宗，道教由此与皇权结合，地位显著上升。加之唐玄宗亲自注释《道德经》，推动了道教发展。这种对道教的推崇，吸引官员、百姓争相效仿，从而使得道教也拥有广泛信众。其三，与佛道的繁荣相比，儒家重视"疏不破注"，局限于注疏式的经学研究，从而导致自身理论发展陷入困境。反观道教，不仅有着更加严密的逻辑和论证体系，并且

---

① 《韩愈文集汇校笺注》第 1 册，刘真伦、岳珍校注，中华书局，2010，第 1~2 页。

② 赖永海：《中国佛性论》，上海人民出版社，1988，第 256 页。

融合了儒家忠君孝亲的纲常伦理，有利于维护统治秩序和稳定社会，满足了帝王治国理政的需要，从而导致儒学进一步被边缘化。其四，佛道依靠自身心性论优势和终极关怀取向，在安史之乱后的特殊历史时期，抚慰了因社会动乱和思想混乱而备受摧残、无所归依的人心。

佛道思想确有其深邃精妙之处，然而二者的盛行与不断拓展的影响力，逐渐挤压了儒学的作用空间，由此引发了一系列社会问题。在宗法秩序上，佛道不讲求君臣礼义，无视政治所确立的社会秩序，更不谈君臣、父子、夫妇等纲常人伦。这种对宗法礼义的漠视，不仅违背了中国传统文化的核心价值，也削弱了社会结构的稳定性。佛老所倡导的超脱世俗的观念，虽有其精神追求，但在宗法社会中却显得格格不入。在经济上，出现"十分天下之财而佛有七八"的局面。佛道广泛吸纳信徒，和尚、道士群体数量庞大，他们不事生产、不纳赋税，却占有土地和粮食，严重破坏了当时的生产和分配体系。针对这种现象，韩愈指出："古之为民者四，今之为民者六；古之教者处其一，今之教者处其三；农之家一，而食粟之家六；工之家一，而用器之家六；贾之家一，而资焉之家六。奈之何民不穷且盗也！"[1] 在以前士、农、工、商四类民的基础上，又要加上和尚、道士，一共形成"六民"的格局。和尚、道士不从事具体的劳作，无疑增加了农、工、商的负担。因此，韩愈排佛老，除了文化方面的考虑，也有其政治经济层面的原因，"退之所论实具有特别

---

[1]　《韩愈文集汇校笺注》第1册，刘真伦、岳珍校注，中华书局，2010，第2页。

时代性，即当退之时佛教徒众多，于国家财政及社会经济皆有甚大影响"①。

当时儒家在佛老的冲击之下，处于边缘化的危险境地。韩愈认为复兴儒学已经是刻不容缓的事情，他以儒家道统的接续者和儒家思想的卫道者自居，毅然扛起儒学大旗，甚至愿意为此事业而献身。他说：

> 汉氏以来，群儒区区修补，百孔千疮，随乱随失，其危如一发引千钧，绵绵延延，浸以微灭。于是时也，而唱释老于其间，鼓天下之众而从之。呜呼！其亦不仁甚矣！释老之害，过于杨墨。韩愈之贤，不及孟子。孟子不能救之于未亡之前，而韩愈乃欲全之于已坏之后。呜呼！其亦不量其力，且见其身之危，莫之救以死也。虽然，使其道由愈而粗传，虽灭死万万，无恨天地。②

韩愈以弘扬传统儒家思想为己任，甚至因《论佛骨表》而获罪于最高统治者，被贬潮州刺史。即使如此，他依然初心不改，撰写《左迁至蓝关示侄孙湘》一诗表明心志："一封朝奏九重天，夕贬潮州路八千。欲为圣明除弊事，岂将衰朽惜残年。云横秦岭家何在？雪拥蓝关马不前。知汝远来应有意，好收吾骨瘴江边。"③ 正因如此，保全儒学"于已坏之后"，自然

---

① 陈寅恪：《金明馆从稿初编》，生活·读书·新知三联书店，2001，第324页。
② 《唐宋名家文集·韩愈集》，卫绍生、杨波注译，中州古籍出版社，2010，第61页。
③ 方世举：《韩昌黎诗集编年笺注》（下），郝润华、丁俊丽整理，中华书局，2012，第573页。

成了韩愈劝学的重要内容。

（三）挽当世之学风

当时的社会风气中，除了佛老流行、儒学不兴，人们对于学习的态度也发生了巨大转变。韩愈针对此社会怪相质疑道：

> 嗟乎！师道之不传也久矣，欲人之无惑也难矣。古之圣人，其出人也远矣，犹且从师而问焉；今之众人，其下圣人也亦远矣，而耻学于师。是故圣益圣，愚益愚。圣人之所以为圣，愚人之所以为愚，其皆出于此乎？①

在韩愈看来，对于一个具体且有局限的人而言，拜师、学习是其进步的必然途径，这是历史的经验，也是社会的常识。然而，在唐朝中期却出现了"师道之不传也久矣"的情况，这是造成时人疑难不解、思想混乱的原因。古代的圣人远超一般人，仍然能够拜师学习。但在韩愈所处的时代，人们与圣人相差甚远，却以向老师请教为耻。所以圣人越发圣明，愚人越发愚钝。韩愈不仅对时人的学习态度产生了疑惑，也质疑了老师所传之道的内容：

> 彼童子之师，授之书而习其句读者，非吾所谓传其道解其惑者也。句读之不知，惑之不解，或师焉，或不焉。

---

① 《韩愈文集汇校笺注》第 1 册，刘真伦、岳珍校注，中华书局，2010，第 139 页。

小学而大遗，吾未见其明也。①

当时一些老师，只是教授书本上的浅薄知识以及断句的技巧，而没有传授道理、解答疑难。即使这样，面对不懂的句读、难以解决的疑惑，有的人愿意向老师求教，有的人干脆不学了。如此放弃真正的人生大道，匪夷所思。韩愈直斥这种社会风气是"未见其明"，他认为，老师应该传授人生道理、解决疑难问题，而不仅仅是表面的"授之书"或"习其句读"，学习也应该是为了明白道理、解答疑惑，而不仅仅是为了获取知识或技能。

二 人性可导学

韩愈在劝学之际，不仅深入考察唐朝中期的社会现状，还吸收传统儒家的人性论精髓，提出自己的"性三品说"。其中，关于中品之性可以移的论断，为劝学的可行性奠定了坚实的人性论基础。

（一）性分三品

在先秦人性论中，既有孟子的性善论，也有荀子包含人之官能的性恶论。韩愈虽未系统讨论过学习的生理机制，但继承了儒家传统的人性看法，认为人天生具备感知和认知的功能，即荀子所言"人何以知道？曰：心"。人通过感官接触外界，

---

① 《韩愈文集汇校笺注》第 1 册，刘真伦、岳珍校注，中华书局，2010，第 139 页。

获得信息，进而以心对信息进行加工形成认知。这样一个过程，对于人学习外界知识也同样有效。

《师说》一文直接指出："人非生而知之者，孰能无惑？"韩愈否定"生而知之者"，强调人出生时并无先天知识，必须依赖感官与心智进行后天学习。不仅如此，他在《原性》一文中也提道："性也者，与生俱生也。情也者，接于物而生也。"① 这一论断从本体论层面界定了人性的双重结构——"性"作为先天禀赋的生理基础，"情"作为后天与外物接触的心理反应。此外，韩愈还通过对感官功能的具象化描述，展现了感官具有协同运作以形成认知的能力，"手披目视，口咏其言，心惟其义"②。这就表明，韩愈十分重视学习过程中手、目、耳、口、心的协同作用，这与我们常说学习必须手到、眼到、耳到、口到、心到是一样的道理。感官作为认知世界的物质通道，是学习能够进行的重要根基。

韩愈除了论述学习的生理基础，还从人性角度间接指明了学习的可能。在韩愈之前，已有很多关于人性的探讨：孔子主张"性相近"，不以善恶言性，认为人的性都是相近的；告子秉持人性无善无恶的中立立场；孟子则坚信人性本善，强调内在的良善本质；荀子则持相反观点，认为人性本恶，需通过教化来纠正；扬雄提出人性善恶混杂的论断，认为人性中既有善也有恶。针对先秦时期三种较为普遍的人性论，韩愈指出：

---

① 《韩愈文集汇校笺注》第 1 册，刘真伦、岳珍校注，中华书局，2010，第47 页。
② 《韩愈文集汇校笺注》第 2 册，刘真伦、岳珍校注，中华书局，2010，第618~619 页。

> 孟子之言性曰：人之性善；荀子之言性曰：人之性
> 恶；扬子之言性曰：人之性善恶混。夫始善而进恶，与始
> 恶而进善，与始也混而今也善恶，皆举其中而遗其上下者
> 也，得其一而失其二者也。①

在韩愈看来，性善论、性恶论和性善恶混论这三种人性论
观点不够完整，都只提到一种情况而忽略了另外两种情况。按
照韩愈的理解，董仲舒的人性论似乎更为可取。董仲舒对人性
问题多有讨论，较具代表性的表述是：

> 圣人之性，不可以名性；斗筲之性，又不可以名性。
> 名性者，中民之性。中民之性如茧如卵，卵待覆二十日而
> 后为雏，茧待缲以涫汤而后能为丝，性待渐于教训而后能
> 为善。②

董仲舒认为，性既有善的因素，但又并非全然是善。
他说道："故性比于禾，善比于米。米出禾中，而禾未可全
为米也；善出性中，而性未可全为善也。"冯友兰先生认
为，董仲舒是以孟子的人性论为主，而又吸收了孔子和荀
子之人性论③。韩愈在董仲舒将人区分为圣人、中民、斗筲
三种，即上、中、下三种层次的基础上，明确提出了"性三
品"说：

---

① 《韩愈文集汇校笺注》第 1 册，刘真伦、岳珍校注，中华书局，2010，第
48 页。
② 苏舆：《春秋繁露义证》，钟哲点校，中华书局，2015，第 303 页。
③ 冯友兰：《中国哲学史新编》第 2 册，人民出版社，1964，第 114 页。

> 性之品有三，而其所以为性者五；情之品有三，而其
> 所以为情者七。曰：何也？曰：性之品有上中下三。……
> 其所以为性者五：曰仁，曰义，曰礼，曰信，曰智。……
> 情之品有上中下三，其所以为情者七：曰喜，曰怒，曰
> 哀，曰惧，曰爱，曰恶，曰欲。①

"性"被定义为与生俱来的本质属性，以"仁、义、礼、信、智"五德为内容；"情"则是接触外物后产生的心理反应，包含"喜、怒、哀、惧、爱、恶、欲"七种形态。韩愈把性分为三种品级，这在某种程度上看，可以说是继承先秦诸子及董仲舒的观点；又通过引入"情"的概念，突破了董仲舒的人性观。他把"情"也划分出上、中、下三个品级，在此结构中，"性"决定"情"的潜在倾向，而"情"的实践状态又反证"性"的品级。如中品之性者，其情虽偏离中道，但仍有"求合其中"的自觉，这就为人的主动性的发挥开辟了活动空间。

（二）学以移性

韩愈将人性分为上、中、下三品之后，对三种人性的特点做了分析，指出："上焉者，善焉而已矣；中焉者，可导而上下也；下焉者，恶焉而已矣。"② 在韩愈看来，上品与下品之性不可移，因为上品之人生来为善，即使环境再恶劣，也不会

---

① 《韩愈文集汇校笺注》第 1 册，刘真伦、岳珍校注，中华书局，2010，第 47 页。
② 《韩愈文集汇校笺注》第 1 册，刘真伦、岳珍校注，中华书局，2010，第 47 页。

改变其性善；下品之人则生来为恶，也不会被改变；而善恶混合的中品之性则"可导而上下"，具有后天的可变性与可塑性。也就意味着，这部分人通过正确的学习和教育可以成为善人，反之不当的引导也可能使其沦为恶人。为阐明"性三品"的这种特性，韩愈引用古代例子予以证明。

> 叔鱼之生也，其母视之，知其必以贿死；杨食我之生也，叔向之母闻其号也，知必灭其宗；越椒之生也，子文以为大戚，知若敖氏之鬼不食也。人之性果善乎？后稷之生也，其母无灾；其始匍匐也，则岐岐然，嶷嶷然。文王之在母也，母不忧；既生也，傅不勤；既学也，师不烦。人之性果恶乎？尧之朱，舜之均，文王之管蔡，习非不善也，而卒为奸。瞽瞍之舜，鲧之禹，习非不恶也，而卒为圣。人之性善恶果混乎？[①]

叔鱼、杨食我、越椒甫一降世，即有人预判其不幸遭遇，或不得善终，或带来家国祸乱；而后稷、文王出生后就很聪慧，无须师教，似乎印证了他们就是天生的圣人。奇怪的是，尧、舜、文王等圣贤虽为其子朱、均、管、蔡营造了优越的成长环境，但四子却最终成为奸邪之辈；反观舜、禹，面对品行不端的父亲，反而最终成为圣人。从这些环境与人性之间的悖论中，韩愈证明自己"性三品"说是有其依据的。而面对不同的人性，韩愈也提出了不同的对治方案：

---

① 《韩愈文集汇校笺注》第 1 册，刘真伦、岳珍校注，中华书局，2010，第48 页。

然则性之上下者，其终不可移乎？曰：上之性，就学
而愈明；下之性，畏威而寡罪。是故上者可学，而下者可
制也。①

在韩愈看来，上品之性虽然具有天然的向善性，但是具
有"就学而愈明"的特质，也就是说需要通过后天之学，使
其得以彰明，所以说"上者可学"；下品之性虽然本性趋恶，
但是具有"畏威而寡罪"的特质，也就是说通过权威震慑可
约束其行为，使其不至于走向犯罪之路，所以说"下者可
制"。至于中品之性，因为具有"可导而上下"的特质，
既为学习作用的发挥提供了可能性，也为学习引导向善提
供了必要性。说到底，不管哪一种品性之人都需要学习。
上品要擦亮善性，不能没有学习，就像前面所提的圣人也
需要"从师而问"。下品要避免损人害己，就需要通过学
习了解社会法则，规范自己的言行举止。中品要往上走而
不往下走，更加需要学习，而且是最能彰显学与不学对人
的塑造作用的。韩愈《符读书城南》一诗就形象展现了这
种学习成效。

木之就规矩，在梓匠轮舆。人之能为人，由腹有诗
书。诗书勤乃有，不勤腹空虚。欲知学之力，贤愚同一
初。由其不能学，所入遂异闾。两家各生子，提孩巧相
如。少长聚嬉戏，不殊同队鱼。年至十二三，头角稍相

---

① 《韩愈文集汇校笺注》第 1 册，刘真伦、岳珍校注，中华书局，2010，第
48 页。

疏。二十渐乖张，清沟映污渠。三十骨骼成，乃一龙一猪。飞黄腾踏去，不能顾蟾蜍。一为马前卒，鞭背生虫蛆。一为公与相，潭潭府中居。问之何因尔，学与不学欤。金璧虽重宝，费用难贮储。学问藏之身，身在则有余。君子与小人，不系父母且。不见公与相，起身自犁锄。不见三公后，寒饥出无驴。文章岂不贵，经训乃菑畬。潢潦无根源，朝满夕已除。人不通古今，马牛而襟裾。行身陷不义，况望多名誉。时秋积雨霁，新凉入郊墟。灯火稍可亲，简编可卷舒。岂不旦夕念？为尔惜居诸。恩义有相夺，作诗劝踌躇。①

此诗表达了韩愈劝自己儿子韩符向学的殷切期望。人之所以能够成为人，就在于受到诗书的学习熏陶。韩愈通过比较两个人的一生境况，来强调学习对于人的重要影响。人出生时差不多，后天的发展却天壤之别，有的人可能成为"公与相"，有的人不过是"马前卒"，到底是什么原因导致的？就在于"学与不学"，勤奋学习可以造就完全不同的人生道路。韩愈还指出，钱财都是身外之物，只有知识是真正属于自己的，所以嘱咐儿子要珍惜时光，切莫犹豫徘徊，赶紧投身于学习。

三　重建道德主导性

韩愈身处中唐儒学式微之际，其劝学绝非泛泛而谈，而是

---

① 方世举：《韩昌黎诗集编年笺注》（下），郝润华、丁俊丽整理，中华书局，2012，第506~507页。

面对文化危机，思考如何实现儒学的存续与发展。他将"学"重新锚定于儒家道统，辅以礼乐刑政，使散佚的仁义道德重新归位。

（一）仁义道德为主

韩愈对学之内容的确立，在其儒学"道统"论下，首先体现为排斥异端思想，树立儒家知识的正统权威。对此，韩愈在《进学解》中这样形容自己的努力：

> 抵排异端，攘斥佛老，补苴罅漏，张皇幽眇；寻坠绪之茫茫，独旁搜而远绍；障百川而东之，回狂澜于既倒。先生之于儒，可谓有劳矣。①

这里以治水为喻，将儒学比作导引百川归海的正道，而佛老则是需要"障"的百川、需要"回"的狂澜，凸显其立场的坚定。对于道德的认知是儒学与其他思想体系最重要的分野，为了避免学习者产生混淆，韩愈清晰地分辨了儒家和道家的区别。他说道家"其所谓道，道其所道，非吾所谓道也；其所谓德，德其所德，非吾所谓德也。凡吾所谓道德云者，合仁与义言之也，天下之公言也；老子之所谓道德云者，去仁与义言之也，一人之私言也"②。韩愈强调，老子是就道而论道、就德而论德，是一种个人的小道小德，而自己所

---

① 《韩愈文集汇校笺注》第 1 册，刘真伦、岳珍校注，中华书局，2010，第 147 页。
② 《韩愈文集汇校笺注》第 1 册，刘真伦、岳珍校注，中华书局，2010，第 1 页。

理解的"道德"是融合了"仁"与"义"的大道。

韩愈非常推崇儒学，其价值正在于对于仁义的肯认，将儒家伦理锚定于现实人伦，使"道"不再是虚无缥缈的空谈。他认为佛家讲"慈悲"却弃人伦，道家言"自然"而废礼法，明确将佛老之学排除在"道"的范畴之外，"斯吾所谓道也，非向所谓老与佛之道也"①。很明显，韩愈所谓"道统"建立的是一个"不易之道"的传承谱系，即"尧以是传之舜，舜以是传之禹，禹以是传之汤，汤以是传之文、武、周公，文、武、周公传之孔子，孔子传之孟轲"②。

韩愈对儒家经典的推崇是无可置疑的，自谓"始者非三代两汉之书不敢观，非圣人之志不敢存"③，他在一开始就直接将所学书籍的范围限定于三代两汉，将所追求的志向限定于儒家圣贤。当然，韩愈并非只将学习文本局限在儒家经典，在《进学解》中，他列举了一些自己学习过的典籍，并加以点评：

> 上规姚姒，浑浑无涯；《周诰》《殷盘》，佶屈聱牙；《春秋》谨严，《左氏》浮夸；《易》奇而法，《诗》正而葩；下逮《庄》《骚》，太史所录，子云相如，同工异曲。④

① 《韩愈文集汇校笺注》第1册，刘真伦、岳珍校注，中华书局，2010，第4页。
② 《韩愈文集汇校笺注》第1册，刘真伦、岳珍校注，中华书局，2010，第4页。
③ 《韩愈文集汇校笺注》第2册，刘真伦、岳珍校注，中华书局，2010，第700页。
④ 《韩愈文集汇校笺注》第1册，刘真伦、岳珍校注，中华书局，2010，第147页。

舜禹时期的典章深远博大，《周诰》《殷盘》艰涩难读，《春秋》严谨准确，《左传》文辞夸张；《易经》变化惊奇而有法则，《诗经》思想端正而辞采华美，往后还有《庄子》《离骚》，太史公《史记》，以及扬雄、司马相如的著述，虽然风格各异，但是用意相同。这些书籍有些并非传统意义上的儒学，但是韩愈认为通过儒学可以使"百川而东之"，引导这些不同的思想回归正道。

韩愈通过追溯道统，将"仁义"确立为儒家思想的根本原则，以此对抗佛老"虚无寂灭"之说。对此，韩愈对"仁义"概念做出了自己的解释：

> 博爱之谓仁，行而宜之之谓义，由是而之焉之谓道，足乎己无待于外之谓德。仁与义为定名，道与德为虚位。故道有君子小人，而德有凶有吉。[1]

他以"博爱"定义"仁"，强调儒家仁爱的普遍性，这是对"推己及人"的扩展，效仿的是孔子"己欲立而立人，己欲达而达人"。韩愈继承《中庸》"义者，宜也"的说法，强调"义"是仁在实践中的具体化，需因时、因地、因人制宜。韩愈所说的"道"强调的是一种践行仁义的方法、原则、路径，"德"是一种仁与义"足乎己"的状态。韩愈进一步比较了道家的仁义思想，他认为："老子之小仁义，非毁之也，其见者小也。坐井而观天，曰天小者，非天小也。

---

[1] 《韩愈文集汇校笺注》第1册，刘真伦、岳珍校注，中华书局，2010，第1页。

彼以煦煦为仁，孑孑为义，其小之也则宜。"① 老子的仁义是
个人层面的小仁义，不是儒家所谓大仁义，大仁义是对天下
百姓的博爱。韩愈继承"修齐治平"思想，为"仁义"提
供实践路径，强调要将个人修养与家族国家相联系，培养出
千万个践行"仁义"的个体，从而为治国安邦确立实践
原则。

（二）礼乐刑政为辅

韩愈虽以仁义道德为劝学的主要内容，但受到荀子"隆
礼重法"的影响以及现实的需要，同样主张以礼乐刑政作为
学习的辅助内容。韩愈提出："是故道莫大乎仁义，教莫正
乎礼乐刑政。施之于天下，万物得其宜；措之于其躬，体安
而气平。"② 面对儒学式微的现实，若不辅以强制性的外在礼
乐刑政以保"万物得其宜""体安而气平"，那么"仁义道
德"极有可能又会在佛老"出世离尘""自然无为"的冲击
下消解。在《原道》一文中，韩愈将礼乐刑政一同定义为
"法"：

> 其文：《诗》《书》《易》《春秋》；其法：礼、乐、
> 刑、政；其民：士、农、工、贾；其位：君臣、父子、
> 师友、宾主、昆弟、夫妇；其服：麻、丝；其居：宫
> 室；其食：粟米、蔬果、鱼肉。其为道易明，而其为教

---

① 《韩愈文集汇校笺注》第1册，刘真伦、岳珍校注，中华书局，2010，第
1页。

② 《韩愈文集汇校笺注》第3册，刘真伦、岳珍校注，中华书局，2010，第
1074页。

易行也。①

韩愈将社会的构成要素系统地归纳为七个主要维度，即经典文献、制度规范、职业分工、人伦秩序以及衣、住、食。这些维度相互关联，形成了一个紧密相连的治理体系。在这个体系中，礼乐刑政作为维系社会运行的基本规范，扮演着至关重要的角色。当然，对于深受佛老思想冲击的唐代社会来说，礼乐刑政不是冰冷的条文，而是仁义价值的具体化身，是维持社会秩序正常运转的内在需要。因此，圣人"为之礼以次其先后，为之乐以宣其湮郁，为之政以率其怠倦，为之刑以锄其强梗"②。古圣先贤通过制定礼仪规范，安排社会成员之间的长幼尊卑关系；通过创作音乐艺术，帮助人们释放内心的压抑和不快；通过制定制度法令，带动那些懈怠懒散的人；通过制定刑罚，铲除那些横行霸道、违法乱纪的不法之徒。在社会秩序混乱的时代背景下，必须依靠制度的力量来重新树立权威，维护社会的正常秩序。

在韩愈的学习内容中，礼乐刑政虽不占据主要地位，却是不可或缺的组成部分。他将礼乐刑政的元素融入教育体系之中，这与他的人性的三分法理论有着紧密的联系。中品之性除了要有向上的"劝学"作为引导，也需要有底层的制度法令作为督促，以减少其走向下品之性的可能。而下品之性则依靠礼乐刑政的强制要求，将之作为行为准则来参与日常生活，从

①《韩愈文集汇校笺注》第 1 册，刘真伦、岳珍校注，中华书局，2010，第 4 页。

②《韩愈文集汇校笺注》第 1 册，刘真伦、岳珍校注，中华书局，2010，第 2 页。

而确保整个社会的平稳运行。

四　惑而从师与勤思并行

在"性三品"说和仁义道德论的基础上，韩愈提出了具体的为学方法论原则。他既强调"惑而从师"的相师路径，又提倡"不耻下问"破除身份壁垒的开放态度，更注重"勤思并行"的思辨精神。

（一）惑而从师

人并非一出生就具备各种知识，因此必然会产生疑惑，此即韩愈所谓"人非生而知之者，孰能无惑？惑而不从师，其为惑也，终不解矣"①。但问题在于，既然知识的获取无法仅凭天生聪慧，必始于疑惑，又为何会出现"惑而不从师"的现象？在唐朝中期，士大夫阶层存在"耻学于师"的痼疾，当时门第观念深重，求学者多以拜师为耻，宁可困惑于心，也不愿屈尊问学。他们"爱其子，择师而教之；于其身也，则耻师焉"②，对于小孩，知道要他们向老师学习；对于自己，则"耻学于师"。韩愈由此感受到了知识传承的危机。当个体困于学习迷雾却不寻求指引，而且形成一种具有普遍性的社会风气时，那么必然导致整个社会的知识传承体系陷入断裂。这就是当时儒学陷入危机的一个重要原因。韩愈希望通过劝学，

---

① 《韩愈文集汇校笺注》第 1 册，刘真伦、岳珍校注，中华书局，2010，第139 页。
② 《韩愈文集汇校笺注》第 1 册，刘真伦、岳珍校注，中华书局，2010，第139 页。

唤醒大家去主动寻求解决疑惑的路径，将"惑而从师"重新注入学习者的知识自觉，或者说成为一种内在于心的常识。当自己认识受到困扰的时候，借助师者之力突破思维困境，是一种明智且必要的行为。这种学习方法符合儒家一贯教学相长的传统，在师生问答之中，困惑者得以明道，师者亦可以在回答中深化己见。

社会上出现"惑而不从师"的情况当然也有一定的根源，如前面提到的门第观念导致政治身份对知识身份的凌僭，如师道自身的堕落导致学生解惑需要的无法满足，等等。反过来，"惑而从师"的学习原则的实际运用，需要两个条件：一是学习者对自己认知局限的自觉，暂时搁置自己的非学习者身份，保持对于知识的谦卑，承认"闻道有先后"的客观规律；二是对师道重新正名，回归韩愈"师者，所以传道受业解惑也"①的人间正道，真正的"师"不是传授边角知识的误人子弟的"假师"，而是引导学生思考、解决疑惑的"明师"。在《进学解》中，国子先生与弟子的辩难，恰是这种解惑过程的戏剧化呈现：弟子质疑"先生之于业，可谓勤矣"却遭逢困顿，实则是通过设问暴露矛盾。这是一种"以惑引思"的治学方法，将困惑视为磨砺思维之石，又以"沉浸醲郁，含英咀华"②比喻治学状态，强调学者在困惑中也应该保持沉潜功夫，通过反复咀嚼疑难，实现学问的不断进步。

---

① 《韩愈文集汇校笺注》第 1 册，刘真伦、岳珍校注，中华书局，2010，第 139 页。
② 《韩愈文集汇校笺注》第 1 册，刘真伦、岳珍校注，中华书局，2010，第 147 页。

（二）不耻下问

面对士人群体耻于相师、惑而不问的现状，韩愈提出疑问：

> 巫医乐师百工之人，不耻相师。士大夫之族曰师曰弟子云者，则群聚而笑之。问之则曰："彼与彼，年相若也，道相似也。位卑则足羞，官盛则近谀。"呜呼！师道之不复可知矣。巫医乐师百工之人，君子鄙之。今其智乃反不能及，其可怪也欤！①

巫医、乐师以及从事手工劳动的工匠等，都不曾把向老师请教当作羞耻的事情。反而是那些有地位的士大夫，一听到"老师""学生"等称呼，就会讥笑别人。韩愈观察到，这种士大夫的求学常常陷入自我囚徒困境：自己为自己的学习设立身份的枷锁。既囿于"位卑则足羞"的虚荣自负，又困在"官盛则近谀"的功利计算中。这种扭曲的求学心态，使知识不能得到传承，个人的进步停滞不前。针对此类怪状，韩愈提出"圣人无常师"之说，颠覆传统师承的等级秩序。他说：

> 圣人无常师，孔子师郯子、苌弘、师襄、老聃。郯子之徒，其贤不及孔子。孔子曰："三人行，则必有我师。"

---

① 《韩愈文集汇校笺注》第 1 册，刘真伦、岳珍校注，中华书局，2010，第139~140 页。

> 是故弟子不必不如师，师不必贤于弟子，闻道有先后，术
> 业有专攻，如是而已。①

韩愈举孔子师郯子、苌弘、师襄和老聃为例，指出"其贤不及孔子"的客观差距，但孔子依然向他们请教。其原因有二：一是"闻道有先后"，只以知不知"道"作为谁为老师谁为学生的标准；二是"术业有专攻"，各行各业都有专业人士，向他们学习是正常的行为。韩愈的整个论述就是为了消解"师必贤于弟子"的成见，重新确立以知不知"道"、有没有专长作为衡量老师和学生的标准。这种思想在他的《读〈墨子〉》中得到了进一步延伸，即"孔子必用墨子，墨子必用孔子。不相用，不足为孔墨"②。孔墨都是非凡之人，依然能够互学、互用，这就说明人各有所长也各有所短，要有向他人长处学习的包容性和开放性，学习就是学习，不要牵扯身份之见。韩愈欲以此破除"下问即耻辱"的错误观念，提倡学习者积极运用"不耻下问"的求学方法。同时也对"问"的对象即"师"，做出了新的解释：

> 生乎吾前，其闻道也固先乎吾，吾从而师之；生乎吾
> 后，其闻道也亦先乎吾，吾从而师之。吾师道也，夫庸知
> 其年之先后生于吾乎？是故无贵无贱，无长无少，道之所

---

① 《韩愈文集汇校笺注》第 1 册，刘真伦、岳珍校注，中华书局，2010，第140 页。
② 《韩愈文集汇校笺注》第 1 册，刘真伦、岳珍校注，中华书局，2010，第127 页。

存，师之所存也。①

这就是说，不管年龄、职业、身份与我有何不同，只要他闻道在前，能够解答我的学习疑惑，就可以当我的老师。韩愈试图扭转以身份论学问的偏见，将"师"的定义从各种附加条件中解放出来，让求学问道回归最纯粹的状态，既"道之所存，师之所存也"。这不仅是对李蟠的勉励，也是对求学者的提醒：学问的本质在于追求真理，而非功利计算。韩愈将求学者的谦卑视为打开学习之门的钥匙，强调"古之圣人，其出人也远矣，犹且从师而问焉"，为处于不对等地位的问学行为提供了合法性依据。而"无贵无贱，无长无少"的求学准则，更为不同身份的人之间的相互学习创造了可能空间。即使面对被所谓"君子鄙之"的"巫医乐师百工之人"，也应该尊重他们在专业领域内的知识和经验，比如工匠通晓营造之法，农夫深谙稼穑之道，这些实践经验与经史子集一起，都是维持社会稳定运转的重要内容。如果有需要，他们同样是值得学习的老师。

（三）勤思并行

除了上述两方面之外，韩愈在《进学解》中，还提出一种广为人知、影响深远的学习方法论原则。他说：

> 国子先生晨入太学，招诸生立馆下，诲之曰："业精

---

① 《韩愈文集汇校笺注》第 1 册，刘真伦、岳珍校注，中华书局，2010，第 139 页。

于勤，荒于嬉；行成于思，毁于随。……诸生业患不能精，无患有司之不明；行患不能成，无患有司之不公。"①

千古名句"业精于勤，荒于嬉；行成于思，毁于随"，正是出自此篇，成为劝勉后人努力学习的金科玉律。韩愈将"勤"与"思"并举，学业要勤奋，反对不切实际空谈道理；德行要思考，警惕死板的因循重复，倡导"勤思并行"的学习方法。

勤就是指学习只能一步一个脚印，脚踏实地，厚积薄发，不可能一步登天、一蹴而就，即"无望其速成，无诱于势利。养其根而俟其实，加其膏而希其光。根之茂者其实遂，膏之沃者其光晔"②。韩愈以培养树木结出果实、添足灯油放大光亮来比喻学习是一个长期积累的过程，需要持续耕耘与内在思考相结合。随后，韩愈又借学生之口陈述自己多年来的学习历程：

先生口不绝吟于六艺之文，手不停披于百家之编，记事者必提其要，纂言者必钩其玄。贪多务得，细大不捐，焚膏油以继晷，恒兀兀以穷年。先生之于业，可谓勤矣。③

① 《韩愈文集汇校笺注》第 1 册，刘真伦、岳珍校注，中华书局，2010，第 146～147 页。

② 《韩愈文集汇校笺注》第 2 册，刘真伦、岳珍校注，中华书局，2010，第 700 页。

③ 《韩愈文集汇校笺注》第 1 册，刘真伦、岳珍校注，中华书局，2010，第 147 页。

韩愈一生都在学习六经和诸子百家的文章，达到了夜以继日、年复一年的地步，唯恐遗漏任何知识。可以说，他的学习经历就是"业精于勤"的真实写照。

当然，韩愈也重视"思"的作用，他认为思是把所学知识变成内在德行的一个必要过程。没有思的作用，知识只是知识，无法成为自己行为的指导。从学到思到行，是一个完整的过程。"读书患不多，思义患不明。患足已不学，既学患不行。"① 韩愈明确提出了学习的四个递进层次：多读、深思、虚心、躬行。学习的成功不仅依赖于勤奋，还需要内心的思考和坚守，以及身体的证实和践行。这种对思考能力的重视，不仅是对传统儒学"学而不思则罔"的继承，更是在科举制度盛行的时代，对学习本质的反思，突破汉代经学注疏传统，将思考能力从知识附庸提升为独立创造。这也是韩愈的思想体系与同时代其他人有所不同的原因所在，是他不同流俗、独立思考、"行成于思"的必然结果。

五　重开良治

在韩愈所生活的时代，藩镇割据，佛道盛行，削弱了中央政府的权威，普通民众对儒家伦理的信仰逐渐减弱。面对寒门有才之士得不到任用与社会失序的危机局面，韩愈将"劝学"作为重塑社会根基的切入点。

其一，人才的匮乏为韩愈所忧虑，中唐科举制度的僵化，

---

① 方世举：《韩昌黎诗集编年笺注》（下），郝润华、丁俊丽整理，中华书局，2012，第591页。

使得如千里马一样的人才也被埋没，无法为国效力。他指出时人对于千里马是：

> 策之不以其道，食之不能尽其材，鸣之而不能通其意，执策而临之曰："天下无良马！"呜呼！其真无马邪？其真不识马邪？①

韩愈指出，难道天下没有千里马吗？只是选马之人不能识别，或者能识别却不愿任用罢了。别说一般寒门子弟，即使是"三年博士，冗不见治"也不奇怪。韩愈"业精于勤，荒于嬉；行成于思，毁于随"的劝诫，既是对学习者的勉励，也是对现有制度的警示。当整个社会不再认真对待人才培养，国家就会陷入"策之不以其道"的恶性循环。

因此，韩愈的劝学始终伴随对人才选拔机制的批判与思考。他反对将学问简化为应试技巧，试图通过重塑士人阶层的学术品格、改革人才选拔机制，使科举制度回归其应有职能。在《进学解》《师说》中，处处渗透着这种通过学习打破身份禁锢的愿望，希冀为"骈死于槽枥之间"②的千里马开辟上升通道。韩愈描述这种人得其用、人尽其才的美好图景为：

> 夫大木为杗，细木为桷，欂栌侏儒，椳闑扂楔，各得其宜，施以成室者，匠氏之工也；玉札丹砂，赤箭青芝，

---

① 《韩愈文集汇校笺注》第 1 册，刘真伦、岳珍校注，中华书局，2010，第 107 页。
② 《韩愈文集汇校笺注》第 1 册，刘真伦、岳珍校注，中华书局，2010，第 107 页。

> 牛溲马勃，败鼓之皮，俱收并蓄，待用无遗者，医师之良
> 也；登明选公，杂进巧拙，纡余为妍，卓荦为杰，校短量
> 长，惟器是适者，宰相之方也。①

　　不同的木材和药材有其不同的价值，在巧匠和良医那里，它们都能得到认真的对待和适当的安排，使其发挥最大价值，为整个房屋的建成和药方的作用贡献不可或缺的力量。人才的选拔同样如此，要秉持公道正派的态度，根据各自的才能品格，安排适当的位置，使其各居其位、各展所长，为社会的良性运转奠定坚实的人才基础。

　　其二，韩愈的劝学思想始终透露对礼法秩序的追求。当时，一些民众听信"今其法曰：必弃而君臣，去而父子，禁而相生养之道，以求其所谓清净寂灭者"②，而造成佛老之徒盈天下、农桑之业日益衰的局面。有着济世担当的韩愈目睹这种现实不能不忧心如焚。韩愈劝学的目的是要重建"道统""治统""学统"合一的理想社会。他深谙"欲为圣明除弊事"，不能单靠制度变革，也需要构建完善的学习体系和人才选拔方式。只有当士人真正理解"圣人无常师"、放下身份偏见，回归"道之所存，师之所存"的常态时，一个兼具秩序与活力的国家才有了持续发展的可能。

　　因此，韩愈的劝学是对社会失序的紧急修复。当时，藩镇将领的暴虐统治与佛寺道观的虚无主义，都在消解着维系社会

---

① 《韩愈文集汇校笺注》第 1 册，刘真伦、岳珍校注，中华书局，2010，第147~148 页。

② 《韩愈文集汇校笺注》第 1 册，刘真伦、岳珍校注，中华书局，2010，第3 页。

的伦理根基，他苦口婆心地劝学，孜孜不倦地传道授业解惑，努力将儒家的仁义道德重新植入人们的精神世界，实际上是以学习与教育为契机，要求士人率先承担起文化重建的责任，推动士人重新聚焦于修齐治平的使命，为国家发展提供智慧支撑，使整个社会在共同的价值体系下实现良善秩序的重建。同时，他的劝学也是一种平衡社会各阶层利益的政治策略，他将基于学习的人才选拔重新纳入国家治理框架，本质上是通过人才资源配置重新调整社会利益结构，不断激发社会活力，推动社会发展。这是一场典型的传统儒家知识分子的救世实践。

第七章　张之洞《劝学篇》：中西兼学的初步会通

张之洞（1837～1909），字孝达，号香涛，晚清重臣、政治家、教育家、洋务派代表人物之一，直隶南皮（今河北南皮）人。与曾国藩、李鸿章、左宗棠并称"晚清四大名臣"。

张之洞出生于贵州兴义，16岁中举，27岁考中进士，授翰林院编修，步入仕途。历任山西巡抚、两广总督、湖广总督等职。在湖广总督及暂署两江总督任内，大兴实业，创办汉阳铁厂（中国近代第一家钢铁联合企业）、湖北枪炮厂（后为汉阳兵工厂）、大冶铁矿等，奠定武汉工业基础。主持修筑卢汉铁路（京汉铁路前身），推动交通发展。主张"兴学育才"，创办多所新式学堂，如自强学堂（武汉大学前身）、三江师范学堂（南京大学前身）、湖北农务学堂等。在清政府内忧外患的境况下，张之洞提出"中学为体，西学为用"，主张在维护传统文化根基的同时，学习西方科技与制度，对近代思想影响深远。在政治上支持维新变法，但反对激进改革，与康有为等人保持距离。1907年入京任军机大臣，掌管学部。1909年病逝，谥号"文襄"。著有《劝学篇》《书目答问》等书，文集收录为《张文襄公全集》。

1840 年以后，西方列强入侵，清政府割地赔款，丧权辱国。时人认为"以中国之弱，由于学之不讲、教之未修，故政法不举"①。为此，有识之士开始探寻救国救民之策，作为洋务派的代表人物，张之洞主张在学习西方器物的基础上，进一步学习西方制度，并且认为学习制度比学习器物更加紧迫。他指出："大抵救时之计、谋国之方，政尤急于艺。然讲西政者，亦宜略考西艺之功用，始知西政之用意。"②"西艺"就是现代科技，如算学、测绘、开矿、化学、医学、声学、光学、电学等；"西政"就是现代学校、财政、法律、经济、军事制度等。只有从宏观上学习"西政"，才能系统地发展出"西艺"，如此才能实现张之洞救国救民的目的，这就是他所倡导的"西学为用"。在这一点上，张之洞比倭仁这样的顽固派更懂得变通，也更为高明。然而在人伦纲常以及维护清廷的统治地位方面，张之洞反对激进的变革，以为这样才能维护中国的主体地位，这就是他所倡导的"中学为体"。在这一点上，他比何启、胡礼垣、康有为、梁启超、孙中山以及后来的革命者保守。这也是他矛盾和引人争议的地方。

　　基于这样的政治文化观点，张之洞总结洋务派的思想，面对西学与中学的差异，提出会通古今中西学术的方案，即"中学为体，西学为用"。这就构成他写作《劝学篇》一书的基本目的。据他自己介绍，"窃惟古来世运之明晦，人才之盛衰，其表在政，其里在学……乃规时势，综本末，著论二十四篇，以告两湖之士。海内君子，与我同志，亦所不隐。《内

① 张之洞：《劝学篇》，广西师范大学出版社，2008，第 141 页。
② 张之洞：《劝学篇》，广西师范大学出版社，2008，第 77 页。

篇》务本，以正人心；《外篇》务通，以开风气"①。《劝学篇》一书共有24篇。其内篇有9，分别是同心第一、教忠第二、明纲第三、知类第四、宗经第五、正权第六、循序第七、守约第八、去毒第九；外篇有15，分别是益智第一、游学第二、设学第三、学制第四、广译第五、阅报第六、变法第七、变科举第八、农工商学第九、兵学第十、矿学第十一、铁路第十二、会通第十三、非弭兵第十四、非攻教第十五。张之洞期望通过"学—政"一体化的设计，以"学"为"政"奠定思想基础，以"政"为"学"创造实践场域，两者相辅相成、相互支撑、相互作用，突破个人之学、知识之学，走向国家自强之学、文明自立之学，合力实现保国、保教、保种的目的，是新的时代背景下探索处理中西文化关系的重要尝试。

一　保国、保教、保种

西方完成第一次工业革命和第二次工业革命之时，中国尚处于传统的政教体系中，面对西方的坚船利炮，清政府昏聩无能，多次割地赔款，签订不平等条约。现代西方文明带来的巨大冲击，是拥有几千年历史的中国从未遭遇的重大事件。张之洞说：

今日之世变，岂特春秋所未有，抑秦、汉以至元、明

---

① 张之洞：《劝学篇》，广西师范大学出版社，2008，第2页。

所未有也。语其祸，则共工之狂、辛有之痛，不足喻也。①

中国几千年的历史，虽然经历朝代更迭，然而中国的政教文明并未受到根本的冲击。近代以来，西方国家迅速崛起，频繁侵略中国，中华民族遭受了前所未有的劫难。在这样的背景下，如何看待西学与中学关系，尤其是如何学习西学，就成为当时的有识之士思考的重中之重。若一味顽固保守而不知通变，就将坐以待毙；若一味学习西方而丧失固有文明，就将国无根基。张之洞在《劝学篇》的序言中提到这种新旧冲突：

> 图救时者言新学，虑害道者守旧学，莫衷一是。旧者因噎而食废，新者歧多而羊亡。旧者不知通，新者不知本。不知通，则无应敌制变之术；不知本，则有非薄名教之心。夫如是则旧者愈病新，新者愈厌旧，交相为愈，而恢诡倾危、乱名改作之流，遂杂出其说，以荡众心。学者摇摇，中无所主，邪说暴行，横流天下。敌既至，无与战，敌未至，无与安。吾恐中国之祸，不在四海之外，而在九州之内矣。②

依照张之洞的观点，保守旧学而不通新来的西学，则无以因应时变，无以制敌取胜；学习新学而忘记固有的中学，则会

---

① 张之洞：《劝学篇》，广西师范大学出版社，2008，第1页。
② 张之洞：《劝学篇》，广西师范大学出版社，2008，第2页。

毁坏纲常名教，不能保家卫国。于是新旧双方势同水火，互不相让，相互责难，反而给"恢诡倾危、乱名改作之流"可乘之机，造成"杂出其说，以荡众心""邪说暴行，横流天下"的思想混乱以及社会动荡。为了解决这种矛盾，张之洞基于两者优劣，权衡各方利弊，最终采取了"中学为体、西学为用"的思想路线，以此来会通中西学术，进而达到保国、保教、保种的目的。

（一）保国、保教、保种为一体

面对日益严重的外部侵略，清朝的有识之士组织了强学会，提出了保国、保教、保种的口号。保国即继续维护清朝的统治地位，保教即保存以儒学为主导的一整套文教，保种即"保华种"。当时，有专提保教者，有一心保种者，然于三者关系罕有贯通的思想。张之洞认为：

> 然则舍保国之外，安有所谓保教保种之术哉？今日颇有忧时之士，或仅以尊崇孔学为保教计，或仅以合群动众为保种计，而于国、教、种安危与共之义忽焉。《传》曰："皮之不存，毛将安傅？"《孟子》曰："能治其国家，谁敢侮之？"此之谓也。①

保存孔教、保存"华种"固然重要，然而没有强有力的国家来践行这两个目标，保教与保种将会沦为空谈。换句话说，作为国家的中国若没有一定的综合国力、军事力量以及文

---

① 张之洞：《劝学篇》，广西师范大学出版社，2008，第13页。

化影响力，中国人难以团结起来，中华文化也难以发扬光大。所以，必须有强有力的国家，才能实现保教、保种的任务。这显示了张之洞卓越的政治洞见，他既有自己的政治文化理想，又有脚踏实地的实施手段，远非一般的空谈书生所可比拟。他说：

> 吾闻欲救今日之世变者，其说有三：一曰保国家，一曰保圣教，一曰保华种。夫三事一贯而已矣。保国、保教、保种，合为一心，是谓同心。保种必先保教，保教必先保国。种何以存？有智则存。智者，教之谓也。教何以行？有力则行。力者，兵之谓也。故国不威则教不循，国不盛则种不尊。回教，无理者也，土耳其猛鸷敢战而回教存。佛教，近理者也，印度蠢愚而佛教亡。波斯景教，国弱改教。希腊古教，若存若灭。天主耶稣之教行于地球十之六，兵力为之也。我圣教行于中土数千年而无改者，五帝三王明道垂法，以君兼师；汉、唐及明，宗尚儒术，以教为政；我朝列圣，尤尊孔、孟、程、朱，屏黜异端，纂述经义，以躬行实践者教天下。故凡有血气，咸知尊亲。盖政教相维者，古今之常经，中西之通义。①

想要保存"华种"，需要开发民智，而民智的开发源自文教，故"保种必先保教"；想要保存传统文教，必须依靠国家的力量来推行，故曰"保教必先保国"。张之洞遍举回教、佛

---

① 张之洞：《劝学篇》，广西师范大学出版社，2008，第 11~12 页。

教、景教、希腊古教、基督教、孔教为例，证明国家力量的强弱直接关涉文教的兴衰与族群的存亡，诚是不刊之论。国家强大是基础，种族兴盛是骨干，文化繁荣是灵魂，三者相辅相成，缺一不可。当然在民族国家兴起的历史趋势下，三者的轻重缓急有一定区别。中国惨遭西方侵略，首先是源于国家力量的孱弱，孔教在面对西方的坚船利炮时根本无力抵抗，所以保国是首要的。

（二）保国

依照张之洞的观点，当时所谓保国是保大清国，即维护清朝的统治地位。他的理由是："自汉、唐以来，国家爱民之厚，未有过于我圣清者也。"① 他还从十五个方面列举了清朝治国理政的功绩，分别是"薄赋""宽民""救灾""惠工""恤商""减贡""戒侈""恤军""行权""慎刑""覆远""戢兵""重士""修法""劝忠"等。除此之外，还有良法善政不可胜数。为了延续清王朝统治，张之洞可谓殚精竭虑，百般辩护，他说：

> 中国虽不富强，然天下之人，无论富贵贫贱，皆得俯仰宽然，有以自乐其生。西国国势虽盛，而小民之愁苦怨毒者，郁遏未伸，待机而发，以故弑君刺相之事，岁不绝书，固知其政事亦必有不如我中国者矣。②

① 张之洞：《劝学篇》，广西师范大学出版社，2008，第 14 页。
② 张之洞：《劝学篇》，广西师范大学出版社，2008，第 23 页。

张之洞作为清朝大臣，列举清廷之功绩，自是无可厚非，一个王朝能兴起与繁荣，自然不能没有良法善政。然而清朝1840年以后面对内忧外患，不断割地、求和、赔款，这些也是事实，不能视而不见。对此，张之洞的理由是：

> 自道光以至今兹，外洋各国屡来构衅，苟可以情恕理遣，即不惜屈己议和，不过为爱惜生民，不忍捐之于凶锋毒焰之下。①

张之洞以爱惜百姓为清廷辩护，当然是苍白无力、荒唐可笑的。清朝后期日渐腐朽而不能自强，镇压民众而不能自新，遭遇外敌而不能御辱，落后时代而不能奋起直追，如果不从清廷自身内部查找问题是根本无法实现救亡图存的，一句"爱惜生民"无法挽回清王朝衰落的命运。张之洞认为清廷即国家、国家即清廷，以保清王朝同于保中国，实是他保守和局限的一面。然而，从爱国的角度来看，保国的呼吁对于激励中国人发愤图强是有一定积极意义的。

（三）保教

面对西方文明的强势入侵，除了学习西方的科技外，是不是也需要学习西方的宗教，用以取代中国传统的孔教呢？这是当时摆在中国人面前的一大问题。在张之洞看来，孔教是不能改变的，因为这是中国人之所以为中国人的本质，是中国之所以为中国的根基，故倡导"保教"一说。他批判那些信奉西

---

① 　张之洞：《劝学篇》，广西师范大学出版社，2008，第21页。

方宗教的人：

> 乃贵洋贱华之徒，于泰西政治、学术、风俗之善者懵
> 然不知，知亦不学，独援其秕政敝俗，欲尽弃吾教吾政以
> 从之，饮食服玩，闺门习尚，无一不摹仿西人。西人每讥
> 笑之。甚至中土文学聚会之事，亦以七日礼拜之期为节
> 目。近日微闻海滨洋界有公然创废三纲之议者，其意欲举
> 世放恣黩乱而后快，怵心骇耳，无过于斯。中无此政，西
> 无此教，所谓非驴非马，吾恐地球万国将众恶而共弃
> 之也。①

宗教后面是以一整套文化体系为支撑的，依照张之洞的
观点，西方有西方的宗教，中国有中国的宗教，中国的宗教
不是西方意义上的宗教。如果非要把完全不同的两种宗教混
在一起，就会导致既不是这种宗教，也不是那种宗教，即非
驴非马的怪现象，大家都会厌恶、抛弃这种不伦不类的宗
教。如果只能选择一种宗教，那么中国为什么不能抛弃传统
孔教而接受西方宗教呢？这是因为孔教在中国相传数千年，
是中国之为中国、中国人之为中国人的根本，一旦毁坏孔
教，则中国不复为中国，中国人也不复为中国人。比如孔教
中的纲常伦理：

> "君为臣纲，父为子纲，夫为妻纲"，此《白虎通》
> 引《礼纬》之说也。董子所谓"道之大原出于天，天不

---

① 张之洞：《劝学篇》，广西师范大学出版社，2008，第26~27页。

变，道亦不变"之义……《礼记·大传》曰："亲亲也，尊尊也，长长也，男女有别，此其不可得与民变革者也。"五伦之要，百行之原，相传数千年，更无异议。圣人所以为圣人，中国所以为中国，实在于此。[①]

一国之所以为一国，而不同于他国，除了有自己的语言、民族、疆域外，最主要的是这个国家有自己所崇奉的独特的价值体系。希腊城邦信奉希腊神，中世纪西方信奉基督教，现代西方信奉新教，俄罗斯信奉东正教，阿拉伯世界信奉伊斯兰教，以色列信奉犹太教，这些宗教虽然没有直接发展出现代科技，但是对保持各个民族的稳定和自我认同起到了极为重要的作用。而中国之所以为中国，在历史的长河中，起到核心作用的就是孔教。因此，在张之洞看来，这就是"天不变，道亦不变"的那个"道"。

（四）保种

中国幅员辽阔，历史悠久，在这片土地上诞生的文明是世界上最优秀的文明之一，生活在这片土地上的人是世界上最为优秀的种族之一。对此，张之洞高度肯定了历史上中国的伟大之处。他强调中国是：

> 西起昆仑，东至于海，南至于南海，北至奉天、吉林、黑龙江、内外蒙古，南及沿海之越南、暹罗、缅甸、东中北三印度，东及环海之朝鲜、海中之日本。其地同为

---

① 张之洞：《劝学篇》，广西师范大学出版社，2008，第24页。

亚洲，其人同为黄种，皆三皇五帝声教之所及，神明胄裔
种族之所分。隋以前佛书谓之"震旦"，今西人书籍文
字，于中国人统谓之曰"蒙古"，俄国语言呼中国人曰
"契丹"，是为亚洲同种之证。其地得天地中和之气，故
昼夜适均，寒燠得中。其人秉性灵淑，风俗和厚，邃古以
来称为最尊最大最治之国。①

张之洞纵论中国疆域广阔、天气适中、风俗淳厚、民
众聪慧，足以激起中华儿女的骄傲和自信。但是，他更加
惊人的观点是认为中华文明在周朝取得突出成就、走上顶
峰之后，就每况愈下、逐渐式微了，"文明之治，至周而
极，文胜而敝，孔子忧之。历朝一统，外无强邻，积文成
虚，积虚成弱"②。相反，西方国家则是越到近代越发展，
"欧洲各国开辟也晚，郁积勃发，斗力竞巧，各自摩厉，求
灭免亡，积惧成奋，积奋成强"③。在中国落后而西方强大的
背景下，面对西方现代化的制度优势，尤其是西方的军事、
经济、文化侵略，仍有不少中国士大夫和民众"懵然罔觉，
五十年来，屡鉴不悛，守其傲惰，安其偷苟，情见势绌，而
外侮亟矣"④。外侮日迫，中华民族如何自我保存而避免走向
灭种？张之洞深怀忧虑，对于一些人的无动于衷、麻木不
仁，甚至数典忘祖、卖国求荣，他更加痛心疾首、严厉
呵斥：

---

① 张之洞：《劝学篇》，广西师范大学出版社，2008，第29页。
② 张之洞：《劝学篇》，广西师范大学出版社，2008，第29页。
③ 张之洞：《劝学篇》，广西师范大学出版社，2008，第29页。
④ 张之洞：《劝学篇》，广西师范大学出版社，2008，第29~30页。

　　方今海内之士，感慨发愤、竭智尽忠、求纾国难者，固不乏人。而昏墨之人，则视国家之休戚漠然无动于其心，意谓此非发捻之比，中华虽沦，富贵自在，方且乘此贴危，恣为贪黩，以待合西伙，为西商，徙西地，入西籍。而莠民邪说甚至诋中国为不足有为，讥圣教为无用，分同室为畛域，引彼法为同调，日夜冀幸天下有变，以求庇于他人。若此者，仁者谓之悖乱，智者谓之大愚。①

　　一个民族如果不认同自己，对自己没有信心，面对困难想到的是投靠强者，并且乐意成为其他民族的奴才，那么这个民族一定不能自立自强。对此，像张之洞这样的爱国者有着清醒的认识，他们无情地批判了这种妄自菲薄的现象，正是在他们的倡导和呼吁下，仁人志士前赴后继，矢志不渝，不断探索着救国救民的真理，推动着中国人一步步走向自立自强。

　　正是面对历史的大变局，在国家受辱、民族危亡、文明危急的艰难困苦中，张之洞提出保国、保教、保种，结合中学与西学各自优劣，提出会通古今中西的时代方案，这是其致力于劝学的现实背景和逻辑起点。

二　中学为体，西学为用

　　张之洞明确了保国、保教、保种的目标，那么接下来的任务便是如何实现这个目标。前面提到他认为其中的关钥是

---

①　张之洞：《劝学篇》，广西师范大学出版社，2008，第30页。

"其表在政，其里在学"，此即意味着想要保国、保教、保种，看上去是要推行政治上的改革，实际上是要在教化学习上推行变革。然而处于古今中外的多元选择当中，到底该怎么变革，什么东西可以变，什么东西不能变，这是张之洞认为需要解决的重大问题。在他看来，《劝学篇》内篇，强调的是不能改变的东西，故曰"务本以正人心"，这是"中学为体"的"体"之所在；《劝学篇》外篇，强调的是亟待变革的东西，故曰"务通以开风气"，其中有许多突破传统"中学"、借鉴"西学"的思想和做法，这是"西学为用"的"用"之所在。通过这些内容，可以大致了解张之洞"中学为体，西学为用"的劝学思想。

（一）经典不可易

经者，常道也，张之洞以四书五经为经典，以四书五经之理为常理，以为不可移易者。张之洞说："曰《宗经》，周、秦诸子，瑕不掩瑜，取节则可，破道勿听，必折衷于圣也。"[1] 在张之洞看来，先秦诸子百家虽有精妙义理，固然可以学习，但也有缺点和瑕疵，不能以他们的学说损害儒家学说，因此必须回到以孔子为代表的经义之中，以之来分辨诸子百家的是非曲直，进而吸收精华，去除糟粕。张之洞明确指出：

> 自汉武始屏斥百家，一以六艺之科为断。今欲通知学术流别，增益才智，针起暗聋跛躄之陋儒，未尝

---

① 张之洞：《劝学篇》，广西师范大学出版社，2008，第3页。

不可兼读诸子，然当以经义权衡而节取之……盖圣人之道大而能博，因材因时，言非一端，而要归于中正。故九流之精，皆圣学之所有也，九流之病，皆圣学之所黜也。①

张之洞虽然说"未尝不可兼读诸子"，然要求以六艺之科为立场、观点和方法，审视诸子百家学说，合则学习，不合则黜之。对于道、墨、法、阴阳、名、兵、纵横等诸子学说上的不足，张之洞从总体上予以评价，指出其是非得失，如说《老子》"尚无事则以礼为乱首，主守雌则以强为死徒，任自然则以有忠臣为乱国"；说《墨子》"除《兼爱》已见斥于《孟子》外，其《非儒》《公孟》两篇至为狂悍"；至于《荀子》，也斥之为"虽名为儒家，而非十二子，倡性恶，法后王，杀《诗》《书》，一传之后，即为世道经籍之祸"②。当然张之洞也承认这些学说有其合理之处，评判《老子》"见道颇深，功用较博"。然而，学习是有一定立场的，如果不是为了研究而学习，而是为了践行而学习，那么这种立场就在一定程度上决定了学习的标准和学习的内容选择。张之洞主要从是否有益于治国平天下的角度来褒贬诸子之说，因此又说《老子》"开后世君臣苟安误国之风，致陋儒空疏废学之弊，启猾吏巧士挟诈营私软媚无耻之习，其害亦为最巨。功在西汉之初，而病发于二千年之后，是养成顽钝积弱不能自振之中华者，老氏之学为之也"③，这就直接将"二千年之后"清朝的落后归咎

① 张之洞：《劝学篇》，广西师范大学出版社，2008，第32～33页。
② 张之洞：《劝学篇》，广西师范大学出版社，2008，第33～34页。
③ 张之洞：《劝学篇》，广西师范大学出版社，2008，第35页。

于老子等人身上了。

张之洞以经学为学问的标准，把学习经学作为第一要求。在此基础上，进一步要求对经学有所抉择，因为历史上关于经学的理解各有不同，也有诸多误解和错漏之处。张之洞说：

> 不独诸子然也，群经简古，其中每多奥旨异说，或以篇简摩灭，或出后师误解。汉兴之初，曲学阿世以冀立学。哀平之际，造谶益纬以媚巨奸。于是非常可怪之论益多，如文王受命，孔子称王之类。此非七十子之说，乃秦汉经生之说也，而说《公羊春秋》者为尤甚。乾嘉诸儒，嗜古好难，力为阐扬，其风日肆，演其余波，实有不宜于今之世道者……窃惟诸经之义，其有迂曲难通、纷歧莫定者，当以《论语》《孟子》折衷之。《论》《孟》文约意显，又群经之权衡矣。①

张之洞对经学的理解，总体上是以宋明儒为标准，以《论语》《孟子》为六经之权衡。对汉代谶纬学说、可怪之论批评较多，自是不无道理。他对春秋公羊学，忌讳尤深，称"假如近儒《公羊》之说，是孔子作《春秋》而乱臣贼子喜也"②。这种倾向与张之洞自身的学术旨趣密切相关，反映了张之洞对清末公羊学如庄存与、刘逢禄、康有为等人的极度不满。

---

① 张之洞：《劝学篇》，广西师范大学出版社，2008，第35~36页。
② 张之洞：《劝学篇》，广西师范大学出版社，2008，第36页。

（二）民权不可学

中学、西学有一大不同点，就是民权问题，要不要学习西方民权思想是当时中国人探索政治变革的核心问题。西方近代所倡导的民权，是古今政体一大根本变化。自启蒙运动以来，霍布斯、洛克、卢梭倡导的民权之说，认为国家的权力源自民众的同意与让渡，逐渐风行欧美。民权是指人人皆有自主权，包括生命权、财产权、自由权等。古代政治重德行，近代政治重权利，因此对政治合法性的理解也产生了巨大区别，政权在古代源于道德，在现代源于权利。西方近现代的政治变迁也是逐渐从以前的神权政治向民权政治转变，有激进有保守等方面的区别。

在清末的风雨飘摇之际，有一部分人希望改变中国的古老政治原则与伦理纲常，向西方学习，以民权取代皇权，实现中国的自立自强。面对这一学说，张之洞不以为然，逐一反驳各种关于中国需要民权的议论。其中，他特别指出中国人对西方民权学说的误解：

　　考外洋民权之说所由来，其意不过曰国有议院，民间可以发公论、达众情而已，但欲民申其情，非欲民揽其权……近日撕拾西说者，甚至谓人人有自主之权，益为怪妄。此语出于彼教之书，其意言上帝予人以性灵，人人各有智虑聪明，皆可有为耳，译者竟释为人人有自主之权，尤大误矣。泰西诸国，无论君主、民主、君民共主，国必有法，政必有法，官有官律，兵有兵律，工有工律，商有商律，律师习之，法官掌之，君民皆不得违其法。政府所

令，议员得而驳之；议院所定，朝廷得而散之。谓之人人
无自主之权则可，安得曰人人自主哉？[①]

张之洞严厉地批判了人人自由自主而无规则的假民权之
说，认为西方政治亦有其法度与规范，所谓"国必有法，政
必有法，官有官律，兵有兵律，工有工律，商有商律"，每个
人都受到法律的约束，并不是人人都有自主之权。

同时张之洞也反对在中国设议院，因为中国的士人和
民众，绝大多数对国内外形势不了解，缺少成为合格议员
的才能，"此时纵欲开议院，其如无议员何？此必俟学堂大
兴，人才日盛，然后议之，今非其时势也"[②]。行使民权必
须有大量的合格的议员群体，他们既要有广泛的见闻，对
中国的现实情况和西方的民权学说都有深入了解，又要有
一定的议政经验和独到见解，能够提出真正有益于国家的
政策建议，还要有一定经济基础和奉献精神。张之洞认为
当时的中国缺少这样的人才，有待新式学校对新式人才的
培养。

除了人才因素，张之洞排斥民权，也是担心骤然采取
"民权"之说而唯西方是从，将会导致天下大乱，"方今中华
诚非雄强，然百姓尚能自安其业者，由朝廷之法维系之也。使
民权之说一倡，愚民必喜，乱民比作，纪纲不行，大乱四起，
倡此议者岂能独安独活？且必将劫掠市镇，焚毁教堂，吾恐外
洋各国必藉保护为名，兵船陆军深入占据，全局拱手而属之他

---

① 张之洞：《劝学篇》，广西师范大学出版社，2008，第39~40页。

② 张之洞：《劝学篇》，广西师范大学出版社，2008，第42页。

人，是民权之说固敌人所愿闻者矣"①。张之洞认为，当时的中国没有实行民权的基础和条件，如果贸然实行西方式的民权政治，必然会导致水土不服、社会动乱。到时，西方列强就会趁机入侵、劫掠中国，后果不堪设想。基于忠君爱国的立场，张之洞一如既往地维护清王朝的皇权统治，"我朝深仁厚泽，朝无苛政，何苦倡此乱阶"②。他认为当时的民意能够顺利向上传达，上面能够充分吸纳下层民众的诉求，因此无须再行民权政治。

（三）西艺可鉴学

面对中西方显著的实力差距，张之洞在维护清王朝的基本立场下，主张"师夷长技以制夷"，以开放谦虚的态度学习"西技""西艺"甚至部分"西制"，以助推中国走向强大。

在设立学堂方面，为了造就大量新式人才，张之洞认为要学习西方的学校教育体系，"非天下广设学堂不可"。为此，"各省、各道、各府、各州县皆宜有学。京师、省会为大学堂，道府为中学堂，州县为小学堂，中小学以备升入大学堂之选"③。然而要建的学堂很多，国家经费有限，如何为之？张之洞提出先改传统书院为学堂，书院不够，则暂时改善堂之地、赛会演戏之款用之，或者改祠堂之费用之；实在不济，则改佛道寺观为之。"今天下寺观，何止数万？都会百余区，大县数十，小县十余，皆有田产，其物业皆由布施而来，若改作

---

① 张之洞：《劝学篇》，广西师范大学出版社，2008，第39页。
② 张之洞：《劝学篇》，广西师范大学出版社，2008，第39页。
③ 张之洞：《劝学篇》，广西师范大学出版社，2008，第74~75页。

学堂，则屋宇田产悉具，此亦权宜而简易之策也。"① 解决了
学堂场地和经费问题，张之洞又提出了"学堂之法"要点：

> 一曰：新旧兼学。四书五经、中国史事、政书、地图
> 为旧学，西政、西艺、西史为新学。旧学为体，新学为
> 用，不使偏废。
> 一曰：政艺兼学。学校、地理、度支、赋税、武备、
> 律例、劝工、通商，西政也。算、绘、矿、医、声、光、
> 化、电，西艺也……小学堂先艺而后政，大中学堂先政而
> 后艺。
> 一曰：宜教少年。学算，须心力锐者；学图，须目力
> 好者；学格致、化学、制造，须质性颖敏者；学方言，须
> 口齿清便者；学体操，须气体精壮者。②

此外，还包括"不课时文""不令争利""师不苛求"等
方面。张之洞最后提到，如果学堂一时之间数量不够，有志之
士就应当自己成立学会，互相切磋，自主学习，如同古人一
样，即使在艰难的环境中也坚持为学。张之洞对于学堂的改
革，特别是将传统书院和庙堂改为学堂的做法，在晚清以来的
新式教育中影响深远。

在学制方面，张之洞强调要效仿外国学校制度，对专门之
学与公共之学加以区分，"专门之学，极深研几，发古人所未
发，能今人所不能，毕生莫殚，子孙莫究，此无限制者也。公

---

① 张之洞：《劝学篇》，广西师范大学出版社，2008，第75页。
② 张之洞：《劝学篇》，广西师范大学出版社，2008，第76~77页。

共之学，所读有定书，所习有定事，所知有定理，日课有定程，学成有定期"①。按照小学堂、中学堂、大学堂的区别，各分为两三等，"期满之后，考其等第，给予执照。国家欲用人才，则取之于学堂，验其学堂之凭据，则知其任何官职而授之。是以官无不习之事，士无无用之学"②。文臣武将、普通百姓，都接受同样的学习教育，人才培养都是经过同样的途径，这样就形成一种普遍学习的情况。

在翻译方面，张之洞认为翻译是学习外国知识的必然途径，"夫不通西语，不识西文，不译西书，人胜我而不信，人谋我而不闻，人规我而不纳，人吞我而不知，人残我而不见，非聋瞽而何哉？"只有学习西文、翻译西书、了解西方的情况，才能维护国家利益。基于此，清末不少西式学堂都会聘请外国人当老师，然而需要注意两个方面的弊端：一是师生语言不通，全靠翻译交流，导致不能准确地学习西方知识；二是向外国老师学习的时间有限，加上他们有所保留，导致不能广泛深入地学习西方知识。有鉴于此，张之洞提倡，"是惟多译西国有用之书，以教不习西文之人"③，要让不懂西文的人也可以取而读之。为了大量而迅速地翻译西方书籍，张之洞提出三种途径："一、各省多设译书局；一、出使大臣访其国之要书而选译之；一、上海有力书贾、好事文人，广译西书出售。"④即官方组织翻译、外出使臣自译以及上海等通商口岸通过商业模式翻译。

---

① 张之洞：《劝学篇》，广西师范大学出版社，2008，第 80 页。
② 张之洞：《劝学篇》，广西师范大学出版社，2008，第 81 页。
③ 张之洞：《劝学篇》，广西师范大学出版社，2008，第 85 页。
④ 张之洞：《劝学篇》，广西师范大学出版社，2008，第 85 页。

在阅报方面，张之洞谈到若要了解国内外大事，不出户而知天下，就必须通过报纸。国外"有官报，有民报。官报宣国是，民报达民情。凡国政之得失、各国之交涉、工艺商务之盛衰、军械战船之多少、学术之新理新法，皆具焉。是以一国之内如一家，五洲之人如面语"①。张之洞特别指出，通过阅报了解国内外各种情况是报纸重要的作用，但更重要的是通过报纸了解本国的问题。他说："大抵一国之利害安危，本国之人蔽于习俗，必不能尽知之。即知之，亦不敢尽言之。惟出之邻国，又出之至强之国，故昌言而无忌。我国君臣上下，果能览之而动心，怵之而改作，非中国之福哉？"② 国人对自己国家情况有时身在其中反而不知情，即使知情也不敢直言不讳，外国报纸旁观者清，又无所顾忌，正好帮助我们发现问题、解决问题。

在变法方面，张之洞认为当时中国不变法就无以应对时局之难，应该继续学习西法以自强。为证明变法的合理性，张之洞诉诸中国的经典、历史和现实。首先，变法是中国经典的固有之义，如"穷则变，变通尽利，变通趣时，损益之道，与时偕行，《易》义也。器非求旧惟新，《尚书》义也。学在四夷，《春秋传》义也。五帝不沿乐，三王不袭礼，礼时为大，《礼》义也。温故知新，三人必有我师，择善而从，《论语》义也。时措之宜，《中庸》义也。不耻不若人，何若人有，《孟子》义也"③。其次，历史上中国常有变法成功之事，如"封建变郡县，辟举变科目，府兵变召募，车战变步骑，租庸

---

① 张之洞：《劝学篇》，广西师范大学出版社，2008，第87页。
② 张之洞：《劝学篇》，广西师范大学出版社，2008，第89页。
③ 张之洞：《劝学篇》，广西师范大学出版社，2008，第91~92页。

调变两税，归余变活闰，篆籀变隶楷，竹帛变雕版，笾豆变陶器，粟布变银钱，何一是三代之旧乎"①。至于历史上那些变法失败的案例，不是因为变的关系，而是因为所变之法是错误的。再次，清朝也是在变法中不断强大的，如在骑射之外用上了大炮，在绿营之外增加了兵勇招募，在税之外抽取厘金，等等。当然，从保国保教的角度，张之洞强调法有可变有不可变，"夫不可变者，伦纪也，非法制也；圣道也，非器械也；心术也，非工艺也"②，这是他一贯的主张。同时，张之洞批判了那些排斥变法的行为，主张继续仿行西法，同时克服"人顾其私""爱惜经费""朝无定论""有器无人"等变法中出现的问题。

在变科举方面，张之洞要求学习西方的人才选拔方式，变革考试制度。中国传统科举考试虽然时有调适，然行至晚清已有1300余年，出现了不通古今、不切经济，只重应试书籍、应试程式的弊病，难以为国家培养救时之才。所以张之洞说："故救时必自变法始，变法必自变科举始。"③ 至于科举的内容，张之洞也按照中学为体、西学为用的原则进行取舍，"变科举者，非废四书文也，不专重时文，不讲诗赋、小楷之谓也"④。科举考试分为三场，第一场考中国经济（经国济世之学），第二场考西学经济，第三场考四书五经。对于三场先后次序，张之洞有一定考量，"大抵首场先取博学，二场于博学中求通才，三场于通才中求纯正。先博后约，先粗后精，既无

① 张之洞：《劝学篇》，广西师范大学出版社，2008，第92页。
② 张之洞：《劝学篇》，广西师范大学出版社，2008，第91页。
③ 张之洞：《劝学篇》，广西师范大学出版社，2008，第96页。
④ 张之洞：《劝学篇》，广西师范大学出版社，2008，第97页。

迂暗庸陋之才，亦无偏驳狂妄之弊"①。张之洞期望通过这样的科举改革，改变人才的能力结构，为国家广泛培养经世致用之才。

在农、工、商、兵、矿学以及铁路方面，张之洞主张充分借鉴西方近代的成就，大力推进对西方技术和制度的学习，特别是要充分借鉴其学科和学问体系（即西艺），增强其科学性和专业性，因为"大抵西法诸事，皆以先学艺后举事为要义。学将而后练兵，学水师而后购舰，学工师而后制造，学矿师而后开矿，其始似迟，其后转速，其费亦必省"②。比如，要做好农业、工业、商业，必须知晓化学、工程学、工艺学等学科知识，同时要关注三者之间的联系，"大抵农、工、商三事，互相表里，互相钩贯。农瘠则病工，工钝则病商，工商聋瞀则病农，三者交病，不可为国矣"③。张之洞注重现代武器的使用，并充分意识到现代兵学战略战术的重要性，要求借鉴西方的兵种制度、军官训练制度、士兵服役制度、忠爱廉耻的培养方式等，逐渐掌握西方的兵学之精。张之洞还高度重视矿学和矿权，提出建立矿学堂，培育矿学人才，维护中国矿产权，打破西人垄断等建议。张之洞论及铁路的作用时说道："有一事可以开士、农、工、商、兵五学之门者乎？曰：有，铁路是已。士之利在广见闻，农之利在畅地产，工之利在用机器，商之利在速行程、省运费，兵之利在速征调、具粮械。"④ 可见通过修铁路，一可以省时省力，二可以开风气，有利于国家富强。

① 张之洞：《劝学篇》，广西师范大学出版社，2008，第 98 页。
② 张之洞：《劝学篇》，广西师范大学出版社，2008，第 121 页。
③ 张之洞：《劝学篇》，广西师范大学出版社，2008，第 109 页。
④ 张之洞：《劝学篇》，广西师范大学出版社，2008，第 123 页。

三　方法寓于体用

从文本结构上看，《劝学篇》全书没有所谓学习目的、内容、方法上的明确区分，但是从各章主题上可以看出，有些偏内容，有些偏方法，如"会通""循序""守约""益智""游学"等篇就蕴含着比较明显的方法论价值，这是体用之学尤其是"用"之学的内在要求。

（一）会通

两个事物实现结合，必须具备契合性、汇通性。面对中学与西学的相遇，张之洞认为两者有诸多可会通之处。他首先从中国古典中找出许多与西学相应相通的例子，如"《中庸》天下至诚，尽物之性，赞天地之化育，是西学格致之义也"，"《周礼》土化之法，化治丝枲，饬化八材，是化学之义也"，"《礼运》货恶弃地，《中庸》言山之广大，终以宝藏兴焉，是开矿之义也"[①]，等等。甚至议院、报馆、体操、博物院、武备学堂等西式设置在中国历史上也都有相似事物。张之洞以此为基点，为国人学习西学确立了根据，找到了切入点。同时他进一步指出，中国与印度、波斯乃至欧洲一直存在交流和沟通，通过交流实现了物资交换和社会发展，所以有必要继续坚持下去。

在中西会通之中，张之洞指出要谨防三种态度：一是自塞，"今恶西法者，见六经、古史之无明文，不察其是非损

---

① 张之洞：《劝学篇》，广西师范大学出版社，2008，第126~127页。

益，而概屏之"；二是自欺，"略知西法者，又概取经典所言而傅会之，以为此皆中学所已有"；三是自扰，"溺于西法者，甚或取中西之学而糅杂之，以为中西无别"①。在张之洞看来，既不能盲目排斥西学，也不能否定西学有中学所没有的东西，同时不要混淆中西之学，甚至否认两者的区别，这三种态度都不利于中西学之间的会通。为了更好地接受西学，他还提出"中学为内学，西学为外学；中学治身心，西学应世事，不必尽索之于经义，而必无悖经义"②的主张。从长远来看，到底如何处理"古今中西之争"，实现中外融通、古今贯通，是中国近代以来争论不休的重要问题，张之洞提供了一个属于他那个时代的方案，为探索解决这个问题提供了有益启示。

（二）循序

既然中学和西学都要学习，那么学习的次序应当如何？张之洞说："今欲强中国，存中学，则不得不讲西学。然不先以中学固其根柢，端其识趣，则强者为乱首，弱者为人奴，其祸更烈于不通西学者矣。"③ 就是说，要保家卫国，更好地保存中学，就必须学西学，这是时势使然；然而没有中学，则中国之所以为中国就失去了根基和本原，必然弃伦理纲常于不顾，引发思想混乱和社会失序，导致"强者为乱首，弱者为人奴"的乱象。追溯这种乱象的根源，张之洞认为是因为所学"非孔门之学"、所行"非孔门之政也"④。因此必须立足孔门之

① 张之洞：《劝学篇》，广西师范大学出版社，2008，第130页。
② 张之洞：《劝学篇》，广西师范大学出版社，2008，第130页。
③ 张之洞：《劝学篇》，广西师范大学出版社，2008，第43页。
④ 张之洞：《劝学篇》，广西师范大学出版社，2008，第43~44页。

"学""政"，才可以造就个人和社会发展的良善根基。

> 孔门之学，博文而约礼，温故而知新，参天而尽物。孔门之政，尊尊而亲亲，先富而后教，有文而备武，因时而制宜。孔子集千圣，等百王，参天地，赞化育，岂迂陋无用之老儒如盗跖所讥、墨翟所非者哉！①

在张之洞眼里，以孔子之学为代表的经学在人伦大本大源处，有远见卓识而不可抛弃，博文约礼，文武兼备，具有恒久的思想教化和政治安顿功能，所以必须先确立中学的根本地位，在此基础上再对西学加以兼收并蓄，发挥西学的补充作用。就此，张之洞继续说道：

> 今日学者，必先通经以明我中国先圣先师立教之旨，考史以识我中国历代之治乱、九州之风土，涉猎子集以通我中国之学术文章，然后择西学之可以补吾阙者用之、西政之可以起吾疾者取之，斯有益而无害。……西学必先由中学，亦犹是矣。②

可以看出，张之洞对西学葆有开放的态度，但是这种开放是有底线的，既要吸收西学所长，弥补中学不足，又不能取代中学，全盘西化。故张之洞说："如中士而不通中学，此犹不知其姓之人、无辔之骑、无柁之舟，其西学愈深，其疾视中国

① 张之洞：《劝学篇》，广西师范大学出版社，2008，第44页。
② 张之洞：《劝学篇》，广西师范大学出版社，2008，第44页。

亦愈甚，虽有博物多能之士，国家亦安得而用之哉！"① 如果不通中学，只学西学，则会丧失本源，丧失爱国之心，则只会有害于中国。

（三）守约

中国经典卷帙浩繁，经史子集不可胜数，终其一生都不能遍观而尽识，很多人在学习过程中都有博而寡要、劳而少功的感觉。因此，必须有简约之法，通过掌握要领，以通中学大旨。对此，张之洞说：

> 今欲存中学，必自守约始，守约必自破除门面始。爰举中学各门求约之法，条列于后。损之又损，义主救世，以致用当务为贵，不以殚见洽闻为贤。②

张之洞明确守约的宗旨是以致用救世为依归，不追求多和广，这样就会节省大量时间，迅速培养人才，而不是终生埋首故纸堆，于身家性命、治国安邦全无益处。按照张之洞的观点，十五岁之前主要是诵读《孝经》和四书五经；十五岁后则加深对经史子集的学习，兼学西文，打好基础后专力讲求时政，广究西法，学成大概在二十至二十五岁之间，然后就可以为国家所用了。

学问有专门之学、有通识之学，张之洞虽然不否定专门之学的作用，少数人可以致力于此，但就致用救世而言，他尤重

---

① 张之洞：《劝学篇》，广西师范大学出版社，2008，第44~45页。
② 张之洞：《劝学篇》，广西师范大学出版社，2008，第48页。

通识之学，要求人人都加以学习，"大抵有专门著述之学，有学堂教人之学。专门之书，求博求精，无有底止，能者为之，不必人人为之也。学堂之书，但贵举要切用，有限有程，人人能解，且限定人人必解者也。将来入官用世之人，皆通晓中学大略之人"①。对于中国古典学问，张之洞在充分肯定的基础上，强调举要切用，不使学问流于庞杂无用，使人人都能了解，人人必须了解，人人通晓大略。

具体到各门学科而言，经学是做到通大义，"切于治身心治天下者，谓之大义。凡大义必明白平易，若荒唐险怪者乃异端，非大义也"②。张之洞将四书五经的大义分为七个要点：明例、要指、图表、会通、解纷、阙疑、流别。史学则考治乱典制，"史学切用之大端有二：一事实，一典制。事实择其治乱大端有关今日鉴戒者考之，无关者置之。典制择其考见世变，可资今日取法者考之，无所取者略之"③。诸子之学则要知道取舍，合于经义者取之，悖之者弃之。宋明理学则看学案，主要是《明儒学案》《宋元学案》。辞章之学则读有实事者，"当于史传及专集、总集中择其叙事述理之文读之，其他姑置不读"④。政治书则读近今者，"政治以本朝为要。百年以内政事，五十年以内奏议，尤为切用"⑤。地理则考今日有用者，算学各随所习之事学之，小学但通大旨大例。以上这些都是张之洞分门提出的举要守约之法。

---

① 张之洞：《劝学篇》，广西师范大学出版社，2008，第48~49页。
② 张之洞：《劝学篇》，广西师范大学出版社，2008，第49页。
③ 张之洞：《劝学篇》，广西师范大学出版社，2008，第52页。
④ 张之洞：《劝学篇》，广西师范大学出版社，2008，第54页。
⑤ 张之洞：《劝学篇》，广西师范大学出版社，2008，第54页。

然而上述所说之书，已是不少，若有资质鲁钝者，张之洞推荐《近思录》《东塾读书记》《御批通鉴辑览》《文献通考详节》等作为了解中学大旨的门径。总体而言，张之洞对中学的大旨、书目及原则的建议，有益于国人对传统学问尤其是经世致用学问的理解。

（四）益智

在援西学以强中国的过程中，张之洞特别重视增益才智，所谓"智以救亡，学以益智"[①]。向西方学习才智，不是因为西人聪明而华人愚蠢，而是因为西方处于群虎相伺、争胜争长的竞争环境中，中国过于因循守旧、养尊处优，所以导致西方之智胜于中国。中国要变强，就需要学习西方之智，即如张之洞所说"自强生于力，力生于智，智生于学"。要向西方学习的有士智、农智、工智、商智、兵智：

> 夫政刑兵食，国势邦交，士之智也；种宜土化，农具粪料，农之智也；机器之用，物化之学，工之智也；访新地，创新货，察人国之好恶，较各国之息耗，商之智也；船械营垒，测绘工程，兵之智也。此教养富强之实政也，非所谓奇技淫巧也。[②]

这些方面如果不赶紧向西方学习，先进的更加先进，落后的更加落后，则中国有亡国灭种的危险。张之洞说："华人于此数

---

① 张之洞：《劝学篇》，广西师范大学出版社，2008，第67页。
② 张之洞：《劝学篇》，广西师范大学出版社，2008，第67页。

者，皆主其故常，不肯殚心力以求之。若循此不改，西智益智，中愚益愚，不待有吞噬之忧，即相忍相持，通商如故，而失利损权，得粗遗精，将冥冥之中，举中国之民，已尽为西人之所役矣。役之不已，吸之、朘之不已，则其究必归于吞噬而后快。"[1]

　　既然要学习西学之智，就必须去除孤傲自负和怠惰苟且的心态，即所谓"一曰去妄，二曰去苟"[2]，以作为益智之法。但是张之洞极其反对外界对于中国统治者的"愚民"指责，也批评了把一切过错都归结于古代政治制度的错误说法。他说："大率近日风气，其赞羡西学者，自视中国朝政民风无一是处，殆不足比于人数，自视其高、曾、祖、父，亦无不可鄙贱者，甚且归咎于数千年以前，历代帝王无一善政，历代将相师儒无一人才。不知二千年以上，西国有何学，西国有何政也？"[3] 此语发人深省，对于当时一些鼓吹全盘西化的人有一定警醒作用。

（五）游学

　　向西方学习有很多方法，可以读西方的书，可以拜西人为老师，可以直接派人游学西方国家。张之洞说："出洋一年，胜于读西书五年……入外国学堂一年，胜于中国学堂三年。"[4] 为了论证"游学之益"，张之洞举以若干例子，如在中国历史上，晋文公在外十九年、赵武灵王微服游秦，归国后使国家变得强大；曾子、左丘明、吴起、乐羊子，因为游学而闻名天

---

① 张之洞：《劝学篇》，广西师范大学出版社，2008，第 67 页。
② 张之洞：《劝学篇》，广西师范大学出版社，2008，第 68 页。
③ 张之洞：《劝学篇》，广西师范大学出版社，2008，第 70 页。
④ 张之洞：《劝学篇》，广西师范大学出版社，2008，第 71 页。

下；汉光武帝游学于长安，刘备游学于郑康成、陈元方等人，取得了显著的成效。如世界近代史上，日本之所以迅速兴起，是因为"伊藤、山县、榎本、陆奥诸人，皆二十年前出洋之学生也，愤其国为西洋所胁，率其徒百余人分诣德、法、英诸国，或学政治工商，或学水陆兵法，学成而归，用为将相，政事一变，雄视东方"①。还有俄皇彼得一世到英国、荷兰船厂学习，泰国国王嫡长子游学英国等例子，都说明游学对于个人进步和国家发展有重要作用。

至于游学目的地，张之洞认为西洋不如东洋，游学日本更为有利，其原因在于距离较近、日文较西文易学、日本已翻译删改众多西方书籍等。中国和东洋"情势风俗相近，易仿行。事半功倍，无过于此。若自欲求精求备，再赴西洋"②。

对于中国而言，如果"外不远游，内不立学"，受辱不知道羞耻，蒙昧不求上进，就一定会死于忧患。相反，张之洞认为只要用心于游学，假以时日，就一定会有所成效。

张之洞在清朝内忧外患、中学遭遇西学挑战之际，提出中学为体、西学为用的会通古今中西的劝学主张，其目的在保国、保种、保教；其方法为固守中学之精髓，同时大力学习西方近现代科学与技术，并且在其为政过程中，许多主张付诸实践，取得切实成效，可以说是开风气之先，有功于国家，启发着仁人志士继续探索。当然他也存在着视保国为保清朝、对西学的理解失之片面、"中体西用"论的体用脱节等方面的局限，这些问题在后来的中西会通中得到了进一步的解决。

---

① 张之洞：《劝学篇》，广西师范大学出版社，2008，第72页。
② 张之洞：《劝学篇》，广西师范大学出版社，2008，第73页。

参考文献

一　古籍文献

《点校本二十四史》，中华书局，2011。

《十三经注疏》，上海古籍出版社，2011。

《尚书》，王世舜、王翠叶译注，中华书局，2012。

《春秋左传注》，杨伯峻注，中华书局，2009。

刘向：《战国策·书录》，上海古籍出版社，1985。

程树德：《论语集释》，中华书局，1990。

《论语译注》，杨伯峻译注，中华书局，2012。

王夫之：《读四书大全说》，岳麓书社，2011。

《孟子》，方勇译注，中华书局，2015。

《庄子今注今译》，陈鼓应注译，中华书局，2009。

王先谦：《荀子集解》，中华书局，1988。

《荀子》，方勇、李波译注，中华书局，2015。

王先慎：《韩非子集解》，中华书局，1998。

孔颖达：《礼记正义》，北京大学出版社，2000。

孙希旦：《礼记集解》，中华书局，1989。

王夫之：《礼记章句》，岳麓书社，2011。

《礼记译注》，杨天宇译注，上海古籍出版社，2016。

《礼记》，胡平生、张萌译注，中华书局，2017。

许维遹：《吕氏春秋集释》，中华书局，2009。

陈奇猷：《吕氏春秋新校释》，上海古籍出版社，2006。

刘文典：《淮南鸿烈集解》，中华书局，2013。

苏舆：《春秋繁露义证》，钟哲点校，中华书局，2015。

《说苑校证》，向宗鲁校证，中华书局，1987。

《抱朴子内篇》，张松辉译注，中华书局，2011。

《抱朴子外篇》，张松辉、张景译注，中华书局，2013。

《颜氏家训》，檀作文译注，中华书局，2022。

《颜氏家训译注》（修订本），庄辉明，章义和校注，上海古籍出版社，2023。

王利器：《颜氏家训集解》，中华书局，2013。

《唐宋名家文集·韩愈集》，卫绍生、杨波注译，中州古籍出版社，2010。

《韩愈文集汇校笺注》，刘真伦、岳珍校注，中华书局，2010。

方世举：《韩昌黎诗集编年笺注》，中华书局，2012。

程颢、程颐：《二程集》，中华书局，2004。

朱熹：《四书章句集注》，中华书局，2003。

叶采集解《近思录集解》，程水龙校注，中华书局，2017。

王应麟等：《三字经　百家姓　千字文　弟子规　治家格言》，凤凰出版社，2006。

段玉裁：《说文解字注》，上海古籍出版社，1981。

《曾国藩全集》，中华书局，2018。

张之洞：《劝学篇》，广西师范大学出版社，2008。

二　研究专著

白寿彝等：《中国通史》上海人民出版社，1999。

中国历史研究院主编《（新编）中国通史纲要》，中国社会科学出版社，2024。

姜义华主编《胡适学术文集·中国哲学史》，中华书局，1991。

冯友兰：《中国哲学史新编》，人民出版社，2007。

张岱年：《中国哲学大纲》，商务印书馆，2015。

劳思光：《新编中国哲学史》，广西师范大学出版社，2005。

任继愈：《中国哲学发展史·先秦卷》，人民出版社，1983。

徐复观：《中国人性论史·先秦篇》，上海三联书店，2002。

侯外庐等：《中国思想通史》，人民出版社，2011。

李泽厚：《中国古代思想史论》，人民出版社，1985。

张岂之：《中国思想史》（修订本），西北大学出版社，2016。

葛兆光：《中国思想史》，复旦大学出版社，2001。

赵吉惠等：《中国儒学史》，中州古籍出版社，1991。

赖永海：《中国佛性论》，上海人民出版社，1988。

郭齐勇：《中华文化根脉》，中国人民大学出版社，2024。

乔炳臣等：《中国古代学习思想史》，人民教育出版社，1996。

张瑞璠主编《中国教育哲学史》，山东教育出版社，2000。

喻本伐、熊贤君：《中国教育发展史》，华中师范大学出版社，1990。

罗国杰主编《中国传统道德·教育修养卷》，中国人民大学出版社，1995。

黄济：《教育哲学通论》，山西教育出版社，1998。

梁启超：《要籍解题及其读法》，岳麓书社，2010。

熊十力：《读经示要》，中国人民大学出版社，2006。

郭沫若：《十批判书》，人民出版社，1976。

张文江：《古典学术讲要》，上海古籍出版社，2018。

杨荣春主编《先秦教育论著选》，人民教育出版社，1997。

韩钟文：《先秦儒家教育哲学思想研究》，齐鲁书社，2003。

俞启定：《先秦两汉儒家教育》，齐鲁书社，1987。

吕思勉：《先秦史》，上海古籍出版社，2005。

王仲荦：《魏晋南北朝史》，上海人民出版社，2020。

陈寅恪：《隋唐制度渊源论稿　唐代政治史述论稿》，生活·读书·新知三联书店，2001。

吕思勉：《隋唐五代史》，上海古籍出版社，2005。

许凌云：《中国儒学史·隋唐卷》，广东教育出版社，1998。

钱穆：《中国近三百年学术史》，中华书局，1986。

刘韶军：《儒家学习思想研究》，华中师范大学出版社，2008。

杜维明：《道学政——论儒家知识分子》，上海人民出版社，2000。

余英时：《士与中国文化》，上海人民出版社，1987。

陈来：《古代宗教与伦理——儒家思想的根源》，生活·

读书·新知三联书店，2009。

丁耘：《儒家与启蒙》，读书·生活·新知三联书店，2011。

罗焌：《诸子学述》，华东师范大学出版社，2008。

蔡仁厚：《孔孟荀哲学》，台湾学生书局，1984。

赵贞信：《论语辨》，上海书店出版社，1935。

陈登元：《荀子哲学》，商务印书馆，1928。

梁启雄：《荀子简释》，中华书局，1983。

熊公哲：《荀子今注今译》，台湾商务印书馆，1975。

余家菊：《荀子教育学说》，首都师范大学出版社，2011。

牟宗三：《名家与荀子》，台湾学生书局，1979。

高时良：《学记研究》，人民教育出版社，2006。

李丰楙：《抱朴子：不死的探求》，九州出版社，2019。

安丽梅：《传统家训与中国古代社会教化》，社会科学文献出版社，2021。

〔德〕马克斯·韦伯：《中国的宗教——儒教与道教》，广西师范大学出版社，2004。

〔美〕本杰明·史华兹：《古代中国的思想世界》，江苏人民出版社，2004。

〔英〕葛瑞汉：《论道者：中国古代哲学论辩》，中国社会科学出版社，2003。

〔美〕列文森：《儒教中国及其现代命运》，中国社会科学出版社，2000。

〔日〕吉川忠夫：《侯景之乱：六朝的黄昏》，北京联合出版公司，2024。

〔日〕吉川忠夫：《六朝精神史研究》，江苏人民出版社，

2012。

三 论文

宋祥：《中国古代劝学文发展简论》，《古籍整理研究学刊》2009 年第 5 期。

宋祥：《中国古代劝学思想及其现代价值》，《社会科学家》2012 年第 4 期。

刘福森、王淑娟：《劝学所沿革述论》，《重庆社会科学》2006 年第 12 期。

曾德雄：《从劝学传统看中国文化的激进基因》，《人文杂志》2004 年第 3 期。

张次第：《儒家劝学的当代社会价值》，《郑州大学学报》（哲学社会科学版）2007 年第 1 期。

陈来：《论儒家教育思想的基本理念》，《北京大学学报》（哲学社会科学版）2005 年第 5 期。

庞学光、娄立志：《试论儒家大教育观特征》，《江苏教育学院学报》（社会科学版）1996 年第 4 期。

陈曙光：《儒家的修身思想体系探微》，《伦理学研究》2006 年第 4 期。

杜振吉、郭鲁兵：《儒家的修身思想及其方法述论》，《道德与文明》2008 年第 1 期。

曹萌：《先秦时期的儒家劝学及文明价值》，《济南大学学报》1997 年第 2 期。

孙齐鲁：《孔、孟、荀学思观辨略》，《孔子研究》2009 年第 6 期。

梁涛：《统合孟荀　创新儒学》，载赵广明主编《宗教与哲学》（第七辑），社会科学文献出版社，2018。

　　胡乐乐：《孔子〈论语〉教育思想的五个新解》，《北京社会科学》2015 年第 10 期。

　　刘铁芳：《教育的时间性——〈论语〉的教育哲学一解》，《教育研究》2023 年第 7 期。

　　刘铁芳：《无言之教与个体成人的超越性——〈论语〉的教育哲学再解》，《教育研究》2024 年第 5 期。

　　刘铁芳：《学为君子：从〈论语〉看人文教育的古典意蕴》，《北京大学教育评论》2022 年第 1 期。

　　刘总总、苗怀明：《从〈论语〉语录体看孔子教育思想的实践》，《江淮论坛》2021 年第 5 期。

　　梁君：《〈论语〉的教育目标与人的核心素养》，《湖南师范大学教育科学学报》2017 年第 1 期。

　　张祥龙：《境域中的"无限"——〈论语〉"学而时习之"章析读》，《江苏社会科学》1999 年第 6 期。

　　陈高华：《学而为人——〈论语·学而〉的教育意蕴》，《湖南师范大学教育科学学报》2015 年第 1 期。

　　刘艳侠：《"学"的内求与外发——从〈论语〉首章看儒家教育要义》，《湖南师范大学教育科学学报》2015 年第 1 期。

　　赵庸谦：《〈论语〉"不愤不启"章教育思想初探》，《孔子研究》2017 年第 1 期。

　　梁涛：《孟子"道性善"的内在理路及其思想意义》，《哲学研究》2009 年第 7 期。

　　张奇伟：《荀子礼学思想简论》，《中国哲学史》2002 年第 2 期。

　　潘小慧：《荀子道德知识论的当代意义与价值》，见庞朴主编《儒林》（第四辑），山东大学出版社，2008。

王杰：《荀子对礼学思想体系的建构》，见庞朴主编《儒林》（第四辑），山东大学出版社，2008。

丁四新：《天人·性伪·心知——荀子哲学思想的核心线索》，《中国哲学史》1997 年第 3 期。

马振铎：《孟、荀的人性学说以及二者的对立和互补》，《哲学研究》1993 年第 12 期。

王中江：《荀学与儒家的学统和道统》，《南昌大学学报》（人文社会科学版）2002 年第 1 期。

孙德玉、许露：《〈荀子·劝学〉中"积"的教育意涵》，《安徽师范大学学报》（人文社会科学版）2015 年第 6 期。

宋广文：《荀子〈劝学〉篇的教育心理学思想浅析》，《齐鲁学刊》1995 年第 3 期。

王博：《论〈劝学篇〉在〈荀子〉及儒家中的意义》，《哲学研究》2008 年第 5 期。

方有国：《〈荀子·劝学〉"用心"辨义》，《语文建设》2005 年第 4 期。

李沈阳：《汉代思想家的学习目的及变迁》，《理论界》2007 年第 7 期。

郭晓东：《〈学记〉与中国古代教育之道》，《大学教育科学》2017 年第 6 期。

孙杰：《化教育思想为教育理论——以〈学记〉研究为中心的历史考察》，《华东师范大学学报》（教育科学版）2022 年第 12 期。

郑星媛、柳海民：《中国教育"学统"及其递进：基于〈学记〉的考察》，《中国教育学刊》2022 年第 8 期。

冯丕红：《〈礼记·学记〉中"学"的意涵及现代启示》，《大学教育科学》2016 年第 6 期。

张海燕：《从〈学记〉看先秦诸子的教育思想》，《管子学刊》2009 年第 3 期。

乐爱国、冯兵：《〈礼记·学记〉的教育伦理思想及其现代启示》，《西南民族大学学报》（人文社科版）2009 年第 8 期。

汪子为：《〈学记〉教育思想新探》，《江汉论坛》2003 年第 10 期。

杨胜才：《〈学记〉中的为学之道论析》，《中南民族大学学报》（人文社会科学版）2003 年第 4 期。

李映红、张绍军：《〈颜氏家训·勉学〉论学习及其现代意蕴》，《大学教育科学》2013 年第 3 期。

崔莹、李成：《〈颜氏家训·勉学〉中的学习观及其当代价值》，《辽宁工业大学学报》（社会科学版）2012 年第 5 期。

李孟辉、王斌林：《〈颜氏家训·勉学〉学习心理思想探析》，《当代教育论坛》2005 年第 13 期。

陈桂生、张礼永：《中国古代师资文化要义——"师说"辨析》，《教育研究》2015 年第 9 期。

屈博：《何以为师？——〈师说〉中的"师道不传"的问题辨析》，《教师教育研究》2019 年第 5 期。

徐俪成：《韩愈〈进学解〉创作时间献疑——〈旧唐书〉关于韩愈〈进学解〉系年之驳议》，《海南大学学报》（人文社会科学版）2014 年第 2 期。

江亚南：《张之洞〈劝学篇〉中的教育思想》，《江西师范大学学报》（哲学社会科学版）1994 年第 3 期。

金燕：《从〈劝学篇〉看张之洞的教育思想》，《广西社会科学》2005 年第 3 期。

王玉彬：《张之洞与儒学的近代转型——以〈劝学篇〉为中心》，《孔子研究》2024 年第 6 期。

祝婷婷：《百年张之洞〈劝学篇〉研究述评》，《社会科学战线》2012 年第 12 期。

严加红：《中体西用：近代中国文教理念的建构模式——张之洞〈劝学篇〉研读》，《国家教育行政学院学报》2012 年第 11 期。

祝婷婷：《张之洞的〈劝学篇〉与晚清新政》，《东北师大学报》（哲学社会科学版）2012 年第 4 期。

宋德华：《重评张之洞的中西文化观——以〈劝学篇〉为中心》，《学术研究》2011 年第 2 期。

桂勤：《从〈劝学篇〉比较福泽谕吉与张之洞的人才观》，《比较教育研究》1994 年第 4 期。

黄继宗：《论戊戌时期两种不同的劝学观》，《社会科学研究》1987 年第 4 期。

附录　中国重要劝学文献汇编

一　《论语》劝学相关条目

子曰："学而时习之，不亦说乎？有朋自远方来，不亦乐乎？人不知而不愠，不亦君子乎？"（《学而》）

子曰："弟子入则孝，出则悌，谨而信，泛爱众而亲仁。行有余力，则以学文。"（《学而》）

子夏曰："贤贤易色；事父母，能竭其力；事君，能致其身；与朋友交，言而有信。虽曰未学，吾必谓之学矣。"（《学而》）

子曰："君子不重则不威，学则不固。主忠信，无友不如己者。过，则勿惮改。"（《学而》）

子曰："君子食无求饱，居无求安，敏于事而慎于言，就有道而正焉，可谓好学也已。"（《学而》）

子曰："吾十有五而志于学，三十而立，四十而不惑，五十而知天命，六十而耳顺，七十而从心所欲，不逾矩。"（《为政》）

子曰："学而不思则罔，思而不学则殆。"（《为政》）

子贡问曰："孔文子何以谓之'文'也？"子曰："敏而好学，不耻下问，是以谓之'文'也。"（《公冶长》）

子曰："十室之邑，必有忠信如丘者焉，不如丘之好学也。"（《公冶长》）

哀公问："弟子孰为好学？"孔子对曰："有颜回者好学，不迁怒，不贰过。不幸短命死矣。今也则亡，未闻好学者也。"（《雍也》）

子曰："知之者不如好之者，好之者不如乐之者。"（《雍也》）

子曰："君子博学于文，约之以礼，亦可以弗畔矣夫。"（《雍也》）

子曰："默而识之，学而不厌，诲人不倦，何有于我哉？"（《述而》）

子曰："德之不修，学之不讲，闻义不能徙，不善不能改，是吾忧也。"（《述而》）

子曰："自行束脩以上，吾未尝无诲焉。"（《述而》）

子曰："不愤不启，不悱不发。举一隅不以三隅反，则不复也。"（《述而》）

子曰："加我数年，五十以学《易》，可以无大过矣。"（《述而》）

子曰："我非生而知之者，好古，敏以求之者也。"（《述而》）

子曰："三人行，必有我师焉：择其善者而从之，其不善者而改之。"（《述而》）

子以四教：文、行、忠、信。（《述而》）

子曰："笃信好学，守死善道。危邦不入，乱邦不居。天下有道则见，无道则隐。邦有道，贫且贱焉，耻也；邦无道，富且贵焉，耻也。"（《泰伯》）

子曰："学如不及，犹恐失之。"（《泰伯》）

季康子问："弟子孰为好学？"孔子对曰："有颜回者好学，不幸短命死矣，今也则亡。"（《先进》）

樊迟请学稼。子曰："吾不如老农。"请学为圃。曰："吾不如老圃。"樊迟出。子曰："小人哉，樊须也！上好礼，则民莫敢不敬；上好义，则民莫敢不服；上好信，则民莫敢不用情。夫如是，则四方之民襁负其子而至矣，焉用稼？"（《子路》）

子曰："古之学者为己，今之学者为人。"（《宪问》）

子曰："莫我知也夫！"子贡曰："何为其莫知子也？"子曰："不怨天，不尤人，下学而上达。知我者其天乎！"（《宪问》）

子曰："吾尝终日不食，终夜不寝，以思，无益，不如学也。"（《卫灵公》）

子曰："君子谋道不谋食。耕也，馁在其中矣；学也，禄在其中矣。君子忧道不忧贫。"（《卫灵公》）

孔子曰："生而知之者上也，学而知之者次也；困而学之，又其次也；困而不学，民斯为下矣。"（《季氏》）

陈亢问于伯鱼曰："子亦有异闻乎？"对曰："未也。尝独立，鲤趋而过庭。曰：'学《诗》乎？'对曰：'未也。''不学《诗》，无以言。'鲤退而学《诗》。他日，又独立，鲤趋而过庭。曰：'学礼乎？'对曰：'未也。''不学礼，无以立。'鲤退而学礼。闻斯二者。"陈亢退而喜曰："问一得三，闻《诗》，闻礼，又闻君子之远其子也。"（《季氏》）

子曰："由也！女闻六言六蔽矣乎？"对曰："未也。""居！吾语女。好仁不好学，其蔽也愚；好知不好学，其蔽也

荡；好信不好学，其蔽也贼；好直不好学，其蔽也绞；好勇不好学，其蔽也乱；好刚不好学，其蔽也狂。"（《阳货》）

子曰："小子何莫学夫诗？诗，可以兴，可以观，可以群，可以怨。迩之事父，远之事君；多识于鸟兽草木之名。"（《阳货》）

子夏曰："日知其所亡，月无忘其所能，可谓好学也已矣。"（《子张》）

子夏曰："博学而笃志，切问而近思，仁在其中矣。"（《子张》）

子夏曰："百工居肆以成其事，君子学以致其道。"（《子张》）

子夏曰："仕而优则学，学而优则仕。"（《子张》）

卫公孙朝问于子贡曰："仲尼焉学？"子贡曰："文武之道，未坠于地，在人。贤者识其大者，不贤者识其小者。莫不有文武之道焉。夫子焉不学？而亦何常师之有？"（《子张》）

二 《尸子·劝学》

学不倦，所以治己也；教不厌，所以治人也。夫茧，舍而不治，则腐蠹而弃；使女工缫之，以为美锦，大君服而朝之。身者，茧也，舍而不治，则知行腐蠹；使贤者教之，以为世士，则天下诸侯莫敢不敬。是故子路，卞之野人；子贡，卫之贾人；颜涿聚，盗也；颛孙师，驵也。孔子教之，皆为显士。夫学，譬之犹砺也，昆吾之金而铢父之锡，使干越之工，铸之以为剑而弗加砥砺，则以刺不入，以击不断。磨之以砻砺，加之以黄砥，则其刺也无前，其击也无下。自是观之，砺之与弗砺其相去远矣。今人皆知砺其剑，而弗知砺其身。夫学，身之砺砥也。

夫子曰："车，唯恐地之不坚也，舟，唯恐水之不深也。有其器，则以人之难为易。夫道，以人之难为易也。"是故曾子曰："父母爱之，喜而不忘；父母恶之，惧而无咎。"然则爱与恶，其于成孝无择也。史鳝曰："君，亲而近之，至敬以逊；貌而疏之，敬无怨。"然则亲与疏，其于成忠无择也。孔子曰："自娱于檃括之中，直己而不直人，以善废而不邑邑，蘧伯玉之行也。"然则兴与废，其于成善无择也。屈侯附曰："贤者易知也，观其富之所分，达之所进，穷之所不取。"然则穷与达，其于成贤无择也。是故爱恶、亲疏、废兴、穷达皆可以成义，有其器也。

桓公之举管仲，穆公之举百里，比其德也。此所以国甚僻小，身至秽污，而为政于天下也。今非比志意也，而比容貌；非比德行也，而论爵列，亦可以却敌服远矣。农夫比粟，商贾比财，烈士比义，是故监门、逆旅、农夫、陶人皆得与焉。

爵列，私贵也；德行，公贵也。奚以知其然也？司城子罕遇乘封人而下，其仆曰："乘封人也，奚为下之？"子罕曰："古之所谓良人者，良其行也；贵人者，贵其心也。今天爵而人，良其行而贵其心，吾敢弗敬乎？"以是观之，古之所谓贵，非爵列也；所谓良，非先故也。

人君贵于一国，而不达于天下；天子贵于一世，而不达于后世；惟德行与天地相弊也。爵列者，德行之舍也，其所息也。《诗》曰："蔽芾甘棠，勿翦勿败，召伯所憩。"仁者之所息，人不敢败也。天子诸侯，人之所以贵也，桀、纣处之则贱矣。是故曰：爵列，非贵也。今天下贵爵列而贱德行，是贵甘棠而贱召伯也，亦反矣。夫德义也者，视之弗见，听之弗闻，天地以正，万物以遍，无爵而贵，不禄而尊也。

鹿驰走无顾，六马不能望其尘；所以及者，顾也。

土积成岳，则梗、楠、豫章生焉；水积成川，则吞舟之鱼生焉；夫学之积也，亦有所生也。

未有不因学而鉴道，不假学而光身者也。

三 《荀子·劝学》

君子曰：学不可以已。青，取之于蓝而青于蓝；冰，水为之而寒于水。木直中绳，𫐓以为轮，其曲中规。虽有槁暴，不复挺者，𫐓使之然也。故木受绳则直，金就砺则利，君子博学而日参省乎己，则知明而行无过矣。故不登高山，不知天之高也；不临深溪，不知地之厚也；不闻先王之遗言，不知学问之大也。干、越、夷、貉之子，生而同声，长而异俗，教使之然也。《诗》曰："嗟尔君子，无恒安息。靖共尔位，好是正直。神之听之，介尔景福。"神莫大于化道，福莫长于无祸。

吾尝终日而思矣，不如须臾之所学也；吾尝跂而望矣，不如登高之博见也。登高而招，臂非加长也，而见者远；顺风而呼，声非加疾也，而闻者彰。假舆马者，非利足也，而致千里；假舟楫者，非能水也，而绝江河。君子生非异也，善假于物也。南方有鸟焉，名曰蒙鸠，以羽为巢，而编之以发，系之苇苕，风至苕折，卵破子死。巢非不完也，所系者然也。西方有木焉，名曰射干，茎长四寸，生于高山之上，而临百仞之渊，木茎非能长也，所立者然也。蓬生麻中，不扶而直。兰槐之根是为芷，其渐之滫，君子不近，庶人不服，其质非不美也，所渐者然也。故君子居必择乡，游必就士，所以防邪辟而近中正也。

物类之起，必有所始。荣辱之来，必象其德。肉腐出虫，鱼枯生蠹。怠慢忘身，祸灾乃作。强自取柱，柔自取束。邪秽在身，怨之所构。施薪若一，火就燥也，平地若一，水就湿也。草木畴生，禽兽群焉，物各从其类也。是故质的张而弓矢至焉；林木茂而斧斤至焉；树成荫而众鸟息焉；醯酸而蚋聚焉。故言有召祸也，行有招辱也，君子慎其所立乎！

积土成山，风雨兴焉；积水成渊，蛟龙生焉；积善成德，而神明自得，圣心备焉。故不积跬步，无以至千里；不积小流，无以成江海。骐骥一跃，不能十步；驽马十驾，功在不舍。锲而舍之，朽木不折；锲而不舍，金石可镂。螾无爪牙之利，筋骨之强，上食埃土，下饮黄泉，用心一也；蟹六跪而二螯，非蛇蟮之穴无可寄托者，用心躁也。是故无冥冥之志者，无昭昭之明；无惛惛之事者，无赫赫之功。行衢道者不至，事两君者不容。目不能两视而明，耳不能两听而聪。螣蛇无足而飞，梧鼠五技而穷。《诗》曰："尸鸠在桑，其子七兮。淑人君子，其仪一兮。其仪一兮，心如结兮。"故君子结于一也。

昔者瓠巴鼓瑟而流鱼出听；伯牙鼓琴而六马仰秣。故声无小而不闻，行无隐而不形；玉在山而草木润，渊生珠而崖不枯。为善不积邪，安有不闻者乎？

学恶乎始？恶乎终？曰：其数则始乎诵经，终乎读礼；其义则始乎为士，终乎为圣人。真积力久则入，学至乎没而后止也。故学数有终，若其义则不可须臾舍也。为之，人也；舍之，禽兽也。故《书》者，政事之纪也；《诗》者，中声之所止也；《礼》者，法之大分，类之纲纪也。故学至乎《礼》而止矣。夫是之谓道德之极。《礼》之敬文也，《乐》之中和也，《诗》《书》之博也，《春秋》之微也，在天地之间者毕矣。

君子之学也，入乎耳，箸乎心，布乎四体，形乎动静，端而言，蝡而动，一可以为法则。小人之学也，入乎耳，出乎口。口耳之间则四寸耳，曷足以美七尺之躯哉！古之学者为己，今之学者为人。君子之学也，以美其身；小人之学也，以为禽犊。故不问而告谓之傲，问一而告二谓之囋。傲，非也；囋，非也。君子如向矣。

学莫便乎近其人。《礼》《乐》法而不说，《诗》《书》故而不切，《春秋》约而不速。方其人之习君子之说，则尊以遍矣，周于世矣。故曰：学莫便乎近其人。学之经莫速乎好其人，隆礼次之。上不能好其人，下不能隆礼，安特将学杂识志，顺《诗》《书》而已耳，则末世穷年，不免为陋儒而已。将原先王，本仁义，则礼正其经纬蹊径也。若挈裘领，诎五指而顿之，顺者不可胜数也。不道礼宪，以《诗》《书》为之，譬之犹以指测河也，以戈舂黍也，以锥飡壶也，不可以得之矣。故隆礼，虽未明，法士也；不隆礼，虽察辩，散儒也。问楛者勿告也；告楛者勿问也；说楛者勿听也。有争气者勿与辩也。故必由其道至，然后接之，非其道则避之。故礼恭而后可与言道之方；辞顺而后可与言道之理；色从而后可与言道之致。故未可与言而言谓之傲；可与言而不言谓之隐；不观气色而言谓之瞽。故君子不傲，不隐，不瞽，谨顺其身。《诗》曰："匪交匪舒，天子所予。"此之谓也。

百发失一，不足谓善射；千里跬步不至，不足谓善御；伦类不通，仁义不一，不足谓善学。学也者，固学一之也。一出焉，一入焉，涂巷之人也。其善者少，不善者多，桀、纣、盗跖也。全之尽之，然后学者也。君子知夫不全不粹之不足以为美也，故诵数以贯之，思索以通之，为其人以处之，除其害者以持养之，使目非是无欲见也，使耳非是无欲闻也，使口非是无欲言也，使心非是无欲虑也。及至其致好之也，目好之五色，耳好之五声，口好之五味，心利之有天下。是故权利不能倾也，群众不能移也，天下不能荡也。生乎由是，死乎由是，夫是之谓德操。德操然后能定，能定然后能应，能定能应，夫是之谓成人。天见其明，地见其光，君子贵其全也。

四　《礼记·学记》

发虑宪，求善良，足以谀闻，不足以动众。就贤体远，足以动众，未足以化民。君子如欲化民成俗，其必由学乎。

玉不琢，不成器。人不学，不知道。是故古之王者，建国君民，教学为先。《兑命》曰："念终始典于学。"其此之谓乎。

虽有嘉肴，弗食，不知其旨也。虽有至道，弗学，不知其善也。是故学然后知不足，教然后知困。知不足，然后能自反也。知困，然后能自强也。故曰教学相长也。《兑命》曰："学学半。"其此之谓乎。

古之教者，家有塾，党有庠，术有序，国有学。比年入学，中年考校。一年视离经辨志，三年视敬业乐群，五年视博习亲师，七年视论学取友，谓之小成。九年知类通达，强立而不反，谓之大成。夫然后足以化民易俗，近者说服，而远者怀之，此大学之道也。《记》曰："蛾子时术之。"其此之谓乎。

大学始教，皮弁祭菜，示敬道也。《宵雅》肆三，官其始也。入学，鼓，箧，孙其业也。夏、楚二物，收其威也。未卜禘不视学，游其志也。时观而弗语，存其心也。幼者听而弗问，学不躐等也。此七者，教之大伦也。《记》曰："凡学，官先事，士先志。"其此之谓乎。

大学之教也时，教必有正业，退息必有居。学，不学操缦，不能安弦；不学博依，不能安诗；不学杂服，不能安礼；不兴其艺，不能乐学。故君子之于学也，藏焉，修焉，息焉，游焉，夫然故，安其学而亲其师，乐其友而信其道，是以虽离师辅而不反。《兑命》曰："敬，孙，务，时，敏，厥修乃来。"其此之谓乎。

今之教者，呻其占毕，多其讯，言及于数，进而不顾其安，使人不由其诚，教人不尽其材，其施之也悖，其求之也佛。夫然故，隐其学而疾其师，苦其难而不知其益也。虽终其业，其去之必速。教之不刑，其此之由乎。

大学之法，禁于未发之谓"豫"，当其可之谓"时"，不陵节而施之谓"孙"，相观而善之谓"摩"。此四者，教之所由兴也。

发然后禁，则扞格而不胜。时过然后学，则勤苦而难成。杂施而不孙，则坏乱而不修。独学而无友，则孤陋而寡闻。燕朋逆其师。燕辟废其学。此六者，教之所由废也。

君子既知教之所由兴，又知教之所由废，然后可以为人师也。故君子之教喻也，道而弗牵，强而弗抑，开而弗达。道而弗牵则和，强而弗抑则易，开而弗达则思。和、易以思，可谓善喻矣。

学者有四失，教者必知之。人之学也，或失则多，或失则寡，或失则易，或失则止。此四者，心之莫同也。知其心，然后能救其失也。教也者，长善而救其失者也。

善歌者，使人继其声。善教者，使人继其志。其言也约而达，微而臧，罕譬而喻，可谓继志矣。

君子知至学之难易，而知其美恶，然后能博喻。能博喻然后能为师，能为师然后能为长，能为长然后能为君。故师也者，所以学为君也。是故择师不可不慎也。《记》曰："三王四代唯其师。"此之谓乎。

凡学之道，严师为难。师严然后道尊，道尊然后民知敬学。是故君之所不臣于其臣者二：当其为尸则弗臣也；当其为师则弗臣也。大学之礼，虽诏于天子，无北面，所以尊师也。

善学者，师逸而功倍，又从而庸之。不善学者，师勤而功半，又从而怨之。善问者如攻坚木，先其易者，后其节目，及其久也，相说以解。不善问者反此。善待问者如撞钟，叩之以小者则小鸣，叩之以大者则大鸣，待其从容然后尽其声，不善答问者反此。此皆进学之道也。

记问之学，不足以为人师。必也其听语乎。力不能问然后语之；语之而不知，虽舍之可也。

良冶之子必学为裘。良弓之子必学为箕。始驾马者反之，车在马前。君子察于此三者，可以有志于学矣。

古之学者比物丑类。鼓无当于五声，五声弗得不和。水无当于五色，五色弗得不章。学无当于五官，五官弗得不治。师无当于五服，五服弗得不亲。

君子曰：大德不官，大道不器，大信不约，大时不齐。察于此四者，可以有志于学矣。

三王之祭川也，皆先河而后海，或源也，或委也。此之谓务本。

五　吕不韦《吕氏春秋·劝学》

先王之教，莫荣于孝，莫显于忠。忠孝，人君人亲之所甚欲也；显荣，人子人臣之所甚愿也。然而人君人亲不得其所欲，人子人臣不得其所愿，此生于不知理义。不知理义，生于不学。

学者师达而有材，吾未知其不为圣人。圣人之所在，则天下理焉。在右则右重，在左则左重，是故古之圣王未有不尊师者也。尊师则不论其贵贱贫富矣。若此则名号显矣，德行彰矣。

故师之教也，不争轻重尊卑贫富，而争于道。其人苟可，其事无不可。所求尽得，所欲尽成，此生于得圣人。圣人生于疾学。不疾学而能为魁士名人者，未之尝有也。

疾学在于尊师。师尊则言信矣，道论矣。故往教者不化，召师者不化；自卑者不听，卑师者不听。师操不化不听之术，而以强教之，欲道之行、身之尊也，不亦远乎？学者处不化不听之势，而以自行，欲名之显、身之安也，是怀腐而欲香也，是入水而恶濡也。

凡说者，兑之也，非说之也。今世之说者，多弗能兑，而反说之。夫弗能兑而反说，是拯溺而硾之以石也，是救病而饮之以堇也。使世益乱、不肖主重惑者，从此生矣。

故为师之务，在于胜理，在于行义。理胜义立则位尊矣，王公大人弗敢骄也，上至于天子，朝之而不惭。凡遇合也，合不可必。遗理释义，以要不可必，而欲人之尊之也，不亦难乎？故师必胜理行义然后尊。

曾子曰："君子行于道路，其有父者可知也，其有师者可知也。夫无父而无师者，余若夫何哉！"此言事师之犹事父也。曾点使曾参，过期而不至，人皆见曾点曰："无乃畏邪？"曾点曰："彼虽畏，我存，夫安敢畏？"孔子畏于匡，颜渊后，孔子曰："吾以汝为死矣。"颜渊曰："子在，回何敢死？"颜回之于孔子也，犹曾参之事父也。古之贤者与，其尊师若此，故师尽智竭道以教。

六 贾谊《新书·劝学》

谓门人学者，舜何人也？我何人也？夫启耳目，载心意，从立移徙，与我同性。而舜独有贤圣之名，明君子之实，而我曾无邻里之闻，宽徇之智者。独何与？然则舜俙俛而加志，我僵僈而弗省耳。

夫以西施之美而蒙不洁，则过者莫不睨而掩鼻。尝试傅白黱黑，榆铗陂，杂芷若，蚔虮视，益口笑，佳态佻志，从容为说焉。则虽王公大人，孰能无悰憚养心而巓一视之？今以二三子材，而蒙愚惑之智，予恐过之有掩鼻之容也。

昔者南荣跦丑圣道之忘乎己，故步陟山川，垄冒楚棘，弥道千余，百舍重茧，而不敢久息。既遇老聃，噩若慈父，雁行避景，夔立蚔进，而后敢问。见教一高言，若饥十日而得大牢焉。是达若天地，行生后世。

今夫子之达佚乎老聃，而诸子之材不避荣跦，而无千里之远，重茧之患。亲与巨贤连席而坐，对膝相视，从容谈语，无问不应，是天降大命以达吾德也。吾闻之曰：时难得而易失也。学者勉之乎！天禄不重。

七 王符《潜夫论·赞学》

天地之所贵者人也，圣人之所尚者义也，德义之所成者智也，明智之所求者学问也。虽有至圣，不生而知；虽有至材，不生而能。故志曰：黄帝师风后，颛顼师老彭，帝喾师祝融，尧师务成，舜师纪后，禹师墨如，汤师伊尹，文、武师姜尚，周公师庶秀，孔子师老聃。若此言之而信，则人不可以不就师矣。夫此十一君者，皆上圣也，犹待学问，其智乃博，其德乃硕，而况于凡人乎？

是故工欲善其事，必先利其器；士欲宣其义，必先读其书。《易》曰："君子以多志前言往行以畜其德。"是以人之有学也，犹物之有治也。故夏后之璜，楚和之璧，虽有玉璞卞和之资，不琢不错，不离砥石。夫瑚簋之器、朝祭之服，其始也，乃山野之木、蚕茧之丝耳，使巧倕加绳墨而制之以斤斧、女工加五色而制之以机杼，则皆成宗庙之器、黼黻之章，可羞于鬼神，可御于王公。而况君子敦贞之质，察敏之才，摄之以良朋，教之以明师，文之以《礼》《乐》，导之以《诗》《书》，赞之以《周易》，明之以《春秋》，其有不济乎？

《诗》云："题彼鹡鸰，载飞载鸣。我日斯迈，而月斯征。夙兴夜寐，无忝尔所生。"是以君子终日乾乾进德修业者，非直为博己而已也，盖乃思述祖考之令问，而以显父母。

孔子曰："吾尝终日不食，终夜不寝，以思，无益，不如学也。""耕也，馁在其中；学也，禄在其中矣。君子忧道不忧贫。"箕子陈六极，《国风》歌《北门》，故所谓不忧贫也，岂好贫而弗之忧邪？盖志有所专，昭其重也。是故君子之求丰厚也，非为嘉馔、美服、淫乐、声色也，乃将以底其道而迈其德也。

夫道成于学而藏于书，学进于振而废于穷。是故董仲舒终身不问家事，景君明经年不出户庭，得锐精其学而显昭其业者，家富也；富佚若彼，而能勤精若此者，材子也。倪宽卖力于都巷，匡衡自鬻于保徒者，身贫也；贫厄若彼，而能进学若此者，秀士也。当世学士恒以万计，而究涂者无数十焉，其故何也？其富者则以贿玷精，贫者则以乏易计，或以丧乱期其年岁，此其所以逮初丧功而及其童蒙者也。是故无董、景之才，倪、匡之志，而欲强捐家出身旷日师门者，必无几矣。夫此四子者，耳目聪明，忠信廉勇，未必无俦也，而及其成名立绩，德音令问不已，而有所以然，夫何故哉？徒以其能自托于先圣之典经，结心于夫子之遗训也。

是故造父趋疾，百步而废，而托乘舆，坐致千里；水师泛轴，解维则溺，自托舟楫，坐济江河。是故君子者，性非绝世，善自托于物也。人之情性，未能相百；而其明智，有相万也。此非其真性之材也，必有假以致之也。君子之性，未必尽照，及学也，聪明无蔽，心智无滞，前纪帝王，顾定百世。此则道之明也，而君子能假之以自彰尔。

夫是故道之于心也，犹火之于人目也。中井深室，幽黑无见，及设盛烛，则百物彰矣。此则火之濯也，非目之光也，而目假之，则为己明矣。天地之道，神明之为，不可见也。学问圣典，心思道术，则皆来睹矣。此则道之材也，非心之明也，而人假之，则为己知矣。

是故索物于夜室者，莫良于火；索道于当世者，莫良于典。典者，经也，先圣之所制；先圣得道之精者以行其身，欲贤人自勉以入于道。故圣人之制经以遗后贤也，譬犹巧倕之为规矩准绳以遗后工也。

昔锤之巧，目茂圆方，心定平直，又造规绳矩墨以诲后人。试使奚仲、公班之徒，释此四度，而效倕自制，必不能也；凡工妄匠，执规秉矩，错准引绳，则巧同于倕也。是故倕以其心来制规矩，后工以规矩往合倕心也，故度之工，几于偆矣。

先圣之智，心达神明，性直道德，又造经典以遗后人。试使贤人君子，释于学问，抱质而行，必弗具也；及使从师就学，按经而行，聪达之明，德义之理，亦庶矣。是故圣人以其心来造经典，后人以经典往合圣心也，故修经之贤，德近于圣矣。

《诗》云："高山仰止，景行行止。""日就月将，学有缉熙于光明。"是故凡欲显勋绩扬光烈者，莫良于学矣。

八　葛洪《抱朴子外篇·勖学》

抱朴子曰：夫学者所以清澄性理，簸扬埃秽，雕锻矿璞，碧炼屯钝，启导聪明，饰染质素，察往知来，博涉劝戒。仰观俯察，于是乎在；人事王道，于是乎备。进可以为国，退可以保己。是以圣贤罔莫孜孜而勤之，夙夜以勉之，命尽日中而不释，饥寒危困而不废。岂以有求于当世哉？诚乐之自然也。

夫斫削刻画之薄伎，射御骑乘之易事，犹须惯习，然后能善，况乎人理之旷，道德之远，阴阳之变，鬼神之情，缅邈玄奥，诚难生知。虽云色白，匪染弗丽；虽云味甘，匪和弗美。故瑶华不琢，则耀夜之景不发；丹青不治，则纯钩之劲不就。火则不钻不生，不扇不炽；水则不决不流，不积不深。故质虽在我，而成之由彼也。登阆风，扪晨极，然后知井谷之暗隘也；披七经，玩百氏，然后觉面墙之至困也。

夫不学而求知，犹愿鱼而无网焉，心虽勤而无获矣；广博以穷理，犹须风而托焉，体不劳而致远矣。粉黛至则西施以加丽，而宿瘤以藏丑；经术深则高才者洞达，卤钝者醒悟。文梓干云，而不可名台榭者，未加班输之结构也；天然爽朗，而不可谓之君子者，不识大伦之臧否也。

欲超千里于终朝，必假追影之足；欲凌洪波而遐济，必因艘楫之器；欲见无外而不下堂，必由之乎载籍；欲测渊微而不役神，必得之乎明师。故朱绿所以改素丝，训诲所以移蒙蔽。披玄云而扬大明，则万物无所隐其状矣；舒竹帛而考古今，则天地无所藏其情矣，况于鬼神乎？而况于人事乎？泥涅可令齐坚乎金玉，曲木可攻之以应绳墨，百兽可教之以战阵，畜牲可习之以进退，沉鳞可动之以声音，机石可感之以精诚，又况乎含五常而禀最灵者哉！

低仰之驷，教之功也；鸷击之禽，习之驯也。与彼凡马野鹰，本实一类，此以饰贵，彼以质贱。运行潦而勿辍，必混流乎沧海矣；崇一篑而弗休，必钧高乎峻极矣。大川滔漾，则虬螭群游；日就月将，则德立道备。乃可以正梦乎丘、旦，何徒解桎乎困蒙哉！

昔仲由冠鸡带㺄，霆夔珥鸣蝉，杖剑而见，拔刃而舞，盛称南山之劲竹，欲任掘强之自然；尼父善诱，染以德教，遂成升堂之生，而登四科之哲。子张鄙人，而灼聚凶猾，渐渍道训，成化名儒，乃抗礼于王公，岂直免于庸陋！

以是贤人悲寓世之倏忽，疾泯没之无称；感朝闻之弘训，悟通微之无类；惧将落之明戒，觉罔念之作狂；不饱食以终日，不弃功于寸阴；鉴逝川之勉志，悼过隙之电速；割游情之不急，损人间之末务；洗忧贫之心，遣广愿之秒，息畋猎博奕之游戏，矫昼寝坐睡之懈息；知徒思之无益，遂振策于圣途。学以聚之，问以辩之，进德修业，温故知新。

夫周公上圣，而日读百篇；仲尼天纵，而韦编三绝。墨翟大贤，载文盈车；仲舒命世，不窥园门。倪宽带经以芸钼，路生截蒲以写书，黄霸抱桎梏以受业，宁子勤夙夜以倍功。故能究览道奥，穷测微言，观万古如同日，知八荒若户庭，考七耀之盈虚，步三五之变化，审盛衰之方来，验善否于既往，料玄黄于掌握，甄未兆以如成。故能盛德大业，冠于当世，清芳令问，播于罔极也。

且夫闻商羊而戒浩漾，访鸟鷟而洽东肃，咨萍实而言色味，讯土狗而识坟羊，披《灵宝》而知山隐，因折俎而说专车，瞻离毕而分阴阳之候，由冬蟊而觉闰余之错，何神之有？学而已矣。夫童谣犹助圣人之耳目，岂况《坟》《索》之弘博哉！

才性有优劣，思理有修短。或有夙知而早成，或有提耳而后喻。夫速悟时习者，骥骤之脚也；迟解晚觉者，鹑鹊之翼也。彼虽寻飞绝景，止而不行，则步武不过焉；此虽咫尺以进，往而不辍，则山泽可越焉。明暗之学，其犹兹乎？

盖少则志一而难忘，长则神放而易失，故修学务早，及其精专，习与性成，不异自然也。若乃绝伦之器，盛年有故，虽失之于旸谷，而收之于虞渊。方知良田之晚播，愈于卒岁之荒芜也。日烛之喻，斯言当矣。

世道多难，儒教沦丧，文、武之轨，将遂凋坠。或沈溺于声色之中，或驱驰于竞逐之路。孤贫而精六艺者，以游、夏之资，而抑顿乎九泉之下；因风而附凤翼者，以驽庸之质，犹回遑乎霞霄之表。舍本逐末者，谓之勤修庶几；拥经求己者，谓之陆沉迂阔。于是莫不蒙尘触雨，戴霜履冰，怀黄握白，提清挈肥，以赴邪径之近易，规朝种而暮获矣。

若乃下帷高枕，游神九典，精义赜隐，味道居静，确乎建不拔之操，扬青于岁寒之后，不搔世以投迹，不随众以萍漂者，盖亦鲜矣。汲汲于进趋，悒闷于否滞者，岂能舍至易速达之通途，而守甚难必穷之塞路乎？此川上所以无人，《子衿》之所为作，愍俗者所以痛心而长慨，忧道者所以含悲而颓思也。

夫寒暑代谢，否终则泰，文武迭贵，常然之数也。冀群寇毕涤，中兴在今，七耀遵度，旧邦惟新，振天彗以广埽，鼓九阳之洪炉，运大钧乎皇极，开玄模以轨物。陶冶庶类，匠成翘秀，荡汰积埃，革邪反正。戢干戈，櫜弓矢，兴辟雍之庠序，集国子，修文德，发金声，振玉音。降风云于潜初，旅束帛乎丘园。令抱翼之凤，奋翮于清虚；项领之骏，骋迹于千里。使夫含章抑郁、穷览洽闻者，申公、伏生之徒，发玄缥，登蒲轮，吐结气，陈立素，显其身，行其道，俾圣世迪唐、虞之高轨，驰升平之广途，玄流沾于九垓，惠风被乎无外。五刑厝而颂声作，和气洽而嘉穟生，不亦休哉！

昔秦之二世，不重儒术，舍先圣之道，习刑狱之法。民不见德，唯戮是闻。故惑而不知反迷之路，败而不知自救之方，遂堕坠于云霄之上，而鳌粉乎不测之下。惟尊及卑，可无鉴乎？

九　颜之推《颜氏家训·勉学》

自古明王圣帝，犹须勤学，况凡庶乎！此事遍于经史，吾亦不能郑重，聊举近世切要，以启寤汝耳。士大夫子弟，数岁已上，莫不被教，多者或至《礼》《传》，少者不失《诗》《论》。及至冠婚，体性稍定；因此天机，倍须训诱。有志尚者，遂能磨砺，以就素业；无履立者，自兹堕慢，便为凡人。人生在世，会当有业：农民则计量耕稼，商贾则讨论货贿，工巧则致精器用，伎艺则沉思法术，武夫则惯习弓马，文士则讲议经书。多见士大夫耻涉农商，羞务工伎，射则不能穿札，笔则才记姓名，饱食醉酒，忽忽无事，以此销日，以此终年。或因家世余绪，得一阶半级，便自为足，全忘修学；及有吉凶大事，议论得失，蒙然张口，如坐云雾；公私宴集，谈古赋诗，塞默低头，欠伸而已。有识旁观，代其入地。何惜数年勤学，长受一生愧辱哉！

梁朝全盛之时，贵游子弟，多无学术，至于谚云："上车不落则著作，体中何如则秘书。"无不熏衣剃面，傅粉施朱，驾长檐车，跟高齿屐，坐棋子方褥，凭斑丝隐囊，列器玩于左右，从容出入，望若神仙。明经求第，则顾人答策；三九公宴，则假手赋诗。当尔之时，亦快士也。及离乱之后，朝市迁革，铨衡选举，非复曩者之亲；当路秉权，不见昔时之党。求诸身而无所得，施之世而无所用。被褐而丧珠，失皮而露质，兀若枯木，泊若穷流，鹿独戎马之间，转死沟壑之际。当尔之时，诚驽材也。有学艺者，触地而安。自荒乱以来，诸见俘虏，虽百世小人，知读《论语》《孝经》者，尚为人师；虽千载冠冕，不晓书记者，莫不耕田养马。以此观之，安可不自勉耶？若能常保数百卷书，千载终不为小人也。

夫明《六经》之指，涉百家之书，纵不能增益德行，敦厉风俗，犹为一艺，得以自资。父兄不可常依，乡国不可常保，一旦流离，无人庇荫，当自求诸身耳。谚曰："积财千万，不如薄伎在身。"伎之易习而可贵者，无过读书也。世人不问愚智，皆欲识人之多，见事之广，而不肯读书，是犹求饱而懒营馔，欲暖而惰裁衣也。夫读书之人，自羲、农已来，宇宙之下，凡识几人，凡见几事，生民之成败好恶，固不足论，天地所不能藏，鬼神所不能隐也。

有客难主人曰："吾见强弩长戟，诛罪安民，以取公侯者有矣；文义习吏，匡时富国，以取卿相者有矣；学备古今，才兼文武，身无禄位，妻子饥寒者，不可胜数，安足贵学乎？"主人对曰："夫命之穷达，犹金玉木石也；修以学艺，犹磨莹雕刻也。金玉之磨莹，自美其矿璞；木石之段块，自丑其雕刻。安可言木石之雕刻，乃胜金玉之矿璞哉？不得以有学之贫贱，比于无学之富贵也。且负甲为兵，咋笔为吏，身死名灭者如牛毛，角立杰出者如芝草；握素披黄，吟道咏德，苦辛无益者如日蚀，逸乐名利者如秋荼，岂得同年而语矣。且又闻之：生而知之者上，学而知之者次。所以学者，欲其多知明达耳。必有天才，拔群出类，为将则暗与孙武、吴起同术，执政则悬得管仲、子产之教，虽未读书，吾亦谓之学矣。今子即不能然，不师古之踪迹，犹蒙被而卧耳。"

人见邻里亲戚有佳快者，使子弟慕而学之，不知使学古人，何其蔽也哉？世人但知跨马被甲，长稍强弓，便云我能为将；不知明乎天道，辩乎地利，比量逆顺，鉴达兴亡之妙也。但知承上接下，积财聚谷，便云我能为相；不知敬鬼事神，移风易俗，调节阴阳，荐举贤圣之至也。但知私财不入，公事夙办，便云我能治民；不知诚己刑物，执辔如组，反风灭火，化鸱为凤之术也。但知抱令守律，早刑晚舍，便云我能平狱；不知同辕观罪，分剑追财，假言而奸露，不问而情得之察也。爰及农商工贾，厮役奴隶，钓鱼屠肉，饭牛牧羊，皆有先达，可为师表，博学求之，无不利于事也。

夫所以读书学问，本欲开心明目，利于行耳。未知养亲者，欲其观古人之先意承颜，怡声下气，不惮劬劳，以致甘腰，惕然惭惧，起而行之也。未知事君者，欲其观古人之守职无侵，见危授命，不忘诚谏，以利社稷，恻然自念，思欲效之也。素骄奢者，欲其观古人之恭俭节用，卑以自牧，礼为教本，敬者身基，瞿然自失，敛容抑志也；素鄙吝者，欲其观古人之贵义轻财，少私寡欲，忌盈恶满，赒穷恤匮，赧然悔耻，积而能散也；素暴悍者，欲其观古人之小心黜己，齿弊舌存，含垢藏疾，尊贤容众，茶然沮丧，若不胜衣也；素怯懦者，欲其观古人之达生委命，强毅正直，立言必信，求福不回，勃然奋厉，不可恐慑也：历兹以往，百行皆然。纵不能淳，去泰去甚。学之所知，施无不达。世人读书者，但能言之，不能行之，忠孝无闻，仁义不足；加以断一条讼，不必得其理；宰千户县，不理其民；问其造屋，不必知楣横而棁竖也；问其为田，不必知稷早而黍迟也；吟啸谈谑，讽咏辞赋，事既优闲，材增迂诞，军国经纶，略无施用：故为武人俗吏所共嗤诋，良由是乎！

夫学者所以求益耳。见人读数十卷书，便自高大，凌忽长者，轻慢同列。人疾之如仇敌，恶之如鸱枭。如此以学自损，不如无学也。

古之学者为己，以补不足也；今之学者为人，但能说之也。古之学者为人，行道以利世也；今之学者为己，修身以求进也。夫学者犹种树也，春玩其华，秋登其实；讲论文章，春华也，修身利行，秋实也。

人生小幼，精神专利，长成已后，思虑散逸，固须早教，勿失机也。吾七岁时，诵《灵光殿赋》，至于今日，十年一理，犹不遗忘。二十之外，所诵经书，一月废置，便至荒芜矣。然人有坎壈，失于盛年，犹当晚学，不可自弃。孔子云：

"五十以学《易》，可以无大过矣。"魏武、袁遗，老而弥笃，此皆少学而至老不倦也。曾子七十乃学，名闻天下；荀卿五十，始来游学，犹为硕儒；公孙弘四十余，方读春秋，以此遂登丞相；朱云亦四十，始学《易》《论语》；皇甫谧二十，始受《孝经》《论语》：皆终成大儒，此并早迷而晚寤也。世人婚冠未学，便称迟暮，因循面墙，亦为愚耳。幼而学者，如日出之光，老而学者，如秉烛夜行，犹贤乎瞑目而无见者也。

学之兴废，随世轻重。汉时贤俊，皆以一经弘圣人之道，上明天时，下该人事，用此致卿相者多矣。末俗已来不复尔，空守章句，但诵师言，施之世务，殆无一可。故士大夫子弟，皆以博涉为贵，不肯专儒。梁朝皇孙以下，总丱之年，必先入学，观其志尚，出身已后，便从文史，略无卒业者。冠冕为此者，则有何胤、刘瓛、明山宾、周舍、朱异、周弘正、贺琛、贺革、萧子政、刘绍等，兼通文史，不徒讲说也。洛阳亦闻崔浩、张伟、刘芳，邺下又见邢子才：此四儒者，虽好经术，亦以才博擅名。如此诸贤，故为上品，以外率多田野间人，音辞鄙陋，风操蚩拙，相与专固，无所堪能，问一言辄酬数百，责其指归，或无要会。邺下谚云："博士买驴，书券三纸，未有驴字。"使汝以此为师，令人气塞。孔子曰："学也禄在其中矣。"今勤无益之事，恐非业也。夫圣人之书，所以设教，但明练经文，粗通注义，常使言行有得，亦足为人；何必"仲尼居"即须两纸疏义，燕寝讲堂，亦复何在？以此得胜，宁有益乎？光阴可惜，譬诸逝水。当博览机要，以济功业；必能兼美，吾无间焉。

俗间儒士，不涉群书，经纬之外，义疏而已。吾初入邺，与博陵崔文彦交游，尝说《王粲集》中难郑玄《尚书》事。

崔转为诸儒道之，始将发口，悬见排蠥，云："文集只有诗赋铭诔，岂当论经书事乎？且先儒之中，未闻有王粲也。"崔笑而退，竟不以粲集示之。魏收之在议曹，与诸博士议宗庙事，引据《汉书》，博士笑曰："未闻《汉书》得证经术。"收便忿怒，都不复言，取《韦玄成传》，掷之而起。博士一夜共披寻之，达明，乃来谢曰："不谓玄成如此学也。"

夫老、庄之书，盖全真养性，不肯以物累己也。故藏名柱史，终蹈流沙；匿迹漆园，卒辞楚相，此任纵之徒耳。何晏、王弼，祖述玄宗，递相夸尚，景附草靡，皆以农、黄之化，在乎己身，周、孔之业，弃之度外。而平叔以党曹爽见诛，触死权之网也；辅嗣以多笑人被疾，陷好胜之阱也；山巨源以蓄积取讥，背多藏厚亡之文也；夏侯玄以才望被戮，无支离臃肿之鉴也；荀奉倩丧妻，神伤而卒，非鼓缶之情也；王夷甫悼子，悲不自胜，异东门之达也；嵇叔夜排俗取祸，岂和光同尘之流也；郭子玄以倾动专势，宁后身外己之风也；阮嗣宗沉酒荒迷，乖畏途相诫之譬也；谢幼舆赃贿黜削，违弃其余鱼之旨也：彼诸人者，并其领袖，玄宗所归。其余桎梏尘滓之中，颠仆名利之下者，岂可备言乎！直取其清谈雅论，剖玄析微，宾主往复，娱心悦耳，非济世成俗之要也。洎于梁世，兹风复阐，《庄》《老》《周易》，总谓《三玄》。武皇、简文，躬自讲论。周弘正奉赞大猷，化行都邑，学徒千余，实为盛美。元帝在江、荆间，复所爱习，召置学生，亲为教授，废寝忘食，以夜继朝，至乃倦剧愁愤，辄以讲自释。吾时颇预末筵，亲承音旨，性既顽鲁，亦所不好云。

齐孝昭帝侍娄太后疾，容色憔悴，服膳减损。徐之才为灸两穴，帝握拳代痛，爪入掌心，血流满手。后既痊愈，帝寻疾崩，遗诏恨不见太后山陵之事。其天性至孝如彼，不识忌讳如此，良由无学所为。若见古人之讥欲母早死而悲哭之，则不发此言也。孝为百行之首，犹须学以修饰之，况余事乎！

梁元帝尝为吾说："昔在会稽，年始十二，便已好学。时又患疥，手不得拳，膝不得屈。闲斋张葛帏避蝇独坐，银瓯贮山阴甜酒，时复进之，以自宽痛。率意自读史书，一日二十卷，既未师受，或不识一字，或不解一语，要自重之，不知厌倦。"帝子之尊童稚之逸，尚能如此，况其庶士，冀以自达者哉？

古人勤学，有握锥投斧，照雪聚萤，锄则带经，牧则编简，亦为勤笃。梁世彭城刘绮，交州刺史勃之孙，早孤家贫，灯烛难办，常买荻尺寸折之，然明夜读。孝元初出会稽，精选寮案，绮以才华，为国常侍兼记室，殊蒙礼遇，终于金紫光禄。义阳朱詹，世居江陵，后出扬都，好学，家贫无资，累日不爨，乃时吞纸以实腹。寒无毡被，抱犬而卧，犬亦饥虚，起行盗食，呼之不至，哀声动邻，犹不废业，卒成学士，官至镇南录事参军，为孝元所礼。此乃不可为之事，亦是勤学之一人。东莞臧逢世，年二十余，欲读班固《汉书》，苦假借不久，乃就姊夫刘缓乞丐客刺书翰纸末，手写一本，军府服其志尚，卒以《汉书》闻。

齐有宦者内参田鹏鸾，本蛮人也。年十四五，初为阉寺，便知好学，怀袖握书，晓夕讽诵。所居卑末，使役苦辛，时伺间隙，周章询请。每至文林馆，气喘汗流，问书之外，不暇他语。及睹古人节义之事，未尝不感激沉吟久之。吾甚怜爱，倍加开奖。后被赏遇，赐名敬宣，位至侍中开府。后主之奔青州，遣其西出，参伺动静，为周军所获。问齐主何在，绐云：

"已去，计当出境。"疑其不信，欧捶服之，每折一支，辞色愈厉，竟断四体而卒。蛮夷童丱，犹能以学成忠，齐之将相，比敬宣之奴不若也。

邺平之后，见徙入关。思鲁尝谓吾曰："朝无禄位，家无积财，当肆筋力，以申供养。每被课笃，勤劳经史，未知为子，可得安乎？"吾命之曰："子当以养为心，父当以学为教。使汝弃学徇财，丰吾衣食，食之安得甘？衣之安得暖？若务先王之道，绍家世之业，藜羹缊褐，我自欲之。"

《书》曰："好问则裕。"《礼》云："独学而无友，则孤陋而寡闻。"盖须切磋相起明也。见有闭门读书，师心自是，稠人广坐，谬误差失者多矣。《穀梁传》称公子友与莒挐相搏，左右呼曰："孟劳。"孟劳者，鲁之宝刀名，亦见《广雅》。近在齐时，有姜仲岳谓："孟劳者，公子左右，姓孟名劳，多力之人，为国所宝。"与吾苦诤。时清河郡守邢峙，当世硕儒，助吾证之，赧然而伏。又《三辅决录》云，灵帝殿柱题曰："堂堂乎张，京兆田郎。"盖引《论语》，偶以四言，目京兆人田凤也。有一才士，乃言："时张京兆及田郎二人皆堂堂耳。"闻吾此说，初大惊骇，其后寻愧悔焉。江南有一权贵，读误本《蜀都赋》注，解"蹲鸱，芋也"，乃为"羊"字；人馈羊肉，答书云："损惠蹲鸱。"举朝惊骇，不解事义，久后寻迹，方知如此。元氏之世，在洛京时，有一才学重臣，新得《史记音》，而颇纰缪，误反"颛顼"字，顼当为许录反，错作许缘反，遂谓朝士言："从来谬音'专旭'，当音'专翾'耳。"此人先有高名，翕然信行；期年之后，更有硕儒，苦相究讨，方知误焉。《汉书·王莽赞》云："紫色蛙声，余分闰位。"谓以伪乱真耳。昔吾尝共人谈书，言及王莽形状，有一俊士，自许史学，名价甚高，乃云："王莽非直鸱目虎吻，亦紫色蛙声。"又《礼乐志》云："给太官挏马酒。"李奇注："以马乳为酒也，捶挏乃成。"二字并从手。捶挏，此谓撞捣挺挏之，今为酪酒亦然。向学士又以为种桐时，太官酿马酒乃熟。其孤陋遂至于此。太山羊肃，亦称学问，读潘岳赋："周文弱枝之枣"，为杖策之杖；《世本》"容成造历"，以历为碓磨之磨。

谈说制文，援引古昔，必须眼学，勿信耳受。江南闾里间，士大夫或不学问，羞为鄙朴，道听途说，强事饰辞：呼徵质为周、郑，谓霍乱为博陆，上荆州必称陕西，下扬都言去海郡，言食则馆口，道钱则孔方，问移则楚丘，论婚则宴尔，及王则无不仲宣，语刘则无不公幹。凡有一二百件，传相祖述，寻问莫知原由，施安时复失所。庄生有乘时鹊起之说，故谢朓诗曰："鹊起登吴台。"吾有一亲表，作《七夕》诗云："今夜吴台鹊，亦共往填河。"《罗浮山记》云："望平地树如荠。"故戴暠诗云："长安树如荠。"又邺下有一人《咏树》诗云："遥望长安荠。"又尝见谓矜诞为夸毗，呼高年为富有春秋，皆耳学之过也。

夫文字者，坟籍根本。世之学徒，多不晓字：读《五经》者，是徐邈而非许慎；习赋诵者，信褚诠而忽吕忱；明《史记》者，专徐、邹而废篆籀；学《汉书》者，悦应、苏而略《苍》《雅》。不知书音是其枝叶，小学乃其宗系。至见服虔、张揖音义则贵之，得《通俗》《广雅》而不屑。一手之中，向背如此，况异代各人乎？

夫学者贵能博闻也。郡国山川，官位姓族，衣服饮食，器皿制度，皆欲根寻，得其原本；至于文字，忽不经怀，己身姓名，或多乖舛，纵得不误，亦未知所由。近世有人为子制名：兄弟皆山傍立字，而有名峙者；兄弟皆手傍立字，而有名机者；兄弟皆水傍立字，而有名凝者。名儒硕学，此例甚多。若有知吾钟之不调，一何可笑。

吾尝从齐主幸并州，自井陉关入上艾县，东数十里，有猎闾村。后百官受马粮在晋阳东百余里亢仇城侧。并不识二所本是何地，博求古今，皆未能晓。及检《字林》《韵集》，乃知猎闾是旧䜲余聚，亢仇旧是䵪飦亭，悉属上艾。时太原王劭欲撰乡邑记注，因此二名闻之，大喜。

吾初读《庄子》"蝘二首"，《韩非子》曰："虫有蝘者，一身两口，争食相龁，遂相杀也。"茫然不识此字何音，逢人辄问，了无解者。案：《尔雅》诸书，蚕蛹名蝘，又非二首两口贪害之物。后见《古今字诂》，此亦古之蚅字，积年凝滞，豁然雾解。

尝游赵州，见柏人城北有一小水，土人亦不知名。后读城西门徐整碑云："洦流东指。"众皆不识。吾案《说文》，此字古魄字也，洦，浅水貌。此水汉来本无名矣，直以浅貌目之，或当即以洦为名乎？

世中书翰，多称勿勿，相承如此，不知所由，或有妄言此忽忽之残缺耳。案：《说文》："勿者，州里所建之旗也，象其柄及三游之形，所以趣民事。故恩遽者称为勿勿。"

吾在益州，与数人同坐，初晴日晃，见地上小光，问左右："此是何物？"有一蜀竖就视，答云："是豆逼耳。"相顾愕然，不知所谓。命取将来，乃小豆也。穷访蜀土，呼粒为逼，时莫之解。吾云："《三苍》《说文》，此字白下为匕，皆训粒，《通俗文》音方力反。"众皆欢悟。

憨楚友婿窦如同从河州来，得一青鸟，驯养爱玩，举俗呼之为鹖。吾曰："鹖出上党，数曾见之，色并黄黑，无驳杂也。故陈思王《鹖赋》云：'扬玄黄之劲羽。'"试检《说文》："鸐雀似鹖而青，出羌中。"《韵集》音介。此疑顿释。

梁世有蔡朗者讳纯，既不涉学，遂呼莼为露葵。面墙之徒，递相仿效。承圣中，遣一士大夫聘齐，齐主客郎李恕问梁使曰："江南有露葵否？"答曰："露葵是莼，水乡所出。卿今食者绿葵菜耳。"李亦学问，但不测彼之深浅，乍闻无以核究。

思鲁等姨夫彭城刘灵，尝与吾坐，诸子侍焉。吾问儒行、敏行曰："凡字与谘议名同音者，其数多少，能尽识乎？"答曰："未之究也，请导示之。"吾曰："凡如此例，不预研检，忽见不识，误以问人，反为无赖所欺，不容易也。"因为说之，得五十许字。诸刘叹曰："不意乃尔！"若遂不知，亦为异事。

校定书籍，亦何容易，自扬雄、刘向，方称此职耳。观天下书未遍，不得妄下雌黄。或彼以为非，此以为是；或本同末异；或两文皆欠，不可偏信一隅也。

十 韩愈《师说》《进学解》

（一）《师说》

古之学者必有师。师者，所以传道受业解惑也。人非生而知之者，孰能无惑？惑而不从师，其为惑也，终不解矣。生乎吾前，其闻道也固先乎吾，吾从而师之；生乎吾后，其闻道也亦先乎吾，吾从而师之。吾师道也，夫庸知其年之先后生于吾乎？是故无贵无贱，无长无少，道之所存，师之所存也。

嗟乎！师道之不传也久矣，欲人之无惑也难矣。古之圣人，其出人也远矣，犹且从师而问焉；今之众人，其下圣人也亦远矣，而耻学于师。是故圣益圣，愚益愚。圣人之所以为圣，愚人之所以为愚，其皆出于此乎？

爱其子，择师而教之；于其身也，则耻师焉。惑矣！彼童子之师，授之书而习其句读者，非吾所谓传其道解其惑者也。句读之不知，惑之不解，或师焉，或不焉。小学而大遗，吾未见其明也。

巫医乐师百工之人，不耻相师。士大夫之族曰师曰弟子云者，则群聚而笑之。问之则曰："彼与彼，年相若也，道相似也。位卑则足羞，官盛则近谀。"呜呼！师道之不复可知矣。巫医乐师百工之人，君子鄙之。今其智乃反不能及，其可怪也欤！

圣人无常师，孔子师郯子、苌弘、师襄、老聃。郯子之徒，其贤不及孔子。孔子曰："三人行，则必有我师。"是故弟子不必不如师，师不必贤于弟子，闻道有先后，术业有专攻，如是而已。

李氏子蟠，年十七，好古文，六艺经传皆通习之，不拘于时，请学于余。余嘉其能行古道，作《师说》以贻之。

（二）《进学解》

国子先生晨入太学，招诸生立馆下，诲之曰："业精于勤，荒于嬉；行成于思，毁于随。方今圣贤相逢，治具毕张，拔去凶邪，登崇俊良。占小善者率以录，名一艺者无不庸；爬罗剔抉，刮垢磨光，盖有幸而获选，孰云多而不扬？诸生业患不能精，无患有司之不明；行患不能成，无患有司之不公。"

言未既，有笑于列者曰："先生欺余哉！弟子事先生，于兹有年矣。先生口不绝吟于六艺之文，手不停披于百家之编，记事者必提其要，纂言者必钩其玄。贪多务得，细大不捐，焚膏油以继晷，恒兀兀以穷年。先生之于业，可谓勤矣。抵排异端，攘斥佛老；补苴罅漏，张皇幽眇。寻坠绪之茫茫，独旁搜而远绍。障百川而东之，回狂澜于既倒。先生之于儒，可谓有劳矣。沉浸酾郁，含英咀华，作为文章，其书满家。上规姚姒，浑浑无涯；《周诰》《殷盘》，佶屈聱牙；《春秋》谨严，《左氏》浮夸；《易》奇而法，《诗》正而葩；下逮《庄》《骚》，太史所录，子云、相如，同工异曲。先生之于文，可谓闳其中而肆其外矣。少始知学，勇于敢为；长通于方，左右具宜。先生之于为人，可谓成矣。然而公不见信于人，私不见助于友，跋前踬后，动辄得咎。暂为御史，遂窜南夷。三年博士，冗不见治。命与仇谋，取败几时。冬暖而儿号寒，年丰而妻啼饥。头童齿豁，竟死何裨？不知虑此，而反教人为？"

先生曰："吁！子来前！夫大木为杗，细木为桷，欂栌侏儒，椳闑扂楔，各得其宜，施以成室者，匠氏之工也。玉札丹砂，赤箭青芝，牛溲马勃，败鼓之皮，俱收并蓄，待用无遗者，医师之良也；登明选公，杂进巧拙，纡余为妍，卓荦为杰，校短量长，惟器是适者，宰相之方也。昔者孟轲好辩，孔道以明，辙环天下，卒老于行；荀卿守正，大论是弘，逃谗于楚，废死兰陵。是二儒者，吐辞为经，举足为法，绝类离伦，优入圣域，其遇于世何如也？今先生学虽勤而不由其统，言虽多而不要其中，文虽奇而不济于用，行虽修而不显于众。犹且月费俸钱，岁靡廪粟，子不知耕，妇不知织。乘马从徒，安坐而食，踽常途之促促，窥陈编以盗窃。然而圣主不加诛，宰臣不见斥，兹非其幸欤？动而得谤，名亦随之，投闲置散，乃分之宜。若夫商财贿之有亡，计班资之崇庳，忘己量之所称，指前人之瑕疵，是所谓诘匠氏之不以杙为楹，而訾医师以昌阳引年，欲进其豨苓也。"

十一 宋真宗赵恒《劝学诗》

富家不用买良田，书中自有千钟粟。

安居不用架高堂，书中自有黄金屋。

出门莫恨无人随，书中车马多如簇。

娶妻莫恨无良媒，书中有女颜如玉。

男儿欲遂平生志，六经勤向窗前读。

十二 曾巩《劝学诏》

朕惟先王兴庠序以风四方，所以使学士大夫明其心也。夫心无蔽，故施之于己，则身治而家齐；推之于人，则官修而政举。其流及远，则化民成俗，常必由之。古之所以长人材、厚人伦者，本是而已。朕甚慕之，故设学校，重学官之选，而厚其禄。凡欲以诱诲学者，庶几于古也。而在位者无任职之心，承业者无慕善之志。至于师生相冒，挟略为奸，嚚讼嚣然，骇于众听，而况欲倡率训导，洽于礼义；磨砻陶冶，积于人心。使方闻修洁之士，充于朝廷；孝悌忠笃之风，行于乡邑，其可得乎？朕甚悯焉。故更制博士，而讲求所以训厉之方。定著于令，以为学制。予乐育天下之材，而庶几先王之治者，可谓至矣。自今有敦行谊、谨名节、肃政教、出入无悖、明于经术者，有司其以次升之，使闻于朕，将考择而用之，以劝于尔众士。有偷懦怠惰，不循于教，学不通明者，博士吾所属也。其申之以诱导，使其能有易于志，而卒归于善，固吾之所受也，予既明立学之教，具为科条，其于学者，有奖进退黜之格，以昭劝戒。至于学官，其能明于教率，而详于考察，有得人之称，则待以信赏。若训授无方，而取舍失实，亦将论其罚焉。明以告尔，朕言不欺。尚其懋哉，无诒尔悔。

十三　张之洞《劝学篇·序》

昔楚庄王之霸也，以民生在勤箴其民，以日讨军实儆其军，以祸至无日训其国人。夫楚当春秋鲁文、宣之际，土方辟，兵方强，国势方张，齐、晋、秦、宋无敢抗颜行，谁能祸楚者？何为而急迫震惧如是之皇皇耶？

君子曰："不知其祸则辱至矣，知其祸则福至矣。"今日之世变，岂特春秋所未有，抑秦汉以至元明所未有也。语其祸，则共工之狂、辛有之痛，不足喻也。庙堂旰食，乾惕震厉，方将改弦以调琴瑟，异等以储将相，学堂建，特科设，海内志士，发愤搤捥，于是图救时者言新学，虑害道者守旧学，莫衷于一。旧者因噎而食废，新者歧多而羊亡；旧者不知通，新者不知本。不知通则无应敌制变之术，不知本则有非薄名教之心。夫如是，则旧者愈病新，新者愈厌旧，交相为愈，而恢诡倾危乱名改作之流，遂杂出其说以荡众心。学者摇摇，中无所主，邪说暴行，横流天下。敌既至无与战，敌未至无与安。吾恐中国之祸，不在四海之外，而在九州之内矣！

窃惟古来世运之明晦，人才之盛衰，其表在政，其里在学。不佞承乏两湖，与有教士化民之责，夙夜兢兢，思有所以禆助之者。乃规时势，综本末，著论二十四篇，以告两湖之士。海内君子，与我同志，亦所不隐。《内篇》务本，以正人心；《外篇》务通，以开风气。

《内篇》九：曰《同心》，明保国、保教、保种为一义，手足利则头目康，血气盛则心志刚，贤才众多，国势自昌也。曰《教忠》，陈述本朝德泽深厚，使薄海臣民咸怀忠良，以保国也。曰《明纲》，三纲为中国神圣相传之至教，礼政之原本，人禽之大防，以保教也。曰《知类》，闵神明之胄裔，无沦胥以亡，以保种也。曰《宗经》，周秦诸子，瑜不掩瑕，取节则可，破道勿听，必折衷于圣也。曰《正权》，辨上下，定民志，斥民权之乱政也。曰《循序》，先入者为主，讲西学必先通中学，乃不忘其祖也。曰《守约》，喜新者甘，好古者苦，欲存中学，宜治要而约取也。曰《去毒》，洋药涤染，我民斯活，绝之使无萌蘖也。

《外篇》十五：曰《益智》，昧者来攻，迷者有凶也。曰《游学》，明时势，长志气，扩见闻，增才智，非游历外国不为功也。曰《设学》，广立学堂，储为时用，为习帖括者击蒙也。曰《学制》，西国之强，强以学校，师有定程，弟有适从，授方任能，皆出其中，我宜择善而从也。曰《广译》，从西师之益有限，译西书之益无方也。曰《阅报》，眉睫难见，苦药难尝，知内弊而速去，知外患而豫防也。曰《变法》，专己袭常，不能自存也。曰《变科举》，所习所用，事必相因也。曰《农工商学》，保民在养，养民在教，教农工商，利乃可兴也。曰《兵学》，教士卒不如教将领，教兵易练，教将难成也。曰《矿学》，兴地利也。曰《铁路》，通血气也。曰《会通》，知西学之精意，通于中学，以晓固蔽也。曰《非弭兵》，恶教逸欲而自毙也。曰《非攻教》，恶逞小忿而败大计也。

二十四篇之义，括之以五知：一知耻，耻不如日本，耻不如土耳其，耻不如暹罗，耻不如古巴；二知惧，惧为印度，惧为越南、缅甸、朝鲜，惧为埃及，惧为波兰；三知变，不变其习不能变法，不变其法不能变器；四知要，中学考古非要，致用为要，西学亦有别，西艺非要，西政为要；五知本，在海外不忘国，见异俗不忘亲，多智巧不忘圣。

凡此所说，窃尝考诸《中庸》而有合焉。鲁，弱国也，哀公问政，而孔子告之曰："好学近乎知，力行近乎仁，知耻近乎勇。"终之曰："果能此道矣，虽愚必明，虽柔必强。"兹《内篇》所言，皆求仁之事也；《外篇》所言，皆求智求勇之事也。夫《中庸》之书，岂特原心秒忽、校理分寸而已哉！孔子以鲁秉礼而积弱，齐、邾、吴、越皆得以兵侮之，故为此言，以破鲁国臣民之聋聩，起鲁国诸儒之废疾，望鲁国幡然有为，以复文武之盛。然则，无学、无力、无耻，则愚且柔；有学、有力、有耻，则明且强。在鲁且然，况以七十万方里之广，四百兆人民之众者哉！吾恐海内士大夫狃于晏安而不知祸之将及也，故举楚事；吾又恐甘于暴弃而不复求强也，故举鲁事。《易》曰："其亡其亡，系于苞桑。"惟知亡，则知强矣。

光绪二十四年三月　南皮张之洞书。

十四　杨昌济《劝学篇》

吾人处于今日风雨飘摇之时势，对于国家当有如何之责任，对于世界当取如何之态度，此不可不深思而熟察者也。吾自以为救国之道，舍学末由。吾国自败于日本之后，情见势绌，国人乃一挫其妄自尊大之见，而皇皇然谋所以自存。倡议变法者，咸归罪于科举制度之束缚思想，斫丧人才，以为治举业者疲精力于制艺、律赋、试帖、楷书之中，无暇更治实用之学，所用非所学，所学非所用，故万事堕坏于冥昧之中，驯至四海困穷，一筹莫展。此无学之为害，彰明较著，虽有辨者，莫能为讳也。今者科举之废已久，如问国内之人，有学者较前多乎，抑较前少乎？以言新学，游学海外者虽多，余亦其中之一人，固未敢侈言多才也。以言旧学，则更有风流歇绝之惧。拥有亚东独一无二之大版图，人数号称四万万，而有学之如此其少，岂非甚可忧惧之现象耶？夫士大夫不悦学，此闵马父之所以叹周也。孟子曰："上无礼，下无学，贼民兴，丧无日矣。"吾为此惧，乃为劝学之篇。所有感想，请次第陈之。

近世科学发达，欧美各国因致富强，日本师之，突然进步。欲跻中国于富强之列，非奖励科学不为功也。或谓中国人苟以前日治八股之聪明才力专用之于科学，则其进步殆不可限量。余亦谓吾国人苟以近代汉学家治经之精力用之于治科学，必有无数之发明，岂遂让白人称雄于世界耶？乃吾观东西各国留学诸君，大都浅尝辄止，鲜有于归国之后再为继续之研究者。夫科学为白人所发明，彼既着我先鞭，吾辈自不得不师其长技。留学外国者，固负有输入文明指导社会之义务，乃怠于前进，使内地人士绝其求学之来源，此不得不为吾同学诸君惜也！吾愿留学外洋者，坚忍刻苦，务求其学有成；而自海外归来者，仍不废其专门之研究。此余之所感者一也。

夫一国有一国之民族精神，犹一人有一人之个性也。一国之文明，不能全体移植于他国。国家为一有机体，犹人身之为一有机体也，非如机械然，可以拆卸之而更装置之也，拆卸之则死矣。善治病者，必察病人身体之状态；善治国者，必审国家特异之情形。吾人求学海外，欲归国而致之于用，不可不就吾国之情形深加研究，何者当因，何者当革，何者宜取，何者宜舍，了然于心，确有把握，而后可以适合本国之情形，而善应宇宙之大势。故吾愿留学生之归国者，于继续其专门研究之外，更能于国内之事情有所考察。此余之所感者二也。

吾国非无好学深思之士，于本国之学问，素有研究，惜其无世界之知识，其所学尚不足应当世之急需。如此之人，若能驰域外之观，则其所得较新学小生必更有深且切者。此诚吾所祷祀以求者也。大凡游历外国，非通其语言之难，而通其学问之难，仅熟于西人之语言文字，非必不可语于西人之学。同一居留外国也，学有素养者，其所视察必有独到之处，其所考究必非敷浅之事。观国之识，在于凤储。吾意深通中学之人，联袂西游，以宏远识。此余之所感者三也。

吾国输入西洋之文明，有其进步之次第焉。其始也以为吾亦师其铁船、巨炮，但取敌之而已，他非所宜用也；既乃学其制造，谓工业可以致富也；终乃师其政治、法律。吾则谓吾人不可不研究其精神之科学也。康南海先生著《物质救国论》，与余首重科学，大意相同。而或人之论，则谓康氏此书若误解之，亦足为中国前途之障，盖吾人今日不当徒置重于物质科学也。清之末造，奖励西洋学生之学理科、工科、农科、医科者，而轻视西洋学者之习文科、法科者，前者补给官费，后者则否，盖亦崇尚物质科学之意。而不知前数科者固为重要，文科、法科其影响则更有大焉者，但患所派之非人，非此二科遂无研究之必要也。个人必有主义，国家必有时代精神。哲学者，社会进化之原动力也。一时代有一时代之哲学思想，欲改造现在之时代为较进步之时代，必先改造其哲学思想。吾国近来之变革虽甚为激急，而为国民之根本思想者，其实尚未有何等之变化。正如海面波涛汹涌，而海中之水依然平静。欲唤起国民之自觉，不得不有待于哲学之昌明。此余之所感者四也。

日本法学博士浮田和民之言曰："国家之独立，以学问之独立为一大要素，如英、德二国者，可谓学问独立者也。英国有英国之文学、哲学、科学；德国有德国之文学、哲学、科学。世界各国之重要书籍，在英、德二国莫不有其本国文之译本。生于其国者，可以足不出户而知天下，此之谓学问独立，如日本今日则尚未得云学问独立也。"余则谓日本虽不得云学问独立，而经此四五十年之进步，其所吸收所储蓄亦大有可观。西洋之名著，译成日本文者亦复不少。吾辈纵不能读西文所著之书，但能通晓东文，即不患无钻研之资料，所患者无求学之志耳。中国人士游学日本，通晓和文者甚多，谓宜利用其所长，间接求之东邻，以为发达文明之助。夫囿于东洋之思想，固不免有狭隘之讥，然并此而弃之，则学问将毫无进益，岂不可重可惜哉！此余之所感者五也。

以上所云，皆为有外国文字知识者而言，而国内之人，此类人实居其少数。吾之为此篇也，实欲劝国内大多数之人共勉于学；所希望于能通本国文学者，其意有殷。区区愚诚，当为读者所共谅。吴君稚晖之初往英国也，贻书国内友人，谓"苟无普通科学与外国语言之预备，则不能急急西游，苟求学之志坚，则虽在国内，凡西洋之学问，皆可曲折而求得之。"此诚扼要之言也。余尝闻人言："在内地无师无友，不得其门而入。"心窃怪之。凡豪杰之士，皆无师无友，挺然独立而能自有所发明，诿于无师友，倘亦不能自力之咎欤！余尝见有人留学日本，因资斧不继不得已而归国者，自叹失求学之机会，余亦心非之。盖诚能有志，即在国内未尝不可为学也。余曾留学日本，又曾留学西洋，受益孔多，良堪自信。然以余自知之明，余既不往西洋，专在日本，亦可以为学；且既令不往日本，专在本国，亦未尝不可为学。诿于无出洋留学之机会而自画者，足见其无志而已矣。吾国出版界寂寥已极，微特比之欧美各国不免汗颜，既较之东邻亦大有逊色，然吾览商务印书馆之图书目录，见其中新译印行者非无可以观览之书。犹记余未出洋之时，读制造局与广学会之译本，亦复多有所得。今试问吾国之能读书者，果已悉所有译本而尽读之乎，抑犹未也？有译成之书而不能读，而徒叹国内之无书，诬亦甚矣！吾愿有志于学者，悉取现在所有之译本而披阅之。将来学问之途大开，译著之书踵出，则源源购读，新机且日引而日深，岂非人生之乐事乎！此余之所感者六也。

且夫学问并非悉求之于他国也。吾国有固有之文明，经、史、子、集义蕴闳深，正如遍地宝藏，万年采掘而曾无尽时，前此之所以未能大放光明者，尚未谛取之之法耳。今以新时代之眼光，研究吾国之旧学，其所发明，盖有非前代之人所能梦见者。吾人处此万国交通之时代，亲睹东西洋两大文明之接触，将来浑融化合，其产生之结果，盖非吾人今日所能预知。吾人处此千载难逢之机会，对于世界人类之前途，当努力为一大贡献。王君静安尝论国学，谓战国之时，诸子并起，是为能动之发达；六朝隋唐之间，佛学大昌，是为受动之发达；宋儒受佛学之影响，反而求之六经，道学大明，是为受动而兼能动之发达。今吾国第二之佛教来矣，西学是也。乃环观国人，不特未尝能动，而且未尝受动，言之有余慨焉。吾之所望者，在吾国人能输入西洋之文明以自益，后输出吾国之文明以益天下，既广求世界之智识，复继承吾国先民自古遗传之学说，发挥而广大之。此诚莫大之事业，非合多数人之聪明才力累世为之，莫能竞其功也。此余之所感者七也。

今欲研究国学，其中亦有多数之派别，不得不就之一言。儒术为国学之正宗，与之对立者，战国之时有杨墨，西汉之时有黄老。及佛法东来，思潮乃益为壮阔。儒术之所传为六经，因解释之异同，而有宋学、汉学之分。宋学派之经说，荟萃于《通志堂经解》，汉学则以唐代所定之《十三经注疏》为主，而荟萃其说于《学海堂经解》，与《皇清经解续编》。而宋学派之中，又有程朱派和陆王派之分；汉学派之中，又有古文学派和今文学派之分。各树一帜，互相非毁。今将合东西两洋之文明一炉而冶之，此等门户之争，早已不成为问题矣。余本服膺孔子之道，然既不欲为专宗孔子、罢黜百家之愚，复不欲为攘斥佛老、驳击耶回之隘。余本自宋学入门，而亦认汉学家之考据之功；余本自程朱入门，而亦认陆王之卓绝之识。此则吾对于各派所取之态度，可为海内人士正告者。子思曰："万物并育而不相害，道并行而不相悖。"庄子曰："鱼相忘于江湖，人相忘于道术。"陆象山曰："各尊所闻，各行所知。"穆勒·约翰曰："言论自由，真理乃出。"吾愿承学之士各抒心得，以破思想界之沉寂，斯于万派争流，总归大海。此余之所感者八也。

以上所承，悉本胸臆，兹值《公言》杂志出版之初，略贡其愚，以就正有道。海内君子，庶有不弃葑菲进而教之者乎？

后　记

　　劝学是中国历史上一个充满生命力的思想议题，数千年一直占据着中国思想坐标的重要位置。它是中华文明教化事业的特殊关节点，是促进个人成长、构建社会秩序、实现国家治理的文化基石，是无数中国人日用而不觉的生活方式。

　　今天，中国共产党正致力于建设马克思主义学习型政党，同时领导中国人民建设全民终身学习的学习型社会、学习型大国。这一宏伟目标的实现，必然要求充分发挥劝学活动的文化功能与实践效能。基于此，对中国古代劝学思想进行历史溯源与文本挖掘，从中提炼具有时代价值的劝学智慧，就不仅是一项必要的学术工作，更是一场推进全民学习的实践探索。

　　在中华文化传承中，劝学体现了中华民族重视学习、爱好学习的优良传统，构成了当今建设学习型大国的深层文化基因。中国劝学传统历经数千年，薪火相传，参与塑造着中华民族崇尚学习的文化品格，内化为中国人信奉的教育理念和文化生活方式。在涉及学习的多维关系中，无论是代际维度的长幼互动、教学维度的师生授受、德性修养维度的贤达引导后学，还是组织维度的上下级互动及日常生活维度的朋友交往等，几乎都是劝学活动的发生场景。建设学习型社会、学习型大国和学习型政党，也是劝学精神的时代写照，反映了中国人依靠学习走到今天、依靠学习走向未来的历史必然、文化内涵与独特优势。

作为传统知识阶层的主体，中国士人将劝学作为自己责无旁贷的文化使命，激励着当代中国知识分子接续前行。中国士人群体始终秉持"化民成俗"的教化理念，以"得天下英才而教育之"为人生一大乐事，将劝学视为自己不可推卸的职责。如此一代接力一代，传承至今，这也成为当代文化人士和知识阶层的职责。特别是中国共产党以高度的文化自觉，积极担纲劝学使命，将推动学习作为一项关系党和国家事业兴旺发达的战略任务，不断号召和鼓舞党内同志和人民群众特别是青少年坚持学习、改造学习、终身学习。

劝学作为一种文化实践，具有导人向学的特殊作用，为个人发展和社会进步提供了重要推动力。中国古代劝学思想将学习与个人命运紧密关联，认为人借助学习可以突破个体局限，达致"学以成人"的社会化目标。子路、子张、董仲舒、匡衡、车胤等学习典范，印证了学习对个体成长的根本性塑造作用。对于一些缺乏学习主体性的人，特别是年幼的学童，外在的劝学是引导他们走上学习道路、步入社会生活的关键。在今天，虽然我们的学习环境、学习内容、学习条件都已发生改变，但大多数人走向自觉的学习、实现学习的自觉仍需要一个过程。劝学作为外源性要求，仍是现代人才成长过程中不可或缺的建构性力量。

从方法论而言，古代劝学思想中蕴含的学习方式方法具有跨时空的适应性，在当代学习情境中继续展现出强大的活力。中国古人在教与学的长期经验积累中，形成了许多行之有效的学习方式方法。比如，倡导"早学勤学"，强调学习的早期介入和持续努力；推崇"循序渐进"，注重学习的系统性、层次性和递进性；提倡"启发切磋"，重视师生之间、同道之间的相互启发和深入探讨；强调"教学相长"，认为教与学是相辅相成、相互促进的过程；坚持"知行合一"，主张所学知识应用于实践，解决实际问题。这些方法论结晶是跨越时空具有当代价值的思想精华，能够与当代人的学习需求有机结合起来，为更好推进学习提供独特的历史指引。

劝学思想贯穿中华文化发展史，既是历史传统，也是现实生活，成为今天我们取之不尽用之不竭的智慧源泉。值得注意的是，由于时代发展，古代劝学思想中必然存在一些不合时宜的内容，这就需要我们自觉根据"马克思主义基本原理同中华优秀传统文化相结合"的要求，按照新的实践和时代条件进行取舍，经过科学的扬弃后为今所用。

最后，在本书的写作过程中，承蒙陈群兄、刘登鼎兄、黄晶兄、吕志朋兄等诸友鼎力相助，由衷感谢他们的鼓励和支持。单位领导、同事和家人始终如一的关心，是我坚持完成这项工作的重要动力。同时，社会科学文献出版社的编辑老师在本书出版过程中倾注了大量心血，他们匡其不逮、精益求精的职业精神令人敬佩，衷心感谢他们的辛勤付出。当然，由于水平有限，拙著一定还有许多不足和错漏，敬请读者朋友批评指正。

彭秋归

2025 年 6 月 21 日

图书在版编目（CIP）数据

学如不及：中国古代劝学思想论要／彭秋归著.
北京：社会科学文献出版社，2025.7. --ISBN 978-7
-5228-5560-8

Ⅰ.G795

中国国家版本馆 CIP 数据核字第 20251GK307 号

学如不及：中国古代劝学思想论要

著　　者／彭秋归

出 版 人／冀祥德
责任编辑／罗卫平
责任印制／岳　阳

出　　版／社会科学文献出版社·人文分社（010）59367215
　　　　　地址：北京市北三环中路甲 29 号院华龙大厦
　　　　　邮编：100029
　　　　　网址：www.ssap.com.cn
发　　行／社会科学文献出版社（010）59367028
印　　装／三河市东方印刷有限公司

规　　格／开本：889mm×1194mm　1/32
　　　　　印　张：9　字　数：209 千字
版　　次／2025 年 7 月第 1 版　2025 年 7 月第 1 次印刷
书　　号／ISBN 978-7-5228-5560-8
定　　价／78.00 元

读者服务电话：4008918866